20 世纪中国图书馆学文库·82

图书馆读者学概论

李希孔 主编

圙 國家圖書舘出版社

本书据北京农业大学出版社 1995 年 2 月第 1 版排印

主　编：李希孔

副主编：胡翠琴

编　者：（按姓氏笔画为序）

　　　　牛文娟　孙桂英　吕春莲　张士朝

　　　　李希孔　吴秀爽　宫　敏　胡翠琴

序

　　有幸先睹了李希孔同志主编的《图书馆读者学概论》书稿,深感它理论与方法具备,历史、现状与未来皆有所阐述,观点鲜明,参考文献丰富,其全面、系统程度为笔者目前所见到的国内这方面书籍中之佼佼者。通读之后,颇受教益。

　　图书馆产生于读者需要,它以为读者服务为天职,并以读者获得相应信息的满意度作为检验自己工作成绩的标准。因之,做好读者工作,加强对读者需要及其心理等的研究,在图书馆说来乃是理所当然的、不可或缺的事情。当前,我国市场经济正在蓬勃发展,科学技术、文化教育等也都随之在腾飞,图书馆工作正处在大改革、大发展浪潮中。图书馆要更好地为市场经济服务,关键在于深入开发文献,按照市场经济条件下的读者需要,主动而有效地将信息迅速传递给他们。在这里,供与求的相应性决定着传递效益程度。因而,在图书馆工作向着信息化发展的今天,读者工作与研究读者更具有了重要意义。本书现在出版,正是适逢其时。

　　我国的图书馆读者工作虽然已做出了很大成绩,研究成果也很喜人,但和客观要求相比较,总的说来还有待于进一步努力,再上新台阶。原因是多方面的,读者工作者之需要接受相应的培训,无疑是其中之一。他们需要学习理论,也需要实践,学理论的目的,就是要把为读者服务的工作搞得更好。因之必须结合实际,在改善中进而创新。读者工作归根结底是做人的工作,教育者必须先受教育,读者工作者从相关方面武装自己,特别是坚定全心全意为人民服务的方向,乃是做好读者工作的起点。读者工作者应当做好读者工作,也应当运用实践中积累的经验,去研究本领域中有待解决的问题。以工作实践作为研究的基地,用研究带动工作,互相促进,相得益彰。这些,本书中都安排了相应的内容,作了详尽的论述。认真阅读,定会予读者以相当的启发,必然会有所得。愿本书予我国图书馆读者工作者大有帮助,并对相关方面的工作和研究大有促进!

江乃武

1994. 8 于长春

前　言

　　《图书馆读者学概论》是在我国图书馆学研究蓬勃发展的大好形势鼓舞下，在总结、研究我国读者学研究情况的基础上，由一些热心从事读者学研究的读者工作者进行集体研究的结果。其目的是想为我国图书馆学科体系的健全与发展贡献一点微薄之力。

　　全书共十六章，主要包括图书馆读者学的基本原理、读者研究、读者工作和读者服务理论研究和未来读者学研究等，力图从理论与实际的结合上，能够阐明图书馆读者学的若干基本理论问题及其发展规律。

　　参加本书编写的人员分工如下：

　　李希孔负责制定编写大纲，第一章、第二章，以及全书的审稿定稿工作；胡翠琴为第六章、第七章，以及全书的统稿审稿工作；吕春莲为第三章、第四章；张士朝为第八章、第九章；牛文娟为第五章、第十四章；吴秀爽为第十二章，第十三章；孙桂英为第十一章、第十五章；宫敏为第十章、第十六章。

　　本书编写过程中，利用了不少同志的研究成果，也曾得到了不少同志的帮助，在此一并表示衷心感谢。

　　编写此书，我们深感艰难，加之自身水平有限，书中不妥之处，在所难免，诚恳希望专家、学者、广大读者批评指教。

编者

1994．7

目　　录

第一章 导　　论

第一节　图书馆读者学的研究对象

一、什么是读者学

什么是"读者学"？就是要给"读者学"下个定义。什么是定义呢？1979 年出版的《辞海》中的解释是："揭示概念内涵的逻辑方法。即指出概念所反映的对象的本质属性。形式逻辑定义的方法是把某一概念包含在它的属概念中，并揭示它与同一个属概念下的其它种概念之间的差别，即'种差'。定义的公式是：被定义概念＝属＋种差。定义的规则有：①应相称，即定义概念和被定义概念的外延相等。②不应循环。③一般不应是否定判断。④应清楚确切。"近 10 多年来，关于读者学的定义，国内人士先后提出了一些见解，现介绍几种有代表性的提法如下：

（一）"读者学是一门研究图书馆提供利用和读者阅读需要的规律的科学。"（何鑫龙等，读者学初探，高校图书馆，1982 年，第 3 期）

（二）"读者学是研究在图书馆工作这个特定的范围中的读者及其活动规律的学科。"（黄恩祝，再论读者学，江苏图书馆学报，1986 年，第 2 期）

（三）"以个体和群体的读者及其活动规律为研究的客体与对

象"的一门科学。(赵世良,读者学刍议,江苏图书馆学报,1986年,第2期)

(四)"研究读者与图书馆发生关系与作用的学问。"(吴稌年,应称图书馆读者学——与黄恩祝等商榷,图书馆杂志,1989年,第4期)

(五)"图书馆读者学是图书馆读者工作实践的理论总结,主要研究在图书馆这个特定范围内读者活动规律。"(杨沛超,论读者学研究对象及其学科体系,图书馆学研究,1989年,第6期)

(六)"读者学(Reader Study),80年代初提出的一门关于读者工作理论的新学科,研究图书馆读者的活动规律,以及读者服务理论。……也有人认为,读者学就是研究读者本身,……"(周文骏,图书馆学情报学词典,北京:书目文献出版社,1991年,12月)

(七)"读者学是图书馆学的专题研究,主要研究利用图书馆的行为、心理和规律……如何为读者服务的问题,是读者学研究的核心。"(李兴辉等,新兴学科文献分类手册,北京:科技出版社,1992年,5月)

(八)"读者学是一门研究读者需求规律和图书馆提供服务规律的科学。"(代根兴,图书馆读者学研究对象与研究内容新论,图书馆杂志,1993年,第5期)

我们认为,所谓读者学,就是"一门研究读者活动规律及适应这种规律的科学。"这是一种广义的读者学,或者称为普通读者学。深入到各个领域的读者学称为专门读者学,如出版读者学、印刷读者学、发行读者学、新闻读者学、图书馆读者学……而图书馆读者学就是研究图书馆读者的活动规律,以及如何适应这种规律的一门学问。

二、图书馆读者学的研究对象

任何一门学科都有其独特的研究对象,研究对象是从研究客体的活动中概括抽象出来的。但是研究对象又往往不是一门学科刚建立时就明确的。关于图书馆读者学的研究对象的确定,一类是从图书馆读者这一客体的实体出发,对图书馆读者学的对象这一概念的外延的确定性进行描述和限定,也就是划定一个研究范围。他们认为,确定图书馆读者学的对象和对图书馆读者学下定义是既有区别又有联系的两个不同的范围,前者在于限定图书馆读者学的整体目标,强调的是对概念外延的周延性,达到解决"图书馆读者学对象是什么"这样一个目的;而后者是要找出图书馆读者学对象概念的内涵,即本质属性,解决的是"图书馆读者学是研究什么的科学"这一问题。然而,它的弱点在于无法在理论上达到高度的抽象,也概括不了所要研究的客体的本质属性。

另一类则力求从图书馆读者学研究对象的特征和本质是什么入手,把研究对象看作是所研究的客体活动的本质抽象,而不是一般抽象。主张对象与定义不能割裂,离开了对象的定义与离开了定义的对象都是不可取的。确定对象的目的是为了揭示研究对象的本质,只有抓住了对象的本质,才能科学的下定义。因此,探讨图书馆读者学对象,并不在于罗列或限定一下它的外延,规定它的研究范围。

图书馆读者学的研究对象,在前边"什么是读者学"中已分别叙述了各家的观点。概括起来,有的主张图书馆读者学的研究对象是读者,有的主张是读者工作,有的主张是二者的结合。讨论还在继续深化中。基于我们目前的认识,在对图书馆读者学研究对象的本质定义尚难取得相对一致的意见时,或者说在一个严谨的图书馆读者学理论体系还处在形成的过程中,我们对它的研究对象的论述暂且不取严格的定义形式,而用描述性语言来表示:图书馆读者学的研究对象是图书馆读者的活动规律以及如何适应这种规律的研究,亦即图书馆读者与读者工作自身变化发展的规律。

三、图书馆读者学的研究内容

根据研究对象决定研究内容的原则,图书馆读者学的研究内容可以分为理论图书馆读者学与应用图书馆读者学两个部分。详见图1.1。

(一)理论图书馆读者学 理论图书馆读者学的研究内容包括下列方面:

1.图书馆读者学原理 研究图书馆读者学对象、体系结构、学科性质、理论基础、相关学科等。

2.图书馆读者学史 研究图书馆读者学的产生与发展的历史进程,以及各个阶段的主要代表著作,揭示发展过程中所表现的规律和认识的逻辑关系。

3.图书馆读者服务理论研究 研究图书馆读者服务的基本理论(包括读者服务的指导思想、方针、性质、职能、特征及其评价)及图书馆读者服务发展史。

4.图书馆读者学方法论 研究图书馆读者学不同层次的科学方法。充实、提高、丰富图书馆读者学的方法体系,尤其要研究各种方法的特点和功能,这些方法的辩证关系,以及建立方法论的体系结构。

5.未来图书馆读者学 主要研究信息时代的图书馆读者学的发展前景。

6.比较图书馆读者学 主要研究不同地域、不同国家和不同情况下的图书馆读者学的发展规律。

7.专门图书馆读者学 主要研究各类型图书馆读者与读者工作的特性、特征、性质及其规律。

(二)应用图书馆读者学 应用图书馆读者学的研究内容包括下列几个方面:

1.图书馆读者结构 研究图书馆读者特征、读者成分、读者类型等。

2.图书馆读者需求　研究图书馆读者需求特征、需求倾向、需求规律等。

3.图书馆读者心理　研究图书馆读者心理特征、心理变化规律、心理与行为的关系等。

4.图书馆读者教育　研究图书馆读者教育的内容、方式方法、途径等。

5.图书馆读者工作　研究图书馆读者工作的原理、方式方法、组织与管理及其评价等。

6.图书馆读者统计分析　研究图书馆读者活动的统计内容、方式方法及其分析评价等。

7.图书馆读者阅读学　研究读者阅读目的、阅读内容、阅读方式方法、阅读过程、阅读效果等。

8.图书馆读者导读学　研究指导读者完成其索取知识过程、满足读者需求的方式方法、途径、步骤及其效果等。

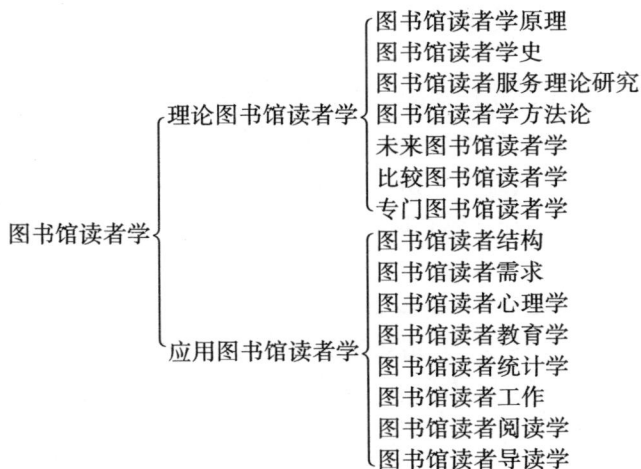

图书馆读者学
　理论图书馆读者学
　　图书馆读者学原理
　　图书馆读者学史
　　图书馆读者服务理论研究
　　图书馆读者学方法论
　　未来图书馆读者学
　　比较图书馆读者学
　　专门图书馆读者学
　应用图书馆读者学
　　图书馆读者结构
　　图书馆读者需求
　　图书馆读者心理学
　　图书馆读者教育学
　　图书馆读者统计学
　　图书馆读者工作
　　图书馆读者阅读学
　　图书馆读者导读学

图1.1　图书馆读者学的学科结构

四、图书馆读者学的理论基础

（一）图书馆读者学是图书馆学的一个分支学科　分支学科脱胎于母体学科，二者的共性是一脉相承的。各分支学科都分别从不同角度、不同侧面体现着母体学科的特性。从而构成了母体学科体系的一个完整的有机结构。

（二）图书馆学的理论基础是知识交流论　因为图书馆活动的本质是社会知识信息交流。图书馆的社会地位、社会职能、社会价值可以说都取决于知识交流的社会需要和它对这种交流所能作出的响应程度。这是对图书馆存在的本质意义上的揭示。社会知识交流是图书馆存在之源，也是图书馆活动之根。

（三）图书馆读者学的理论基础同样是知识交流论　这是因为：

1.图书馆诸要素中，读者是绝对不可缺少的重要因素，可以说读者是图书馆存在价值的具体体现。这种体现是通过读者在图书馆的活动中实现知识信息交流来完成的。所以，离开读者，还能谈什么知识信息的交流呢？

2.读者在图书馆一切活动的实质是实现知识信息的交流。不论读者进行借阅、阅览、咨询、复制等等，还是为读者进行的一切活动，归根结底，都是为读者实现和完成知识信息交流这一目的的。

3.知识交流论作为图书馆读者学的理论基础，是由三个层次所构成的。

第一个层次，研究社会知识交流中的读者；阐述读者知识与社会知识的相互依存、相互促进、相互转换及其对新知识的产生与发展作用；探讨读者吸收和利用知识的机理；研究人际间知识信息交流的基本过程和模式。

第二个层次，研究知识交流中读者与图书馆的相互关系，了解读者工作的全过程以及在适应知识交流的过程中自身变化发展的规律。

第三个层次,研究实现社会知识交流过程中,读者服务的内在机制和工作机理,探索读者服务适应于知识交流的最佳方式。

知识与图书馆,知识与读者,读者与图书馆,读者与读者工作,读者与读者服务等,构成了图书馆读者学的理论基础知识交流论的五大要素。对上述诸项的研究,目的都是一个,即高水平、高质量的完成和促进知识信息的交流。

把图书馆读者学的研究放在社会知识交流这个大系统中去考察、去探索,有利于从宏观上作理性主义的抽象概括,以促进学科的发展。现实图书馆读者工作中提倡的"一切为读者","为一切读者","满足读者的一切需要"等,可以说是如何做好读者工作的指导思想。在这背后深层次的理论基础是知识交流论。

第二节 图书馆读者学的学科性质

一、确定一门学科性质的主要依据,是该门学科研究对象的属性

以自然界和人类社会的不同领域、不同范围、不同层次为研究对象的,就形成自然科学和社会科学的不同门类。

二、图书馆学属于社会科学

这是因为图书馆学的研究对象是文献信息交流,这种交流活动是一种普遍的人类社会现象。所以,图书馆学属于社会科学,是无庸置疑的。在过去一个半世纪里,图书馆学的社会科学性质得到了学术界的公认。无论是解放前出版的图书馆学专著,还是解放后出版的《图书馆学辞典》,各种图书馆学专业教材以及《辞海》

（1989年版）都对图书馆学这一属性作了明确回答。

三、图书馆读者学是图书馆学的一门分支学科

它的研究对象的实质是在图书馆这个特定场合中,研究人们进行知识信息传递交流活动的规律,这是人类社会的一种特有现象。因此,图书馆读者学的社会科学的学科性质应该是确定无疑的。

它的研究内容具有强烈的实践性、应用性和技术性特征,并以应用性研究为主要方向。图书馆读者学从一开始,就是以图书馆读者工作的实际需要为其发展的动力,并且和图书馆读者工作的实践活动粘合得难以分解。它强调方法的完善、技术手段的改进,强调为读者服务、应用于社会。正是读者服务的实践活动,促进着图书馆读者学的理论发展,也是读者服务的实践在检验着图书馆读者学理论成果的正确、实用和有效度。图书馆读者学研究的根本任务就是要发展和改进读者服务活动,使之更好地为广大读者服务,以促进国家各项建设事业的发展,这突出表现了图书馆读者学的实践性和应用性的特点。因此,图书馆读者学的学科性质又可以说是应用社会科学的一门分支学科。

四、图书馆读者学是一门应用社会科学

图书馆读者学同其它学科相互交叉和渗透,而形成了一些边缘学科,如"图书馆读者心理学"、"图书馆读者教育学"、"图书馆读者统计学"、"现代技术在图书馆读者工作中的利用"等学科,如果依据它们所具有的综合性质,就说图书馆读者学本身是一门综合性学科,似不恰当,因为这是两个不同的概念,不能混为一谈。边缘学科是各种不同学科相互交叉、相互影响、相互渗透的结果。一般说来,学科之间的相互渗透是按两种方式进行的,一种是移植;另一种是杂交。移植法一般在应用科学中运用得比较广泛,而

杂交法在基础科学方面则有重要意义。图书馆读者学和其它学科之间的相互渗透,主要是移植,所形成的交叉学科正在成为图书馆读者学的分支学科。这进一步证明,图书馆读者学是一门应用社会科学。

第三节　图书馆读者学的相关学科

图书馆读者学在形成与发展过程中,不仅与同门类、同层次的学科发生联系,也与不同门类、不同层次的学科发生联系。这种联系一般表现为指导关系和应用关系。

图书馆读者学在科学体系中,处于门类结构之下的第三个层次,与相邻学科之间的关系多种多样。探讨这种关系,有利于促进图书馆读者学的开放式研究、容纳和吸收其它学科的理论成果和技术方法,加速图书馆读者学的建设。

一、与情报学的关系

情报学研究知识信息的存贮和利用,注重于特定信息的交流。图书馆读者学是与信息知识的交流紧密联系在一起的。这种交流就是在利用图书馆的情报信息资料过程中实现的。同时,也离不开对图书馆情报手段的利用。所以,图书馆读者学与情报学有着密切的关系。

二、与传播学的关系

传播学是研究人类传播行为发生发展规律的一门学问。人们之间进行的信息知识的交流就是一种传播现象。传播学要研究传播过程,研究传播者、信息、媒介、受传者、效果等等,与图书馆读者学有许多相通之处;传播学要研究的内容与图书馆读者学有着直接的关系,它为图书馆读者学的基础研究和应用研究开拓视野,提供理论借鉴和方法指导。

三、与教育学的关系

教育学是研究社会教育现象、揭示教育活动规律的科学。图书馆在进行知识信息交流的过程中,对读者除了起到思想政治教育、专业技术教育和综合教育之外,还要对读者进行怎样利用图书馆和怎样查找和利用信息的教育。这必然要以教育学的理论、原则、方法为指导。读者教育学是图书馆读者学与教育学的交叉点,它既是图书馆读者学研究的课题,又是教育学研究的课题。

四、与社会学的关系

社会学是研究特定社会现象的科学。它以研究各种社会问题为中心。而读者阅读、读者教育等都是一种社会现象。对于读者问题,图书馆读者学要研究,社会学也要研究。这种内容上的交叉关系,说明两者的关系密切。

五、与心理学的关系

心理学是研究人的心理活动规律的科学。读者工作的服务对象是社会上各种年龄、各种职业、各种文化程度和各种兴趣爱好的读者。要搞好读者服务工作,就必须研究读者心理的问题,因此产生了读者心理学这门分支学科。对读者工作者来说,一方面要对文献信息资料有深入全面的了解;另一方面还要对读者心理需要有深入的了解。否则,是做不好读者服务工作的。了解读者、研究读者、分析读者、掌握各种类型读者对信息知识求索的心理规律,是读者工作者最重要的任务之一。

六、与管理学的关系

管理学是近几十年发展起来的一门学科,是科学学的一个分支,它的研究范围主要有对管理过程、管理的环境和管理的技术方法的广泛分析与研究。图书馆读者工作本身就是一个巨大的管理系统,既要对丰富的馆藏文献信息资料进行科学的有序化管理,又要对人数众多、类型复杂的各种读者进行秩序井然的科学化管理。这样,才能达到每位读者有其书,每本书有其读者。显然,图书馆读者学与管理学是有密切关系的。

七、与哲学的关系

马克思主义哲学是关于世界观和方法论的科学,是一切科学的概括和总结。它从认识论的角度为考察分析读者工作提供了一条正确可靠的途径,又从方法论的角度为图书馆读者学研究提供了一个总的基础。使人们可以从读者工作的各种现象中探索、把握住它的本质,探寻出事物发展的客观规律。因此,图书馆读者学是离不开马克思主义哲学指导的。

八、与数学的关系

数学是专门研究量的科学。客观世界的任何一种物质形态及其运动形式都具有空间形式和数量关系,都既有质的规定性,也有量的规定性。所以,数学及其思维方法普遍适用于任何一门科学。马克思说过:"一种科学只有在成功地运用数学时,才能达到真正完善的地步。"(政治经济学批判,马克思恩格斯文集,第 13 卷,第 12 页)在对图书馆读者工作进行研究时,必须进行量的考察和分析,才能更准确地把握读者工作的质。近年来,数学的许多基本方法和理论大量地渗入到图书馆读者工作的研究中。大大地提高了读者工作研究的科学水平。以致在图书馆数学的基础上又产生了一门新的学科分支——读者统计学。这说明,图书馆读者学与数学有了圆满的结合。

九、与系统科学的关系

把研究对象作为系统来考察的理论称为系统理论。在此理论指导下,以一般系统为对象进行研究的称为系统论,它的创始人是美籍奥地利生物学家贝塔朗菲(L. V. Berta Ianffy);以通讯系统为研究对象的称为信息论,它的创始人是美国贝尔电话研究所的数学家申农(C. E. Shannon);以控制论为研究对象的称为控制论,它的创始人是美国数学家维纳(N. Wiener)。上述系统论、信息论、控制论称为"三论",这"三论"统称为系统科学,作为一种科学方法,正在对图书馆读者学产生着影响。图书馆读者学是研究人与人之间,在图书馆进行文献信息交流的理论与方法的科学。它把读者工作控制系统看作是一个文献信息的搜集、存贮、加工处理和传输系统,这个系统存在着人流、物流、信息流。其中信息流起着支配的作用,它调节着人流和物流的数量、方向、速度、目标,驾驭人和物作有目的、有规划的运动。所以"三论"对图书馆读者学不仅是一种科学方法,而且对整个学科的发展都有指导意义。

十、与计算机科学的关系

电子计算机在图书馆,尤其在读者工作中的广泛应用,使文献信息的管理、交流在数量、质量、效率等方面,发生了巨大的变化。同时,也改变了读者工作传统的服务方式,可以说,是服务手段、服务方式的一场革命。使读者工作旧貌换新颜,从而显示了电子计算机科学对读者工作的发展有何等重要的作用。读者工作现代化的研究,既是图书馆读者学的研究内容,也是计算机科学的研究内容,二者有着密切的关系。

除上述 10 个相关学科外,还有其它一些学科与图书馆读者学有着一定的关系,这里不再一一阐述。

第四节 图书馆读者学的研究方法

通常,一个学科的方法论,有一般方法、特殊方法和相关方法的区分。一般方法统率和指导一门学科的特殊方法和相关方法。图书馆读者学研究的一般方法或称为指导方法,就是马克思主义哲学,即辩证唯物主义和历史唯物主义;图书馆读者学研究的特殊方法就是系统科学方法,只有真正把此法作为特殊方法,才能使图书馆读者学的研究逐步成熟起来;图书馆读者学研究的相关方法是应用其它相关学科的一般原理,来研究图书馆读者和读者工作。

现就图书馆读者学研究的主要方法分述如下。

一、哲学方法

对图书馆读者学进行研究,应当首先用哲学方法进行。因为马克思主义哲学的基本观点诸如:物质观、意识观、运动观、时空观、矛盾观、质量观、否定观等等,都是人们从事图书馆读者学理论研究时,必须遵循的基本观点,也是判别各种理论观点的最一般的依据和准则。马克思主义辩证唯物主义和历史唯物主义是一切研究工作的指导思想。在研究实践中,坚持马克思主义哲学观点和方法论,就可以避免陷入唯心主义、主观武断、脱离实际和形而上学的泥坑。我国图书馆读者学理论工作者,在研究工作中用马克思主义哲学作指导,探讨图书馆读者学研究对象时,运用矛盾观,提出了"供求说",有的还提出了"规律说",如此等等。

二、历史方法

所谓历史的方法,是按客观对象的自然进程、历史演变来描述和分析对象,即运用历史唯物主义的观点,对图书馆读者学或读者工作发展历史中的人物、事件、成果,进行科学分析评价的基本方法。

对图书馆读者学和读者工作进行历史考察,大体上有三种情况:一是全面研究,即对图书馆读者学或读者工作,从诞生到现在的全面的历史考察,如图书馆读者史、图书馆读者学史、图书馆读者学思想史、图书馆读者工作史等等;二是阶段研究,即对图书馆读者学或读者工作发展中的某个历史时期的研究。如各个历史时期的概貌和特点等等;三是具体问题研究,即对图书馆读者学或读者工作历史发展中的某一具体现象、事件、人物、著作的研究。

运用历史法进行研究,要注意事物发展中的历史过程与逻辑过程的统一,逻辑的和历史的统一。恩格斯说:"历史从哪里开始,思想进程也应从哪里开始,而思想进程的进一步发展,不过是历史过程在抽象和理论上前后一贯的形式上的反映;这种反映是经过修正的,这时,每一个要素可以在它完全成熟,而具有典型形式的发展点上加以考察。"(《马克思、恩格斯选集》,第三卷,第122页)这段话全面地揭示了历史和逻辑的辩证统一关系。因此,在运用历史法进行图书馆读者学研究时,一定要注意历史过程和逻辑过程(即规律性)的统一。从而,使对所研究的问题的实质有更深刻的理解。

三、数学方法

所谓数学方法,就是运用数学所提供的概念、处理方式及技巧,对所要研究的对象进行量的分析、描述、计算和推导,从而找出能以数学形式,表达事物内在联系的一种方法。运用数学方法进行图书馆读者学研究时,一般要经过下列步骤:①以量的形式表述研究对象的特征,获取数据;②寻找适当的数学方式,建立模型并求解;③对问题的数学解作出解释,使经验的量上升为规律。

14

在图书馆读者学的研究中,应用数学方法探索各种有关问题,获得了一批研究成果,提高了研究水平。但纵观运用数学方法研究图书馆读者学诸问题的情况,有下列几点值得注意:一是仅仅描述了事物的量,不能通过数学推理使之上升为规律或度,还只是经验描述,不是数学方法;二是不是从实践中提炼模型以解决实际问题,而是用数学讨论取代图书馆读者学研究,这是忽视了数学的方法论意义;三是在图书馆读者学研究中,由于可以计量的特征,往往是抽象化程度较低的特征,即使分析过程无误,那末由这种特征得到的规律仍是趋势规律,所以结论不能绝对化。

四、系统方法

所谓系统方法,就是把对象放在系统的形式中,加以考察的一种方法。具体地说,就是从系统的观点出发,始终着重从整体与部分(要素)之间,整体与外部环境的相互联系、相互作用、相互制约的关系中综合地、精确地考察对象,以达到最佳地处理问题的一种方法。

系统方法的重要原则是:整体性、系统性、最优化、可行性等。根据上述原则考虑问题,具有传统方法无可比拟的优越性。运用这种方法对图书馆读者进行研究具有重要意义。众所周知,图书馆是个由文献资料、读者、读者工作者、设备手段等要素组成的、不断发展着的有机体。图书馆本身就是一个大系统。而组成它的每个要素都是一个子系统。要使图书馆发挥整体化的优势,必须考虑图书馆各个子系统的内部运行机制和各个子系统之间的联系与协调,才能使图书馆的整体运行态势处于最佳化状态。在图书馆读者学理论研究中,运用系统方法必须考虑组成图书馆的各有关要素,即各有关的子系统。这就要求,必须充分揭示文献资料、读者、读者工作等,在图书馆中所起的作用和所处的地位,以及它们之间的联系,以便从中寻求发挥它们最大效益的规律性。

从系统理论来看,我国现在的图书馆读者学研究水平,还没有超出经验描述和定性分析阶段,也还有很多的经验没有描述清楚和定性清楚。因此,必须在充分完善地进行定性和经验描述的基础上,进行系统化的定量分析和更高层次的理论抽象。

五、调查法

调查法是社会科学最常用的研究方法之一。它是在确定研究主题之后,根据研究主题的内容范围,拟定好调查项目或提纲而后进行调查,然后对调查来的材料进行整理、归纳、分析,最后得出结论性意见或规律性总结的一个从感性认识上升到理性认识的过程。

调查法的关键是调查材料的搜集,搜集的方法大致有下列三种:一是全面调查法;二是抽样调查法;三是个别调查法。全面调查法是向调查对象逐一调查的方法。这是最理想的方法,但很难做到,这是因为要么调查对象的数量过于庞大,要么遇到技术性的困难,无法进行下去。因而通常往往采取从整体中抽查一部分以窥全局的方法,即抽样调查法。抽样调查法又可以分为三种方式:①定标抽样法,即从整体中抽查具有代表性的部分,一般要有比例的选择;②随机抽样法,即客观地任意抽查,以一定的间隔,从排列中加以选择;③分层抽样法,这是前两种方法的结合,首先,在整体结构中按比例选出有代表性的部分,然后,以随机抽样的方法加以抽查,一般应用此法较多。个别调查法主要是利用大量的详细报告,工作总结以及信函等资料对个别的特殊性进行详尽地研究,并与其它事例进行比较和分析,但必须严格掌握比较的标准,不得夹带主观因素。

调查材料可以来自下列几个方面:一是现有的文字记录,如图书馆学、情报学期刊及相关期刊,检索工具及专业图书资料等等,这些文字记录有助于弄清一件事情的历史背景,了解它的来龙去脉;二是通过发放调查表,或征求意见表来获得调查材料。发放调查表可以面向单位,也可以面向专家个人,限期内收回;三是现场搜集,亲临现场直接或间接地观察事物的现象,或直接与个人面对面地交谈,进行调查和观察,这些效果都比较好。在进行图书馆读者学研究中,读者类型调查、读者需求调查、读者阅读倾向调查、读者阅读效果调查、读者阅读活动规律调查,等等,上述方法都可以采用。

图书馆读者学的研究方法不仅仅上述几种,因为图书馆读者学方法论正在发展完善之中。

第二章　图书馆读者学的产生与发展

第一节　图书馆读者学的孕育

一、任何一门科学都是历史的产物

它在产生之前,有一个萌芽过程,产生之后,又有一个发展过程,受到许多因素的影响和制约。但是,最根本的却是时代的客观需要和实践的产物,图书馆读者学也不例外。图书馆读者学是从图书馆学脱胎而出的,只有当母体发展到一定阶段,才能孕育子体。

图书馆学是一门既古老而又年轻的学科。说它"古老",是在漫长的封建社会文化历史中,已经孕育着图书馆学的萌芽;说它"年轻",是说近代图书馆学也只有在资本主义时期才开始形成。世界上最早提出"图书馆学"这一概念的,是 1807 年德国著名的图书馆学家施莱廷格(Marth Wilibaid Schrettinger, 1772～1851 年)。从此,图书馆学从德国诞生,而形成于欧美,到 19 世纪下半叶,它才真正步入科学之林。而中国图书馆学的形成,同样经历了一个漫长的孕育时期。近代概念"图书馆"一词的正式使用,在中国始于 1894 年,见诸是年《教育世界》,第 62 期,《拟设简便图书馆说》一文。可视为近代图书馆的先声;而"图书馆学"一词首见于中国文献,当 1917 年 6 月 16 日《交通日报》载江中考《图书馆学序论》。中国图书馆学发展到今天，不再是一门孤立的学科，具有中国特色的图书馆学已真正成为一门为社会所瞩目的独立学科而立于科学之林。在图书馆学体系结构中，图书馆读者学就占有一席之地。这说明，在图书馆学发展完善的过程中，伴随着图书馆读者学的萌芽和成长。

二、对读者的研究在图书馆学研究中占有重要地位

近代美国著名图书馆学家杜威（Melvil Dewey，1851～1931年）在1876年成立的美国图书馆协会（ALA）上，提出了"用最低的成本，以最好的书刊，为最多的读者服务"的原则。同年，在芝加哥他又提出了"在适当的时间，为适当的读者，提供适当的图书"的口号，突出了读者中心的思想。

1913年，列宁在《对于国民教育能够做些什么》一文中，猛烈抨击了俄国当时图书馆现状，以讽刺的口吻写道："西方国家……他们所注意的并不是经过好几个官僚组织讨论和制定的章程，以及规定几百条利用图书馆的手续和限制，而是使大量成套的图书连儿童也能利用；他们关心的是使读者能够在自己家里阅读公家的图书。他们认为，值得公共图书馆骄傲和引以为荣的，并不在于它拥有多少珍本书，有多少16世纪的版本或10世纪的手稿，而在于如何使图书在人民中间广泛地流传，吸引了多少新读者，如何迅速地满足读者对图书的一切要求，有多少图书被读者带回家去，有多少儿童来阅读图书和利用图书馆。"列宁高度赞扬了西方国家图书馆千方百计满足读者要求的可贵精神。

印度杰出的现代图书馆学家阮冈纳赞（Chiyali Ramamrita Ranganathan，1892～1972年），1931年出版的《图书馆学五原则》（The Five Laws of Library Science）是图书馆学理论研究中的一个划时代的事件。图书馆学五条基本原则是：①图书是为了利用的；②图书是为一切人而存在的；③给读者所有的书；④节省读者的时

间;⑤图书馆是一个发展着的有机体。这5条基本原则,条条都联着读者和读者工作,读者作为图书馆的中心,这个思想是明确的,贯穿于5条原则的前前后后,也可以说5条原则的灵魂就是读者。读者在图书馆中的地位得到了充分地揭示和肯定。开辟了孕育读者学的舆论阵地,奠定了它的思想基础。

三、一门新学科的出现都有它自己植根的社会 条件和历史渊源

中国是一个对人类文明有过巨大贡献的有着数千年灿烂文化的文明古国。古代只有藏书楼,读者仅限宫廷王侯、皇亲贵戚、私家子弟、友好亲朋及个别文人学士,这就是几千年封建藏书楼读者工作的真实写照。到了近代,尤其是1917~1927年的"新图书馆运动",为中国近代图书馆学的发展奠定了基础。图书馆学教育兴起了,图书馆学专著、刊物陆续出版,图书馆协会成立了,图书馆学研究有了较大的进展。

李大钊(1889~1927年)主持北京大学图书馆期间,改进了目录工作,采用杜威十进分类法,编制了卡片目录,大大方便了读者检索;他主张增加复本,以扩大流通,采用便利读者选择图书的开架式阅览,他认为:"这都是图书馆的新趋势"。

上海通信图书馆(1921.5~1929.5)信任读者,依靠读者,与读者心心相印,受到读者的爱戴和支持。他们创造了通信借书的方式,提出了借书"不受路途限制,不受职务限制,也不受早晚时间限制。"先后出借的图书达数万次,损失只有千分之七、八,大都是在邮途中丢失,读者每遇这种情况,往往愿意赔偿。他们这种无私的热心为读者服务的精神,深深地打动着读者的心。为了加强与读者的联系,更好地为读者服务,他们出版了《上海通信图书馆书目》,以揭示馆藏,指导读者。从1925年起,又定期出版了《上海通信图书馆月报》,为读者查阅新书提供了极大的方便,对读者

工作起了很大的推动作用。

苏维埃中央图书馆是在工农民主政府成立后,在江西瑞金设立起来的。它白天晚上都开馆借阅,借期两周,可以续借,也可以邮借,借书手续简便,处处为读者着想。

延安中山图书馆是在中共中央的关怀下,于1937年5月成立的,是延安最大的图书馆。除平日开放外,星期天整日开放,借阅手续简便,凭证借阅,对处在抗日前线的将士们则送书到前线,配合战斗,鼓舞士气。

在国民党统治区,中国共产党地下工作者领导办起了一些进步的图书馆。如1932年,上海成立了《申报流通图书馆》,李公朴(1900~1946年)曾任过馆长。他们创造了许多图书外借和读者辅导的新方式,如团体借书、邮递借书、流动书车送书上门,并设"读书指导部",具体负责解答读者的咨询问题,指导读者借阅图书,编制书目和名著提要等,并在《申报》设立"读者问题"专栏,由夏征农、艾思奇、柳湜一起负责读者指导工作,每天一篇,由三人轮流撰写,公开答复读书生活中具有普遍性的问题,在读者中很有影响。

1933年3月,上海出现了一个蚂蚁图书馆,他们的许多作法都与上海通信图书馆相似。千方百计为读者着想,注重邮递借书和集体借书,借阅手续简便,节省读者时间,提高了流通率。还先后组织了"读者工作人员联谊会"、"妇女联谊会",加强图书馆与读者的联系,经常举办各种学术讲座,邀请著名学者到会讲演,如郭沫若、周建人、叶圣陶等,受到了读者的衷心欢迎,团结教育了许多青年投入了革命。

图书馆事业的发展也促进了图书馆学理论的发展。1932年,中国著名图书馆学家杜定友(1898~1967年)在《图书馆管理法上之新观点》一文中重申:"整个图书馆事业,其理论基础实可称为'三位一体'。三位者,一为'书',包括图与书等一切文化记载,二为'人',即阅览者;三为'法',图书馆之一切设备及管理方法、管理人才是也。三者相合,乃成整个之图书馆。"阅览者即指读者,说明读者在图书馆中占有重要地位,三位一体中体现了读者工作的重要意义。1934 年,中国著名图书馆学家刘国钧(1899～1980年)出版了以"图书、人员、设备、方法"四要素为中心的《图书馆学要旨》;1957 年,刘国钧在《什么是图书馆学》一文中,进而提出了"五要素"的理论,这"五要素"是:图书、读者、领导和干部、建筑与设备、工作方法。较之 30 年代的"四要素",增加了"读者"一项。刘国钧先生还进一步指出:图书馆的基本任务,要"以用书为目的,以诱导为方法,以养成社会上人人读书之习惯为指归"。因此,图书馆应是一个"自动的"、"社会化的"、"平民化的"机构,所谓"自动的"指"用种种方法引起社会上人人读书之兴趣"、"使馆中之书为人所读,而尤贵乎使人人皆能读其所当读之读物。"刘国钧的思想闪烁着"读者第一"的火花,说明读者在图书馆学体系中的分量是举足轻重的,没有读者,没有读者工作,就没有图书馆活动,也就没有图书馆学了。

四、中国图书馆学的特点

1949 年,新中国的诞生为中国图书馆学的发展提供了新的生机。同时,进一步孕育着图书馆读者学。

到 1979 年,在 30 年期间,尽管当中曲曲折折,总的看来,中国图书馆学的发展有下列特点:

(一)图书馆事业的发展必然促进图书馆学的发展　30 年来,各种类型图书馆得到很大发展,如中国科学院系统的图书馆,刚解放时只有 17 所,1957 年就发展到 107 所;藏书量迅速增加,业务范围扩大;图书馆之间广泛开展了协作,初步形成了系统图书馆网和地区图书馆协作网;图书馆干部队伍迅速成长。图书馆事业的繁荣为图书馆学的发展创造了良好的客观环境。

（二）读者工作开展得活跃，成绩显著　采用各种形式为读者服务，如开架借阅，馆际互借、图书流动站、巡回借书、送书下厂下乡等，逐步健全了一整套为读者服务的方式方法。配合国民经济建设和科研生产的需要，加强了对口服务。设置了专门的阅览室、检索室，举办了专题书刊展览、讲座、报告会，为重点项目服务，开展了代查、代借、代译工作，满足了读者对图书馆提出的许多要求，发挥了图书馆在社会主义建设中的作用。积累了丰富的图书馆读者工作实践经验，为图书馆学的研究提供了宝贵的素材，也为图书馆读者学的孕育增加了丰富的营养。

（三）图书馆学研究进入了"学"的阶段，"学"与"术"并重，相互沟通，融为一体，是这个时期中国图书馆学的显著特点　随着图书馆事业蓬勃发展，图书馆学的研究气氛大大活跃了。中国图书馆学从萌芽时期和产生时期进入到发展时期，图书馆学的研究成功地突破了"术"的阶段，即突破了就图书馆论图书馆的窠臼，从图书馆技术方法的研究自觉地上升为图书馆理论科学研究，进入了"学"的阶段。

50 年代末期，在党中央"向科学进军"的号召下，图书馆学理论研究也相应出现繁荣局面。尤其应该提到的是，当时开展的"什么是图书馆学"的大讨论，突出了"学"的色彩，揭开了中国图书馆学理论研究的序幕。图书馆学是不是一门科学，关系到图书馆学能否作为一门独立的学科存在，关系到图书馆学的发展方向，关系到图书馆学在图书馆工作中如何发挥它的科学职能、指导图书馆工作等重大问题。到 60 年代初期，在图书馆学对象问题的讨论中，第一次出现了用抽象认识反映实体活动的研究成果，即关于"矛盾说"的探讨。无论"矛盾说"是否能够准确地解释图书馆学对象，但它毕竟摆脱了用"要素"去解释图书馆学对象的实体性认识，开始了从哲学的角度去认识图书馆学问题的尝试。于是，当时出现了一批质量较高的论文。仅读者与读者工作方面的论文就占总发文量 4658 篇的 24%（1116 篇）。这些问题的突破，开拓了图书馆学研究的美好前景，为新中国图书馆学的成熟创造了有利条件。显然，随着作为图书馆读者学催生婆的图书馆学的成熟，迎接图书馆读者学的分娩也就为期不远了。

第二节　图书馆读者学的产生

一、中共中央十一届三中全会以后，中国图书馆事业迎来了蓬勃发展的局面

　　目前，各类各级图书馆扩建、新建的规模超过了前 30 年的总和；藏书量大大增加了；图书馆工作者队伍壮大了，素质提高了；服务手段现代化程度大大提高了，复印室、检索室、视听室陆续建立起来，不少图书馆采用电子计算机进行科学管理，如此等等，图书馆事业呈现出未曾有过的一派生机盎然的大好景象。与此同时，图书馆学的研究气氛亦非常浓厚。1979 年 7 月，中国图书馆学会成立，并举行了第一次全国科学讨论会，各省市自治区图书馆学会也相继成立。全国和地方的各种专题学术讨论会、研究会不断召开。图书馆学教育蓬勃发展起来，形成了高等教育、中等教育、函授教育、电视教育和成人教育相结合的多层次、多序列的图书馆学专业教育结构。图书馆学专业刊物像雨后春笋般地出现，发表的学术论文，仅 1980～1983 年的数量就占解放后 34 年论文数量的64.4%，反映了图书馆学术上的繁荣景象。此外，武汉大学还正式建立了图书馆情报学院和图书馆学情报学研究所。凡此种种，表明了随着我国图书馆事业的蓬勃发展，我国图书馆学进入了一个新的发展阶段。

二、中国图书馆学的研究逐步深化,表明了图书馆学的 日趋成熟

　　发展到 80 年代初,面对"第三次技术革命"的挑战和自然科学向图书馆学渗透的强大洪流,又提出了"交流说"和"知识说",开掘了图书馆学研究的深度。而许多新的科学理论和研究方法吸收或移植到图书馆学中,又拓宽了图书馆学研究的广度。图书馆学的生命力就在于它同图书馆学实践的密切联系和结合,因为,图书馆学理论来源于图书馆工作的实践,而这种实践工作的一个最重要的方面就是读者工作。

　　读者工作是整个图书馆的中心工作,它既是服务性的工作,又是学术性工作,具有丰富的学术内容。实践是理论的源泉,理论是实践的先导。80 年代以来,读者服务工作研究有了新的发展,其研究的广度、深度,都发展到一个新水平。既有实践经验的总结,又有系统理论的研究,既有定量分析,又有本质规律的探讨。比如:北京大学和武汉大学合编的《图书馆学基础》中对读者工作的阐述是:"读者工作是图书馆的第一线工作,它直接面对读者,起着前哨作用。读者工作的好坏,直接关系到藏书在人民群众中利用的程度,图书馆满足读者需要的程度,以及对于生产的发展、科学的进步、文化教育水平的提高所起的作用;读者工作还是联系读者与藏书的桥梁;……读者工作又是衡量藏书工作质量的尺度"。张树华和张家澍在其合著的《图书馆读者工作》一书中说:"读者工作是直接面对读者的第一线工作……。是图书馆工作的前哨。……图书馆搜集、整理和收藏图书只是一种手段,是为开展读者工作准备条件的,而读者工作才是这一切工作的目的"。于鸣镝在《现代图书馆的阶级性刍议》一文中在谈到读者工作时说:"为读者服务,这是图书馆各项工作的出发点,并表现于行动的过程和归宿。"(见《图书馆学刊》,1980 年第 2 期)凡此种种。

读者服务的实践提出了许多新课题、新领域，现代科学技术也为读者服务的研究提供了新的原理、方法和技术手段。因此，读者服务工作的理论研究成果——图书馆读者学的产生，就是十分自然和必在其中的了。

三、图书馆读者学的产生

时代的进步，社会的发展，图书馆事业的兴旺发达，读者服务理论的深入研究，为图书馆读者学经过漫长孕育后的诞生创造了条件。

1980年，黄恩祝发表了"读者学浅说"，刊登在《吉林省图书馆学会会刊》，1980年，第3、4期上。这是"读者学"首次见诸我国的报刊上。标志着我国"读者学"的诞生。从此，掀开了读者学研究的新篇章。黄恩祝在"读者学浅说"中对读者学的思想基础、研究内容以及其学科体系进行了首次阐述。作为学科的开拓者，此文在我国读者学的发展史上起着不可磨灭的作用。而后不少图书馆工作者先后对读者学进行了探讨，发表了不少研究成果，从各个方面阐述各自的观点。为读者学的确立和完善作出了贡献。

图书馆读者学产生于图书馆读者工作的实践，随着这种实践的发展而发展，受这种实践的检验，反过来，又为这种实践服务。因为，图书馆读者学是图书馆读者工作实践经验的高度概括和升华，是实践上升为理论，进行理性思维的产物。开展图书馆读者学研究的目的，正是为了指导读者工作的实践。然而，理论不等于实践，读者学不等于读者工作，二者不能混淆，更不能等同，否则，实质上也就取消了读者学。因此，要掌握和运用好读者学与读者工作的辩证关系，使读者工作沿着正确的方向发展，也使读者学更好更快地兴旺起来。

第三节　图书馆读者学的发展

"读者学"1980年在我国问世后,得到了不少读者工作者的响应,掀起了一股波澜,可以说,真有点"读者学"研究热似的。将近15年来,"读者学"的研究大体经过了下列两个阶段:

第一阶段,1980~1989年,围绕"读者学"基本问题的探讨。1980年,黄恩祝发表《读者学浅说》之后;1981年,夏名镒发表了《读者学礼记》;1982年,何鑫龙等人发表了《读者学初探》;1983年,何鑫龙发表了《读者工作的发展与读者学的缘起》;同年,于鸣镝发表了《读者学诸观点评要》,1984年,何鑫龙发表了《读者说与目录学》;1986年,黄恩祝发表了《再论读者学》;同年,赵世良发表了《读者学刍议》;……

上述诸文有一个共同特点,即都就普通读者学或称一般读者学或称广义读者学的一般原理,例如:研究对象、研究内容、学科体系等问题进行了阐述,而这种阐述又都是基于图书馆这个角度上进行的。

关于读者学的研究对象,是研究者必须回答的一个首要问题。对研究对象的探讨,大体上有两种观点。一是以黄恩祝为代表的,认为读者学的研究对象是图书馆读者。他说:"读者第一是读者学的主要命题,亦即读者学研究的基本范畴。"又说:"读者是图书馆工作的核心,……应该把……学术研究分一大部分精力转移到读者问题的研究上来"。二是以何鑫龙为代表的,认为图书馆读者工作中的"供"、"求"矛盾是读者学的研究对象。他说:"供与求这一交叉变化过程,是各个图书馆存在的普遍现象。这一现象反映了读者服务工作的特殊本质和工作规律,对这一特殊本质(或特殊矛盾)和工作规律的研究,就构成了读者学研究的对象。"显

27

然,在读者学的研究对象上,由于各家考虑问题的出发点和侧重点不同,而存在着分歧。

关于读者学的研究内容,基于研究对象决定研究内容的原则,对研究内容的意见也存在着异议。黄恩祝在其《浅说》中说:"以读者第一的观点研究图书馆的方针任务,研究图书馆与读者间的各种矛盾及其规律,研究图书馆的读者史,这就是读者学的研究内容。"在其《再论》中,通过对读者学的内涵与外延的阐述,进一步说明了读者学的研究内容。他说:"读者学的内涵是研究在图书馆工作这个特定的范围中的读者及其活动规律的学科。""读者学的外延就是研究为读者直接服务的方法及其理论。这方面的研究在图书馆学教科书中的'读者工作'部分就是它的一个重要的内容。"这时,黄恩祝的读者学研究内容包括两个方面:一是读者本身的研究;二是读者工作研究。

何鑫龙等人在《初探》中认为,读者学的研究内容包括四个方面:①读者学的一般原理:从理论上研究读者工作所应遵循的指导思想和理论基础、基本方针和任务、方法及目的;读者学研究的对象和内容;读者服务工作在图书馆工作中的地位和作用。②读者学的基本学科:如读者心理学、读者统计学等。③读者史:研究读者服务工作的产生和发展,以及不同时期图书馆服务方式、方法和读者服务工作的特点、地位、作用等;研究读者如何利用馆藏书刊进行自学和研究。④读者的实践:是指读者学的理论在读者服务工作中的应用,如组织读者队伍,确定借阅服务方式,等等。以上这些论述,可以看出,何鑫龙等人主张读者学的研究内容主要是读者服务工作的一般原理及其规律,而不研究具体的读者。

赵世良在其《刍议》中认为:"读者学的主要内容,首先应包括这样四个单元:读者、读者队伍、图书馆读者和读者研究。""上述想法的目的是,以个体和群体的读者及其活动规律为研究的客体与对象,把读者学建立起来。"显然,赵世良把读者学的研究内容只局限于读者研究,而不包括读者服务工作的研究。这与何鑫龙等人的意见相反,赵世良的这种观点与杨沛超的观点是一致的(论读者学研究对象及其学科体系,《图书馆学研究》,1989年,第6期)。杨沛超把读者学的研究内容划分为三部分:①读者学理论研究:包括读者学基础理论研究,如读者学的研究对象、研究内容、学科体系等;读者研究体系,如读者结构、读者组织、读者服务、读者需求、读者教育等。②读者学历史研究,如读者史、读者观念发展史、读者学学科史研究等。③读者学方法论研究,包括读者学研究的方法体系和读者工作的方式方法研究。上述理论、历史和方法三个组成部分,构成读者学的主体,就是杨沛超所称普通读者学。但有一点应该指出,杨沛超考虑得要比赵世良全面、系统和广泛一些。

关于读者学的学科体系,何鑫龙在《读者学与目录学》一文中作了阐述,他认为:读者学包括读者工作基本理论、读者心理学、读者统计学、读书方法论(学习学)、读者史和读者学理论实际应用等领域。而杨沛超从学科的内部结构和外部联系两个方面入手,按照"由表及里"的思路,用图表示了读者学的学科体系。它包括两大部分:一是普通读者学,由读者学原理、读者学史和读者学方法论构成;二是读者学分支学科,由读者社会学、读者心理学、图书馆读者学、读者阅读研究、书刊发行读者研究、各类型文献读者研究和其它等。显然,杨沛超的读者学学科体系比之何鑫龙提出的学科体系前进了一步,但也还是有不足之处。

关于读者学的相关学科,黄恩祝在《再论》一文中提出:读者学与分类学、目录学、索引学、图书采访、藏书建设、社会学等有关系;杨沛超在《体系》中,认为读者学的相关学科主要有社会学、心理学、图书馆学、阅读学、文献学、发行学等等。很明显,黄恩祝、杨沛超二人对读者学的相关学科的认识,除社会学以外其它各学科都是不一样的。

至于读者学的学科性质,都没有专门的论述。黄恩祝在《浅说》中认为:读者学是图书馆学的一门分支学科;赵世良在《刍议》中则认为:读者学是社会学和交流学的一个分支学科,同时又是图书馆学的相关学科;何鑫龙在其《读者学与目录学》中也认为:读者学是图书馆学的一门分支学科。

总之,这一阶段对读者学的一些基本理论问题进行了探讨和阐述,存在着不少歧见。但有一点是明显的,即作者们都以极大的热情投入到为读者学的发展与成熟而进行的科研中来了。

1989年以后至今,读者学的发展进入了一个新阶段。这个阶段的特点是围绕着《图书馆读者学》而展开的。其标志是1989年吴稔年在《图书馆杂志》,第4期上发表了"应称'图书馆读者学'——与黄恩祝等商榷"一文。该文指出:黄恩祝的《浅议》和《再论》中的"读者学",意指狭义的读者学,即《图书馆读者学》,所以这门学科的名称如改为《图书馆读者学》,则是科学的,名实相符的。这样才会达到概念与内涵、外延的统一。

广义的读者与图书馆读者是两个不同的概念,"普通读者学"和"图书馆读者学"显然是有区别的。二者是独立的,又是密切相联的。研究普通读者学可以为图书馆读者学提供理论基础和方法指导;反过来,图书馆读者学可以为普通读者学提供理论素材。没有图书馆读者学和其它分支读者学的深刻研究,普通读者学很难在更高的层次上予以概括、总结与发展。所以,二者的发展可以有先有后,也可以齐头并进,共同发展。

第一阶段的研究,既推动了普通读者学的发展,又为图书馆读者学的发展奠定了基础。吴稔年的文章发表后,研究的范围与目标相对集中了,推动了图书馆读者学研究的深入发展。张幼在"图书馆读者学研究浅议"(图书馆建设,1992年,第5期)一文中,论述了图书馆读者学的研究内容、相关学科和研究方法。关于研究内容包括三部分:①对读者本身的研究;②对读者学基本原理的研究;③读者学史的研究。而代根兴在"图书馆读者学研究对象与研究内容新论"中,关于图书馆读者学的研究内容的阐述要全面的多。他把研究内容划分成四个部分:①读者学基本理论研究;②读者研究;③读者工作研究,包括读者工作原理研究、读者服务的方式方法研究、读者工作组织与管理研究;④读者学历史研究。该文最后总结说,图书馆读者学是一门研究读者需求规律和图书馆提供服务规律的科学。它以图书馆读者工作中的供求矛盾为研究对象,以读者和读者工作为主要研究内容,是图书馆学的一门分支学科。此文的发表标志着我国图书馆读者学的理论框架基本清楚了,这是图书馆读者学研究深入发展的结果。

1993 年,凤勋发表了"10 多年来我国读者学研究述评"一文,评述了读者学的研究对象、研究内容、学科体系、学科性质及相关学科。此文是 10 多年来读者学研究进展情况的阶段性总结,是目前最有代表性的综合性文章。

进入 90 年代以来,图书馆读者学得到了广大图书馆界同行的认可。在一些工具书中都收录了进去。例如:我国著名图书馆学家周文骏教授主编的《图书馆学情报学词典》中,读者学作为一个条目进行了阐述;李兴辉等人编著的《新兴学科分类手册》中,读者学作为一个条目进行了解释;刘迅等人编著的《图书馆管理工作指南》中,也将读者学作为一个条目进行了较详尽的解释。他认为:读者学是"研究图书馆读者工作特点及读者阅读需求规律的学科"。其学科体系可分为:①读者学一般原理;②应用读者学,如:读者心理学、读者统计学、读者类型学;③读者史。其读者学的主要研究内容是:①服务工作的社会作用,读者服务工作的原则,服务形式的组织与管理,服务效果评价等;②读者类型的划分、特点;③读者结构的研究;④读者阅读倾向;⑤为读者服务方法的研究;⑥读者与社会关系;⑦读者心理;⑧未来读者预测研究;⑨读者的阅读与接受其它传播工具的研究等等。这些都为图书馆读者学的发展研究提供了丰富的佐证。可是,同时期出版的《中国大百科全书——图书馆学、情报学、档案学》倒显得没有反映出读者学发展的实际情况,因为并没有把读者学单独作为一个条目进行解释,而只是在"读者研究"这个条目的阐述中提到了"读者学"这个概念,但并没有对读者学进行较全面系统的解释。虽然,该书的主题索引中有"读者学"这个条目,但指示的仍是正文中的"读者研究"条目。可是"读者研究"与"读者学"并不能划等号,这是两个不同的概念,不能混为一谈。

读者学从产生到现在已经 15 年了。15 年来,读者学从普通读者学发展到图书馆读者学,并从图书馆读者学领域发展到编辑、出版、发行领域;研究人员队伍逐渐扩大,发表的研究成果除了研究论文外,读者学的专著也问世了。这些都说明了我国读者学的研究越来越深入了,发展了。就图书馆读者学的发展来说也是很喜人的。从研究的内容、深度上都说明图书馆读者学正在向着较为严密、完整的科学体系迈进。

第三章　读者结构

读者结构是指图书馆读者队伍中不同成分、不同类型、不同范围、不同数量的读者群构成的有机组织系统。

任何一个图书馆的读者队伍，都是由特定范围、特定类型、特定成分的读者群构成的组织结构系统。各级各类图书馆都有不同的读者群，也就有不同的读者结构。公共图书馆的读者结构最为复杂，专业图书馆和科学图书馆的读者结构比较单纯，高校图书馆的读者结构，介于中间状态。一般说来，读者结构能反映图书馆的基本读者队伍，表明其主要服务对象。因此，读者结构是图书馆安排藏书结构的重要依据。对读者结构进行研究，是明确读者对象与藏书结构的一个重要方面的工作。

第一节　读者与社会

图书馆事业的兴旺，依赖于一支广泛的读者队伍和读者具有强烈的信息意识、信息需求和求知欲望。这实质上是社会条件，因为图书馆的读者成分、读者构成、读者占全国人口的比例、读者利用图书馆的方式和使用频率，这一切都与整个社会发展的总体条件息息相关。

社会环境既是促进人们求知欲望和强化信息意识的土壤，又是决定人们对知识、信息需求程度的量度。因此,对于图书馆读者的研究,都应从社会发展总体背景的联系考察。

一、读者的概念

关于什么是读者,有各种不同说法:一种认为:读者是具有一定阅读能力的社会团体和个人;一种认为:读者是与出版物发生关系的团体和个人;还有一种认为:读者是通过视觉器官接受版印物这种以连贯的语言符号所载的科学文化知识的文化人口。上述几种看法虽然都有一定的道理,但也有不够完备、不够确切的地方。例如,具有一定阅读能力的社会团体或个人不一定就是读者。有些人虽有阅读能力,但没有从事阅读活动,即没有现实的阅读行为,这种人还不能称为读者。第二种说法提出的是与出版物发生关系的人,也不一定就是读者。凡出版、发行、图书馆等机构,许多人与出版物发生关系,但没有阅读出版物的内容,所以也不能称之为读者。第三种说法比较全面,但也不够完备。读者不全是通过视觉器官进行阅读,盲人就是通过手触辨认盲文符号进行阅读的。

广义的读者概念应是:人们通过阅读和利用各种文献资料,从中汲取知识和信息的文化人口。

狭义的读者概念是根据出版物的不同传播方式、使用方式以及与此相联系的各学科的需要而确定的。图书馆学中的读者概念应是:通过阅读和利用图书馆的文献资料,从中汲取知识和信息的一切社会成员,(包括个人、集体、单位)都是图书馆的读者。他们不需要自己购买文献,只需通过一定的借阅手续,就可达到阅读文献的目的。凡领有借阅证件,或建立借阅关系,并经常固定地利用图书馆的读者,称为正式读者;无借阅证件,或未建立借阅关系,偶尔利用图书馆的读者,称为临时读者。此外,还有暂时未利用图书馆,但具有阅读能力的读者,称为潜在读者。图书馆的现实读者与潜在读者之间,只有相对的界限,在一定条件下可以互相转化。图书馆的现实读者与潜在读者,都是图书馆工作的研究对象和服务对象。

二、读者与文献

读者与文献是辩证统一、不可分割的,它们是互为存在的前提和基础。文献因有读者才有存在的意义;而人们因与文献的联系而获得读者的身份。两者相互依赖,共同存在。

文献是指记录有知识的一切载体。它包括以纸张为载体的文献资料,如:各种书籍、画册、期刊、报纸、专利文献、产品资料等,还包括缩微品,视听资料、计算机磁带资料等。就文献的概念而言,应当说,文献的产生已有了十分漫长的历史。早在远古时期,当人类开始用图画和符号把信息记录在青铜、甲骨等载体上用以记事和达意时,文献便产生了。文献出现,读者也相应而生。

文献由简至繁,由少到多经历了一段漫长的发展历程。与此同步,读者的发展也有一段相应的过程。古代的文献主要以刻有文字符号的青铜、甲骨为代表。其后,人们用竹片、木片、缣帛等作为书写文字的材料,又有了竹简、木牍之类的文献。这些文献体积庞大,制作困难,不易传播,只有极少数人能成为这些文献的读者,故其读者十分有限。后来,随着纸张的出现和印刷术的发明,以纸张为载体的文献成了人们最主要使用的文献类型。它使文献具备了大量生产和广泛传播的条件,从而使读者数量得到了迅速发展。在相当长的一段历史时期内,以纸张为载体的文献资料几乎是唯一的文献类型,而所谓读者也单指相对纸书而言的阅读者。进入现代化社会以后,由于信息符号和载体材料的发展,文献发生了重大变化。形象化的音像符号及自动化编码符号的出现,声、光、电、磁现代化技术和化学胶塑新材料的广泛应用,使各类新的文献不断问世,出现了纸书印刷品与缩微文献,声像文献、机读资料、光盘资料等多种文献类型并存的局面。传统的纸书印刷品伴随着科技文化的发展也有了很大的丰富和完善。除书籍、期刊、报纸的品种和数量有大量增加外,科技报告、会议文献、学位论文、专利文献、技术标准,产品样本等新的纸质文献越来越多。这些使得整个社会的文献无论在种类上,还是在数量上,都有了极大的增长,读者和文献的联系也由此变得更广泛、更密切了。

由于各类图书馆收藏图书具有一定的选择性与针对性,因此,不同类型的图书馆所拥有的读者结构与读者服务也有差异。

三、读者与社会环境

读者的社会环境是一个复杂的综合体,几乎牵涉到社会生活的各个方面,但是对其有着直接、重要影响的社会环境主要是社会政治、经济、科学、教育等方面。

1. 政治环境　文献中所含的信息是一种精神产品,它不仅为人们提供各种文化、科学知识,而且对于意识形态产生极大的影响。自古以来,各种占统治地位的阶级、政党和社会集团都十分注意文献的作用,都力求以各种方式对文献的出版与传播加以控制,通过引导和制约整个社会、为自己的政治利益、经济利益和社会利益服务。因此,在任何时代,读者都不可避免地受到各种政治因素的制约和影响,表现出浓厚的政治色彩。

解放初期,劳动人民翻身做了主人,国家大力号召要提高劳动人民的文化素质。当时学习气氛空前高涨,各级各类图书馆相继建立,同时,创办起各类夜校。当前,国家安定团结,治安稳定,人民安居乐业,把大量的时间与精力花费在学习各种科学文化知识上。历史发展证明,一个稳定的政治环境,有利于读者队伍的发展壮大。同样,一个恶劣的政治环境会阻碍读者队伍的发展,甚至倒退。秦始皇的"焚书坑儒"以及"十年内乱",都使读者数量大大下降。

2. 经济环境　读者阅读文献与社会经济发展状况有关。这是因为经济发展了,生产力水平提高了,社会财富增多了,读者的闲暇时间也会增多。而社会闲暇越充分,提供读者的阅读时间也越多,读者的社会需要也就越迫切,从而促进读者队伍的发展。

在经济活动中会产生大量的文献记录,如统计资料、商业记录、市场信息等,这些反映社会经济活动的文献记录只有进行交流与传递才能维持社会经济的不断发展。交流和传递社会经济信息在很大程度上依赖图书馆读者的阅读活动。因此,经济活动越发展,就越能促进图书馆读者队伍的发展。

3. 科学环境 知识是科学发展的产物和结果。人类科学越发展,认识越深化,文献的数量就会迅速增加,文献类型也随之增多,而文献数量的多少与文献类型的多样化是读者发展规模的重要依据。科学门类越多,知识的内容就越多,收集和获取这些知识的复杂性就越高,读者阅读文献的科学化要求就越迫切。科学交流越频繁,越广泛,读者的阅读活动就越得到强化。

读者依赖科学环境的另一方面表现在,读者需要从科学环境中汲取养料,以提高自身的文化素质和工作能力。科学越发展,它所贡献给读者所必需的知识和技术就越多,就越能促进读者的阅读活动向科学化方向发展。

4. 教育环境 社会教育是提高生产者文化水平和生产技能的重要途径。社会教育所形成的广泛读书需要,是促进图书馆读者发展的有利条件。在当代知识更新加快的社会条件下,终身教育是跟上知识发展步伐的有力措施,而读者的终身教育要靠图书馆来协助。因此,社会教育是图书馆读者发展的一个重要因素。

社会的教育环境状况决定着图书馆读者和干部队伍。教育越发达,社会文化教育普及程度就越高。而社会文化教育普及程度直接反映在社会具有阅读能力的人的数量上,也体现在图书馆的现实和潜在读者的数量上。全民族文化水平的提高,高学历人员比例的增长,为知识传播与交流繁荣提供了可靠保证。只有这样的社会环境,才能出现一个庞大的读者群和多样化的需求。

时至今日,图书馆虽然是当代社会知识交流的一个实体,但是,它的交流功能尚未充分发挥出来。表现在当今图书馆的潜在读者大大多于现实读者。图书馆还只能为占人口比例不大的一部分人服务。造成这样的情况除与社会环境因素有关外,也与图书馆事业的发展现状有关。如何把潜在的读者扩大为现实读者,如何从"用"出发,改善传播知识、交流信息的方法和技术,又如何使被动形式的服务变成为主动的、针对性强的服务,以及如何以其有效的服务更多地参与社会知识交流和信息传递过程,是摆在图书馆面前的一项重要任务。

第二节　读者成分

读者成分指读者有的共同属性,是读者队伍的具体构成因素。读者成分的划分与组合,通常以读者本身的各种社会特征和自然特征为主要标志。图书馆的每个读者,都具有职业、文化、民族等社会特征和年龄、性别、生理状况等自然特征。这些特征对其阅读活动起着直接的制约作用。读者与读者之间,有大体相同的特征,也有不相同的特征。按照这些特征标志,将各种读者划分与组合成一定的读者成分,便于明确相同特征读者阅读活动的一致性,和具有不同特征读者阅读活动的差异性。

一、职业特征

职业是指人们在社会中从事的并以其为主要生活来源的工作。职业既是社会分工的需要,也是个人谋生的手段。职业种类按行业标准,可以分为工业、农业、军事、商业、交通、医务、政法、科技、教育、体育、文艺等行业。各行各业又可细分为许多具体职业,

38

而各种职业又有不同专业、工种之分。生活在现代社会中的大多数人均以某种职业作为自身生活的保障。由于职业在人们生活中占有极其重要的位置,因此,人们的阅读需求无不受到它的制约和影响。

读者的职业特征是指读者从事某种职业、专业或工种表现出来的职业需要、职业兴趣、职业技能与职业阅读活动的综合现象。一般说来,读者具有某种职业,就产生某种职业需要,表现某种职业兴趣,从而产生一定的职业阅读活动。如一个从事建筑设计的读者,会对各种建筑书籍表现出浓厚的兴趣,从而大量借阅和阅读各类建筑方面的文献资料。而一个从事英语教学工作的读者,则会对各种英语书籍感兴趣,并主要阅读英语方面的文献资料。这就是读者职业特征的反映。

职业要求不同,职业特征在读者身上的表现也不一样。如简单机械的体力劳动,对人的文化和技能没有太高的要求,所以从事这类劳动的读者,其阅读活动一般很少,也没有强烈的职业阅读需要。而科研活动、教学活动、决策活动,对人的文化水平和业务技术知识有较高的要求,实现这些活动必须占有充分的文献信息,所以从事科研、教学和决策工作的读者,其阅读活动往往和他们的职业需要相联系,并表现出强烈的职业阅读需要。

各种职业的读者,因职业特点不同表现出较大的差异。科技读者、教师读者、文艺读者、干部读者和工人读者以及其它职业的读者,在阅读活动中,除了共同性需要外,还有明显的职业特征。因此,了解读者的职业属性、职业特点和职业需要,以及与阅读活动的关系,才能针对读者的职业阅读需要和阅读特点,开展专业对口服务。

二、文化特征

一定的文化程度是成为图书馆读者必须具备的基本条件,因此,阅读活动对于没有一定文化水平的人来说是无法进行的。

图书馆划分读者的文化程度主要以读者的学历和业务技术职称为标志。学历指小学、初中、高中、大学、研究生等毕业或肄业,或通过自学达到相当某种文化教育水平。业务技术职称分为技术员(或管理员)、助理工程师(或助教)、工程师(或讲师、助理研究员)、高级工程师或总工程师(高级讲师、正、副研究员或正、副教授),或相当于某种业务技术职称级别。

文化特征指具有一定学历程度和专业技术职称的读者对文献需求的内容深度、阅读方式及阅读目的所表现的层次级别。不同文化特征的读者在阅读活动中表现出较大的差异。文化程度较高的科研人员,需要文献的级别为二次→三次→一次文献。需要阅读的文种除中文外,还大量阅读国外文献,需要的文献类型除图书、期刊外,也需要会议文献、专利文献等。文化程度较低的小学生、中学生、工人读者需要的文献类型单一,主要为文艺书籍、科普类读物和少量专业书籍。阅读的文种绝大部分为中文书刊。

此外,不同文化特征的读者,其阅读需求价值和阅读的鉴赏水平有着很大差别。多数文化水平低的读者的阅读只是满足他娱乐消遣需要的一种方式和手段。而对文化水平较高的读者,阅读是其工作和研究中不可缺少的组成部分。在阅读活动中,文化特征实际表现为读者鉴赏水平的高低。具有较高文化程度的读者鉴赏水平也高。所以文化热、外国学术著作热兴起于知识界,而武侠、言情、外国畅销书在平民百姓中流传甚广。道理就在于此。

了解读者的文化特征,明确不同文化特征读者的阅读范围及阅读水平,便于对各层次的读者,采取相应的服务策略。

三、年龄特征

年龄是人的自然属性。每个人都要经过少年、青年、壮年、老年不同阶段的自然发展过程。按照年龄的自然区限,将图书馆的读者划分为少年读者、青年读者、中年读者和老年读者四个年龄阶段。大体界限为：儿童读者在 6~11 岁；少年读者在 12~15 岁；青年读者在 16~29 岁；中年读者在 30 岁~49 岁；老年读者在 50 岁以上。在不同的年龄阶段，人的生理、心理、智力机制的正常发展，表现出不同的年龄特征。

年龄特征指不同年龄阶段的读者，在阅读活动中表现出的心理素质和智力状态。

儿童读者是接受小学教育的时期，已具备了初步的阅读水平。但由于他们的思维能力尚未达到较高水平，故儿童的阅读大都侧重在那些浅显易懂、逻辑关系不强、富于想象性事实的读物上。进入少年阶段，人的抽象思维能力得到发展，智力水准和语文知识水平日益提高，读者的阅读也相应地发展到文学层次。他们开始对一些抽象的理论性材料发生兴趣，对文艺作品的理解越来越深刻等。

总之，少年儿童读者在图书馆的阅读内容、阅读方式和阅读兴趣，与成人读者有显著的不同，他们的阅读活动区域应单独设立。

青年读者的自我意识和独立感日益强化，开始涉猎深奥的理论著作和哲学著作。他们具好奇心理、敏感性增强，保守思想少，思辨能力成熟，更容易接受外来文化的冲击和影响。他们在阅读兴趣上呈多样性、不稳性，并有趋新的特点，图书馆要注意正确引导，帮助他们健康成长。

中年读者在工作和家庭生活中都担任主角，处于人生最繁忙紧张时期，阅读时间相对较少。他们中有一些生活中的强者，能够排除各种事务干扰来图书馆阅读。这部分读者阅读兴趣稳定、专指性强。

老年读者好奇心消退，保守思想增强，使他们较少受新思潮、新观点的影响。他们中有的已离、退休，有的虽然仍在岗位，但相对休闲时间较多。他们更多地从娱乐消遣和健身养老的目的出发从事阅读。

四、性别特征

性别也是人的自然属性。由于性别不同，男女之间在阅读兴趣、阅读能力和阅读方式上存在着较大差别。

在阅读兴趣方面，女读者大多爱读言情小说，而男读者喜欢武侠小说；女读者对家庭生活用书表现较大的兴趣，一般说来，男读者对政治、经济和科技书籍的兴趣大于女性。

在阅读能力上，男女读者表现出不同的技能优势。女读者有较强的文学欣赏能力；而男性对哲学、数理科学和科技书的理解能力普遍强于女性在阅读方式上，男女读者表现出不同的性格素质。

由于男女扮演的社会角色以及心理特征的不同，其到馆率也有较大差异。

据辽宁省图书馆统计发现，男性读者占75.93%，女性读者占24.07%，男女之比为3.15∶1。造成女性读者偏低的原因：一是由于历史的原因，我国女性文化素质低，全国第三次人口普查统计表明：女性30～34岁，35～40岁年龄段，文盲，半文盲分别为40.31%和43.40%。二是家务劳动繁重。有关资料统计，已婚女工每天平均家务劳动时间为3.97小时，比已婚男职工高1.25小时。

了解男女读者的阅读差异，将有助于制定合理的选书、购书规划，有助于针对男女读者的阅读差异，做好读者服务工作，尤其要注意发展女性读者。

五、民族特征

民族特征是读者的社会特征之一。我国是一个统一的多民族国家。由于各民族的政治、经济、文化状况以及语言文字、风俗习惯等方面的不同，其阅读行为也不一样。特别在多民族地区，这种现象表现得比较明显。

各类图书馆,都要注意发展少数民族读者,研究少数民族读者特征,促进少数民族读者人才成长,为提高整个民族读者的科学文化水平作出贡献。

六、特殊生理特征

丧失部分生理机能的读者,我们称之为特殊生理特征的读者。他们同具有健全机能的正常读者相比较,在阅读文献类型、阅读手段和阅读方式上有很大不同。如盲人通过触摸盲人读物进行阅读,聋哑人通过看手语读物进行阅读。图书馆应为盲人和聋哑人读者配备听觉资料、视觉资料及其播放录制设备;并通过送书上门,提供馆内阅读等主动服务方式给予特殊照顾。

第三节　读者类型

读者类型是图书馆读者结构的基本构成因素,图书馆有各种类型的读者,不同类型的读者各有自己的特征特性,这些特征特性,形成了读者的社会经历与社会生活地位,从而表现出不同的阅读目的、文献需求和心理习性。为了深入研究读者,掌握读者的阅读需求规律,更好地满足各类读者的阅读需求,就要将结构复杂的读者队伍,按照某种标准划分读者类型。由于读者的阅读能力千差万别,社会职业、文化程度、年龄、阅读需求等各不相同。因此,读者类型有不同的划分标准。划分的标准不一样,读者类型也不尽相同。

一、从读者的社会职业划分

读者从事的职业或专业往往反映出特殊的文献需求,这种特殊文献需求持久而稳定,将在较长时间内影响读者的阅读方向和阅读内容。职业或专业不同,关心的问题和对文献的需求也各不相同。

根据读者的社会职业可以分为以下几种类型。

(一)工人读者　工人读者广泛分布在厂矿企业、商业财贸、交通运输、建筑、邮电、服务等行业及其它第三产业部门,数量庞大,成分复杂。在整个工人读者队伍中,青年工人是图书馆的积极利用者,是各级公共图书馆、厂矿图书馆、工会图书馆读者队伍中数量最多的主要读者类型和重点研究对象。

青年工人接触社会面广,因而对一般社会现实更为了解,加上青年人思想活跃,好奇心强的特点,很容易受各种社会潮流的影响,形成流行性的阅读现象。

工人读者一般具有初中或高中文化水平。由于文化水平不太高,他们一般不阅读内容较专深的理论著作、学术著作,其阅读侧重于文艺作品和普及性读物,如古今小说、各种文学杂志、通俗文学读物都受其欢迎。他们还结合各自的工作,阅读业务技术书刊,但与工作无关的专业书刊不能引起他们的兴趣。这类读者是消遣书刊的主要读者对象。

他们受 8 小时工作制的限制,其阅读学习只能在业余时间进行,并按照个人兴趣爱好从事各种业余学习研究活动,如球迷们喜欢阅读体育书刊;影迷们爱读电影剧本、电影人物传记;武术爱好者热衷于武侠小说和武术读物等。

由于现代社会对劳动者智能和知识的要求越来越高,以及文化考核、业务技术职称评定等的需要,工人读者越来越注重阅读文化补习读物和业务技术书籍。自学成才成为青年工人读者的努力方向和奋斗目标。

图书馆要积极配合共青团、工会组织的读书活动,推荐好书,开展宣传评论,加强对青年工人读者的阅读指导工作,使图书馆真正成为工人读者的良师益友。

（二）农民读者　农民占中国人口的绝大多数，是图书馆数量最多的潜在性读者。在现实农民读者中，主要以农村中受过高、初中教育的青年农民为主体，他们是各级基层公共图书馆（室）的读者对象之一。

过去论及农村信息需求多半用地域偏僻、环境闭塞、文化传播手段落后加以概括。经过十多年的改革开放，随着农村商品经济的发展，科学试验活动的增多，文化事业的发展，农民读者的信息意识增强了，农村信息环境也有了很大改善。农民学科学，讲科学的风气日益高涨。在物质生活得到了显著改善后，对精神生活有了强烈的需求。特别是青年农民越来越重视精神文化生活。但由于种种条件限制，农村文化生活比较贫乏，农民们特别需要适合他们阅读的文学书刊来丰富其文化生活。由于文化水平偏低，欣赏能力不高，故对内容浅显易懂，具有民族风格、娱乐性、故事性强的通俗文学读物颇感兴趣。而对艺术水平较高的"阳春白雪"类读物很少涉猎。

当今社会的农民越来越意识到科学技术的重要性，意识到科学技术能带来金钱和财富。因此，农民读者对农业科技文献很感兴趣，特别是对投资少、效益快，便于掌握的有关技术文献，以及准确可靠、及时的市场中、短期文献信息更为农民读者接受。

随着农村经济体制的改革，特别是乡镇企业的兴起，农民读者的职业成分向综合化方向发展。我国长期以来强调"以粮为纲"，农民大多以种田为主，自十一届三中全会以来，由于农村经济改革，农民的职业成分多样化了，除种田外，养猪、养鸡、养兔等专业户大量涌现。乡镇企业的兴起，农工商联合，使农民亦农、亦工、亦商，出现了农民企业家、农民经理。这些变化反映到文献的阅读需求方面，呈现出复杂性、多样性的特点。农民读者不但需要农业科技文献，也开始需要经济管理、工业技术等方面的文献资料。

图书馆要根据农民读者的现状,做好相应的读者服务工作。如:举办农业技术培训班,直接带资料、带技术下乡,给农民传授致富技术等。使更多的农民读者意识到科技文献的作用,尽快成为图书馆的现实读者。

(三)知识分子读者 知识分子读者是指具有一定文化科学知识的脑力劳动者。包括:医生、教员、工程技术人员、科研人员、律师、作家、诗人、艺术家等,是一个特殊的脑力劳动者阶层,是三大类型图书馆的主要读者类型和重点服务对象。

知识分子读者用于工作的时间多于其它社会成员。他们利用业余时间进行工作和学习是十分普遍的事。因为复杂的脑力劳动离不开知识。因此,读书学习,积累知识对他们来说是不可缺少的。随着科学技术的发展,知识的迅速增加和更新,跨学科的新的研究领域的出现和知识的相互渗透,使知识分子永远不能满足现状,必须不断学习。在日常生活中,学习占了他们很大一部分时间。

知识分子读者分布广泛,他们分散在国民经济部门、科学文化战线各系统,社会科学、自然科学、技术科学各个领域,从事着多种多样的工作。因此不同系统,不同领域的知识分子分别要求特定的文献类型和内容范围,以满足具体研究课题和工作任务的需要。

知识分子读者对文献内容要求较高,在广度、深度、速度和难度等方面大大超过一般读者水平。他们不仅利用一般图书和一次文献,更需要查阅二次文献和三次文献。

知识分子读者主要是研究型和应用型的阅读需求,为了解决工作中的困难,取得研究工作的进展,在广泛阅读的基础上,要求知识信息新颖,能反映最新的思想动态和科学水平。许多知识分子读者在某一工作和研究领域具有一定的造诣,基础知识比较雄厚,故其阅读侧重在内容专深、学术水平较高的读物上,以不断提高自己的知识水平、研究能力和掌握最新、最先进的知识信息,他们对一般的基础读物毫无兴趣。

各类图书馆都要把知识分子读者作为重点服务对象。因为，为知识分子读者服务，实质上是为科学研究服务，为生产技术服务，为经济建设服务。他们的业务需要，直接反映了社会主义现代化建设的当务之急和发展方向。因此，图书馆应通过参加科研课题和文献调研活动、代查、代译及跟踪服务等方式，为他们提供利用图书馆的方便条件。

（四）大学生读者　大学生读者具有学生读者和青年读者的双重特征。作为青年读者，他比一般青年人更具有较强的抽象思维能力和观察认识能力；他们思维活跃，有较强的进取心；自我意识强烈，他们常常进行独立深思，考虑自己的情况，设想自己的发展。随着知识量的不断增加，理论的抽象逻辑思维占据了主导地位，在理论思维发展的同时，独立思考能力也相应得到了发展。作为学生读者，大学生进入高等文化和专业知识的理论学习阶段，在学习方法、学习内容和学习能力等方面，同中学生及一般青年有很大差别。他们具有良好的学习环境、较好的学习条件和充足的学习时间，接触的知识领域更加宽广和专深。

智能型、开拓型及通用型是当代大学生的培养目标。他们越来越意识到，要想把自己培养成社会所需要的合格人才，仅靠课堂上传授的知识是远远不够的。因此，他们除了在教室接受教师的系统教育外，更多的时间要利用图书馆藏书，到阅览室自学，图书馆成了大学生的第二课堂。他们的阅读兴趣广泛，除结合教学内容和专业性质系统学习专业知识和综合知识外，还广泛涉猎大量课外书刊，包括：文学、哲学、经济、法律、艺术、体育、文化等方面的文献，以提高自身的文化素养和工作能力、研究能力。随着学习阶段的发展，他们阅读的自觉性、选择性和专指程度日益增强，阅读的方法、技能日益提高。

大学生读者是高等学校图书馆的主要服务对象之一。因此，高校图书馆要重视大学生读者的智力开发和人才培养工作,提供必要的教学参考书和优良的课外读物,创造良好的阅读环境条件,吸引他们利用图书馆,通过举办图书馆利用讲座、开设文献检索课、推荐新书目和开展读书竞赛活动等方式,增强他们的信息意识,提高他们的阅读兴趣和阅读技能。为培养合格人才贡献力量。

二、从读者的年龄划分

读者的阅读需求除受其职业制约外,在很大程度上还受其年龄的影响。根据读者的年龄可以将其划分为儿童读者、少年读者、青年读者、中年读者和老年读者五种读者类型。

（一）儿童读者 儿童读者活泼好动,学习有效时间短。在阅读兴趣上没有选择性和分化性,作为个人独特爱好的分化性学科,兴趣还没有真正形成。因此,他们对阅读材料的选择没有明确的指向和个性特征。儿童们最感兴趣的是具体的事实,如阅读童话、故事小说以及描写英雄人物的,具有科幻色彩和带有惊险意味的书刊,而对比较抽象的有关事物因果关系的规律性的知识一般不很感兴趣。

儿童读者模仿心理、好奇心理极强,在阅读方面表现为阅读毫无目的,阅读什么往往模仿同群儿童。在整个儿童期,父母和老师对儿童读者的阅读有重大影响。

图书馆应为儿童读者提供趣味性强、通俗易懂,并富有一定知识性和哲理性的读物,以启迪智力和想象力,培养求知欲望。在阅读辅导时,还要注意培养他们的注意力,使他们从小树立正确的学习目的。

（二）少年读者 与儿童读者相比,少年读者的阅读范围日益广泛。他们不仅关心课内阅读,而且关心课外阅读,不仅喜爱文学读物,而且喜爱科普读物。对各门学科的兴趣开始出现分化,喜欢某些学科,不喜欢某些学科,并根据自己的兴趣选择阅读。由于少年读者尚未成熟,且受自身能力的限制,因此,他们仍不得不大量依赖家庭和学校,处在半独立、半依赖、半成熟、半幼稚时期。他们评判能力低,对阅读材料往往兼收并蓄,容易受不良读物影响。

图书馆应为少年读者提供思想性、知识性、趣味性的读物。培养他们学科学、爱科学、以英雄人物为榜样的良好思想品质。阅读辅导时要耐心细致、循循善诱。

(三)青年读者 青年读者在生理和心理上日渐成熟,人生观开始形成。由于实践经验和感性知识的大量积累,使逻辑思维能力增强,阅读范围扩大,理解更加深入。由于青年读者在文化程度上存在着较大差异,所以对文献需求存在着明显的档次区别。

青年读者具有好奇好胜和感情易于冲动的特点,外界环境的刺激、诱导和影响,以及一时的感情冲动都会激发青年读者的某种阅读欲望。良好的读书风气,学技术的热潮,读书活动,智力竞赛等,都会激发其阅读的兴趣及热情。他们对新生事物特别敏感,反映新思想、新观点、有争议、甚至受批判的文献,都能受到青年人的欢迎。

为青年读者提供文献服务,首先要弄清楚他们攻读和研究的方向和范围,然后提供与主攻方向有关的基础知识和基本理论的书刊。同时,还要加强阅读辅导及图书宣传等工作,不断提高他们的鉴赏能力与鉴赏水平。

(四)中年读者 中年读者从生理上和心理上都已成熟,生活有规律,也有了较稳定的职业,他们是我国科研、教学、生产各方面的骨干力量。

他们的阅读范围主要是与自己从事的专业有关的文献资料。尤其是对本学科、本专业有关的科研动态、进展状况、最新成果感兴趣。对于有关的专业基础知识和基本理论一般不太看重。在查找研究资料时,其需求目的明确,有时直接点名要某一本书,有时甚至直接要某一本书中的一篇文章。

图书馆为中年读者提供文献服务时,应主要以专业期刊为主(包括国内外有关的期刊)。因为它及时地刊登了目前该学科或专业中研究的最有参考价值的信息,不仅新颖,而且专深。

(五)老年读者   人到老年,生理和心理都发生了变化,社会地位和社会角色与从前有了很大不同,闲暇时间增多,在工作和事业上的追求一般已不太强烈或趋于终止。养生防老成为主要生活内容。有文化的老年人常以阅读为消遣,对消遣读物表示较大兴趣,古旧小说、通俗文学、养花植草、书画艺术等读物都是他们热衷阅读的对象。为了使自己延年益寿,许多老年读者对健康保健、生理卫生、体育运动等方面的文献比较感兴趣。

由于老年人固有的保守僵化特点,致使他们在阅读上的新奇心理较弱。对反映新思想、新观点的读物,以及社会上流行一时的图书并不是特别敏感,甚至对一些新的知识文化持排斥的态度。

图书馆要做好为老年读者服务的工作,可采取电话联系、送文献上门、开辟环境幽静的阅览场所等满足他们的阅读需求。

三、从读者的文化程度划分

按照读者的文化层次可以将其分为初级水平读者、中级水平读者和高级水平读者三种类型。

(一)初级水平读者   初级水平读者是指中学和中学以下文化程度的读者。他们数量以千万计,在我国这类读者人数最多。他们的阅读兴趣是通俗性文学作品和科普性读物。因为这类读物浅显易懂,读起来较为轻松。

由于他们知识结构不稳定,社会阅历不深,阅读欣赏水平不高,因此,他们的阅读兴趣有极大的可塑性。

图书馆对这类读者要加以保护引导,把精良的读物奉献给他们,引导他们的阅读兴趣向高一级发展,使之形成正确的人生观。

(二)中级水平读者   中级水平读者是以本科生、研究生及近几年毕业参加工作的青年知识分子为主体。包括受过各种专业教育和训练的中专、大专在校生和毕业生。

这类读者年纪轻,精力充沛,又具有一定的文化素养,接受能力较强。阅读的目的既考虑当前,又着眼于未来,因而阅读有目的、有计划、有系统。他们读书应注意:①知识性。渴求了解新思想、新观念、新知识,以不断充实自己的头脑,丰富自己的知识面。②新颖性。凡是内容新、版本新的著作,他们都希望先睹为快。③求快。他们希望能及时读到新书和已在社会上有一定影响的好书。因此,图书馆的新书栏目及馆藏新书目信息快报、科技简报等最能吸引他们。

(三)高级水平读者 高级水平读者包括大学讲师、工程师、记者、编辑以上的或虽无专业职称却具有相应水平的读者。

这类读者大都是本单位的骨干,阅读范围一般围绕他们所承担的教学、生产、科研课题,具有一定的深度与广度。他们对一般基础知识不感兴趣,喜欢阅读反映最新成果的第一流学术著作。

第四章　读者需求

　　图书馆是文献资源的宝库,是进行知识传递和信息交流的场所,而知识的传递和信息的交流基本上都是通过文献这一媒介来实现的。文献作为一种信息资源,其价值的大小不仅取决于传递的内容和技术,更取决于读者对文献内容的要求、对知识的吸收能力、自身素质,以及运用这些信息或知识改善已有的知识结构,提高认识世界和解决实际问题的能力。也就是说,文献的信息价值要想得到充分发挥,只有把读者的需求与文献信息的传递紧密结合起来。如果图书馆不了解读者需求什么,不清楚读者如何利用图书馆的馆藏文献,就不知道自己应该做哪些工作,就不能把文献信息有效地传递给读者。为了提高馆藏文献的利用率,巩固本身的社会地位,实现自身的社会价值,就必须在系统研究读者需求的基础上,有针对性地进行文献开发和传递。

第一节　读者需求的实质

　　读者需求指的是从事阅读活动的人对适用文献的追索。读者需求的过程如下箭头所示:

　　阅读目的→了解文献情况→确定阅读范围→调查有关文献→选择具体文献→取得适用文献。

读者抱着一定的阅读目的去了解有关的文献,在此基础上确定阅读范围(包括文献类型、文种、年限和内容的学科归属等)。在既定的范围内进行文献调查,主要通过利用各种二次文献来了解一切有关资料及其出处,作出初步选择。通过浏览原始文献,在初步选定的文献中进行精选,最后确定适用的具体文献。此时读者的阅读需求已经得到了满足,因为读者完成该项阅读活动的客观条件已经具备了。所以,取得适用文献的过程也就是满足读者需求的过程。

怎样认识读者需求,其实质究竟是什么呢? 要想探讨这个问题,只有从读者与外界社会的客观联系中体现出来。

历史唯物主义认为:"人的需要本质上是社会性质的需要,即使是人的自然需要,也不能不受到社会条件的制约。"

不论在古代还是现代,人类有意识、有组织的阅读活动是适应人类社会生产活动需要而产生和发展的。只要有社会生产活动,就客观上存在着对信息的需求,而不是主观意志所能决定的。读者本身对文献信息的需求只是一种表象,其本质是社会生产活动的需求,具体表现在以下几个方面。

一、读者的阅读对象是文献

文献是社会知识的载体。这种知识载体是人类社会综合性的智力资源,它是人类在各个时代,各个社会中创造和不断积累的知识总汇,是人类社会生活的真实记载和人类思维的结晶,因而,它是社会宝贵的精神财富。这些无形财富是社会知识资源,它同煤炭、石油、木材等自然资源一样,对人类社会发展具有重要意义。

二、图书馆在采购收藏文献时应考虑如下因素

图书馆在采购收藏文献时,首先要考虑国家的方针、政策,以及国民经济和各部门生产活动的发展及其阅读需求,而不是读者个人的需求动机和行为。此外,还要考虑图书馆所在单位、所在地发展现状、工作性质、方向任务等。以此来规定采访原则,组织适合本馆的藏书结构,总之是按照社会的需要,在国家的规划下有计划有步骤的进行这项工作。

三、社会生产活动是影响读者需求的决定性因素

从现象上看,影响读者需求的因素很多,有政治、经济、科技、民族、历史等社会因素,有读者个人因素,也有与读者职业有关的社会活动性质因素。读者需求是社会生产活动派生出来的一种社会现象,其内容、规律和特点都依附于社会生产活动。这是因为在整体社会中,任何一种社会生产活动都不是孤立进行的,各种社会生产活动都是共存的,是相互影响的,相互渗透以及交叉发展的,必然会影响活动的内容,进而影响读者需求的内容。例如:我国在计划经济时期,大多数企业几乎没有国际市场信息的需求。实行改革开放以后,才有了大量的这方面的需求。

社会生产活动是客观存在的社会因素,而读者需求通过从事社会生产活动的人接受并反映出来,必然受到人在认识和表达这种需求时的心理因素、知识素养、思维及表达方式等个人因素的影响。这种表象往往掩盖了读者需求的本质:个人需求汇集而成的一种社会需求。

历史唯物主义观点告诉我们:读者需求作为社会活动的一种需求,是客观存在的,它受社会生产活动的支配,有其不以人的意志为转移的客观规律的特点。另一方面,读者需求要靠人去认识和表达。由于人的认识能力和语言表达能力的局限性。因此,不一定能准确地认识和表达各种阅读需求。还由于人们研究问题的背景、目的和方法不同,对同一事物会有不同的认识,产生不同的行为。因此,人所认识和表达出来的需求,一般不完全等同于客观存在的需求。这是人的认识与社会客观存在的固有的矛盾,在认

识客观需求过程中,读者可以充分发挥主观能动性,通过实践与认识的螺旋上升过程,从多方面采取多种形式认识表达需求,使其尽量接近客观需求。由此可见,社会生产活动因素是读者需求的决定性因素,而读者个人因素则是在对读者需求的认识和表达过程中的主导因素。

四、读者的阅读效果

读者的阅读效果直接作用于读者自身的发展与完善过程,同时也直接影响着社会的生活与生产活动。读者在社会上要进行交往,要进行工作、生活。为了满足特定的社会需要,读者要到图书馆来,在图书馆的组织与指导下进行阅读,从中获取新的信息、正确的思想,从而有助于培养自身先进的思想意识和正确的世界观,使自身的素质得到提高。因此,阅读已经成为普及职业知识,传递科学技术信息,活跃业余文化生活的重要源泉。各种信息手段的普及,各种文献载体的发展,极大地丰富了阅读内容和阅读形式。读者从数量庞大、类型复杂的文献中有选择地吸收利用这些社会知识,再作用于社会实践活动,产生和创造新的知识,这种新的知识通过表达、著述、编辑出版、印刷发行、又形成新的知识载体,以社会知识的形态输入到图书馆中,供读者利用

第二节 读者需求的类型

从不同的角度和标准出发,读者需求的类型各不相同,但究竟按什么标准划分则要根据各类图书馆的性质、规模和任务而定,还要便于分析各类读者需求的特点,以便得出带规律性和普遍性的结论。

一、按读者对阅读需求的认识和表达程度分类

按读者对阅读需求的认识和表达程度分类：可以分为主观需求和客观需求两类：人们认识到的并表达出来的阅读需求称为主观需求。这种需求我们容易看到，因为它已表露在读者行为指向的阅读利用上。因此，我们可以通过观察文献的使用情况、统计分析文献被利用的数据以及引文分析，来把握其需求动态，从读者阅读行为的目标——文献信息上，来辨识把握读者需求趋势。

客观需求：没有被人们认识到的，或已被人们认识，但没有被表达出来的阅读需求称为客观需求。具有潜在性、大量性和可转化性几个特征。潜在性表现在对图书馆来说，读者需求的内容、数量、满足层次及时间要求方面还是个未知数。大量性表现在客观需求的数量往往大大超过主观需求，在信息服务水平较低的国家和地区，尤其突出。可转化性表现在之所以需求还大量存在是因为还存在各方面的障碍，只要认清这些障碍，并采取措施消除这些障碍，客观需求就可以转化为主观需求。

二、按读者需求的目的分类

按读者需求的目的分类，可以划分为生活型读者需求、职业型读者需求和社会型读者需求三种类型。

（一）生活型阅读需求　生活型阅读需求是指人们在物质生活、精神文化生活，适应社会，增长知识，实现某种生活目标，产生某种兴趣的需求等。在人类现实生活中，经常发生这种阅读需求。如当人们衣食住行方面遇到问题时，当人们想加强锻炼，养身防老；当人们要种花、养鸟、化妆打扮、维修电器时；当人们想娱乐消遣，丰富精神文化生活时，都表现出这方面的阅读需求，它与人们的实际生活联系密切，因此，各层次、各类型读者都具有这种阅读需求。

（二）职业型阅读需求　职业型阅读需求是指从事学习，从事各种业务工作的读者需求。尤其是指从业读者的最基本的需求。

职业型读者需求与读者从事的职业工作紧密结合，他们干什么，学什么，阅读的主要目的是通过阅读与职业有关的文献，获得较好的职业素养和较高的职业技能，以更好地适应自己的职业工作。由于读者从事的职业工作的复杂程度不同，表现出的职业读者需求内容范围和水准也不一样。一般说来，从事较为复杂的职业劳动的读者比从事简单劳动的读者具有更加强烈的职业阅读需求，他们的职业阅读需要范围较广、专指度较强，水平较高，并且稳定，持久地朝着一定方向发展。

（三）社会型阅读需求　社会型阅读需求是指在各个历史时期出现的许多读者群所具有的社会共同性阅读倾向。它反映了强烈的时代特征和社会潮流的共同需求。在某一个时期，许多读者受国内外政治、经济、科学文化或社会生活形势发展的影响，为适应社会潮流的发展需要，比较集中地共同阅读有关文献。于是出版发行部门大量印刷与发行该方面的文献。在图书馆也成了热门书，人们纷纷借阅，出现了供不应求的现象。在需求高峰过后，供求矛盾逐渐趋于缓和。例如我国刚实行市场经济政策后，有关市场经济方面的文献，借阅率急剧增长。同时成了众多读者的阅读中心。这类读者需求不是个别的现象和主观的因素造成的，而是一种普遍的社会现象和客观发展的趋势。它具有涉及面广，需要量大，阅读时间集中、阶段性强等特点。

三、按图书馆的性质分类

按图书馆的性质分类，可以划分为公共图书馆读者需求、高等学校图书馆读者需求、科研与专业图书馆读者需求，其它类型图书馆读者需求。

（一）公共图书馆读者需求　公共图书馆是面向社会和公众

开放的图书馆。它是图书馆的重要类型。公共图书馆包括国家图书馆、省、市、自治区图书馆;区、县(市)图书馆等。它肩负着为大众和科研服务两项任务。由于公共图书馆的服务对象十分广泛,包括:工、农、商、学、兵、干部、知识分子、儿童等各种职业、各种年龄、各种文化程度的读者。有的馆还有少数民族读者。因此,公共图书馆的读者需求具有广泛性和业务的专深性。

(二)高等学校图书馆的读者需求   在我国,高等学校图书馆主要服务于大学和其它第三级教学单位的学生和教师,并且根据学校教学和科研的需要,搜集、整理和提供各种知识信息载体为广大师生服务,它担负着教学和科研服务的双重任务,是高等学校教学和科研信息中心,是培养全面发展的创造型专门人才和开展科学研究的重要基地。因此,高校图书馆的读者需求紧紧围绕本校的教学、科研进行,并且有较强的系统性和计划性。

(三)科研与专业图书馆的读者需求   科研与专业图书馆是指政府部门、协会、科学研究机构(大学研究所除外)、学术性学会、专业性协会、事业单位、社会群众组织、博物馆、商业公司、工业企业等或其它有组织的集团所属的图书馆。它主要是紧密结合本单位的科研方向与任务,为科研和生产技术提供服务。因此,科研与专业图书馆收藏的大部分文献是某一特殊领域或课题的文献资料,其读者需求主要指向专业书刊,特别是需要学科基本理论性著作。

(四)其它类型图书馆的读者需求   其它类型图书馆的读者需求包括少年儿童图书馆、中小学校图书馆、农村图书馆(室)、军事图书馆等的读者需求。儿童图书馆的服务对象是 14 岁以下的儿童,中小学校图书馆的主要对象是中小学教师,农村图书馆的服务对象是广大农民,军事图书馆的服务对象为军人。由于各类图书馆的服务对象与工作任务不同,因而其读者需求内容、范围、深度各不相同。

第三节 三大类型图书馆读者的需求特点

一、公共图书馆读者的需求特点

公共图书馆读者来自社会各阶层,他们的职业、年龄、文化程度、爱好广泛复杂。大体上可以分为欣赏型读者、学习型读者和研究型读者三种类型,这三类读者在文献需求方面各有自己的特点。

(一)欣赏型读者的需求特点　据统计,欣赏型读者约占公共图书馆读者总人数的一半左右。而且越是中小型公共图书馆,这类读者占的比例越大。他们的兴趣广泛,上至天文地理,下至鸡毛蒜皮无所不包。他们的思想状况、文化水平、文化艺术修养也各有差别,他们需要的文献不仅范围广泛,而且内容复杂、多样具体。

他们有不同的阅读目的。有些读者是因为对某些文艺作品及其作者感兴趣,来图书馆阅读,以便加深理解;有些读者是为了解决日常生活中的实际问题来图书馆借阅书刊,以求学以致用;还有一些读者由于在紧张的学习之余,想换换脑筋,精神上轻松轻松,来图书馆翻翻画报,看一些色彩鲜艳带有诗情画意、图文并茂、并以画面为主的杂志。

他们主要利用业余时间从事阅读活动,借阅时间上多集中在节假日、厂休日、星期天。由于业余时间有限,他们利用馆藏的方式以外借为主。

图书馆对这类读者的阅读倾向要加以引导,通过做好读者咨询、目录指南、流通服务、阅读指导活动使之健康发展,抵制各种封建的、落后的社会思潮的侵蚀。

(二)学习型读者的需求特点　学习型读者约占公共图书馆读者总人数的30%左右。包括电大、函大、职工业余大学、夜大、高等教育自学考试这"五大"学生和社会知识青年,以及部分在职工人、干部等。这类读者是一种重要的读者类型,因为图书馆不仅是文化事业,也是一项社会教育事业。在我国,绝大多数青年要走向社会,通过公共图书馆来承担对他们的社会教育责任。

他们的阅读需求以提高科学文化知识水平、业务技能、丰富文化生活为目的。如业余学习、文化考核、晋升技术职称等,目的明确,有一定的学习计划。

学习型读者由于种种原因,需要经常利用教科书、参考书刊等。因此图书馆是他们学习的主要机构。他们阅读的书刊资料,要求专业对口,完整系统,并按进修自学的阶段分成若干层次,依次递进。还有许多工矿企业普遍实行科学管理,对青年工人进行文化考试和技术考核,以提高企业内部人员的素质,这种情况致使许多青年工人,对数理化基础参考书和车、钳、铣、刨、电工等应用技术图书的需要量大。

他们边学习边工作,学习时间大部分在阅览室度过。他们认为阅览室是最理想的地方,学习条件优越,阅览室宽敞明亮。特别是在复习迎考和撰写毕业论文时,他们在阅览室里刻苦地学习,拼命汲取知识的营养。

公共图书馆可通过增加阅览座位,开辟专门自修学习室。在室内集中陈列电大、夜大等业余大学的学习参考资料,并定期举办自学辅导讲座和利用图书馆的辅导讲座等,为学习型读者尽可能地提供方便。

(三)研究型读者的需求特点　研究型读者约占公共图书馆总人数的20%,尽管人数不多,但很重要。他们是党、政、军机关干部、高、中级知识分子和工程技术人员。

他们需求文献目的明确,专业性强。他们借阅图书是为了完成科研生产课题的需要,要求图书馆系统、完整地提供有关该课题的全部文献资料,而且时间紧迫,因为完成某项科研课题都有时间限定。

研究型读者查阅资料的时间充裕,连续性强。他们利用图书馆的方式,以到馆查阅为主、外借为辅。

他们文化素养高,尊重图书馆工作人员的辛勤劳动。同时也对图书馆的服务水平要求较高。他们希望图书馆开辟具有雅、静、亮洁、有沙发电话的小间阅览室,这样更有利于从事研究。他们要求开发文献资源,组织馆藏地方文献,编辑专题资料和参考型书目。

二、高校图书馆读者需求的特点

高校图书馆读者因知识水平不同,级别不同,所学专业不同,因而对文献的需求各有自己的特点,下面就不同类型的读者需求特点进行分别探讨。

(一)大学生读者需求的特点　大学生是高校图书馆数量最多、最为活跃的一类读者。他们对文献需求具有以下几个方面的特点:

1.需求的阶段性　不同年级的大学生读者由于所学内容不同,对大学环境的适应能力不同,因而需求也有差异。

低年级学生的主要任务是学好基础课,为下一个阶段学习专业课程打基础,这一阶段,他们主要需求与所学课程有关的文献资料,帮助他们学好各种基础课。由于从中学到大学,不仅学习内容不一样,而且教学生活、学习方式也大不相同。学习环境的变化,使他们要了解社会,了解学校,了解将来的分配情况。随着年龄的增长,还要考虑个人问题,又加上这一阶段尚未进入专业学习,因而,他们涉猎的书刊广泛,文学书刊及其它方面的课外书刊的需求占有一定的比例。

高年级学生已进入专业学习阶段,职业意识增强,渴望获得更多的专业知识。他们不满足教材上现成的结论,需要广泛阅读各种观点、各种流派的参考书,从中加以分析比较得出自己的看法和结论。随着外语水平的提高,他们对外文书刊的需求也日渐增多。由于这个阶段学习任务较重,对于其它业余书刊的需求下降。到毕业阶段,除了应付毕业考试外,他们大部分时间用于阅读有关专业文献,写毕业论文或毕业设计。有的大学生还要为考研究生做准备。他们根据自己报考的专业,收集复习资料。

每学期有开学、上课、考试、放假四个阶段。每个阶段相互连接,相互区分,各有自己的特点。

开学初期为学期准备阶段,各门课程刚刚开课,没有考试压力。因此这是学生借书的高峰期。外借处成为最紧张,最繁忙的部门。图书馆要加强外借工作的人力安排,减少学生借还书排队等候的时间。

上课阶段。学生进行正常的学习活动,外借、阅览活动多数在课余时间或下午分散进行,外借处和阅览室的借阅组织工作稳定而有序。

考试阶段。学生转入系统复习迎考时期,需要安静的学习环境,他们大量涌向阅览室,造成阅览座位紧张,文艺刊和其它书刊无人问津,借阅量急剧下降。这时,图书馆应多开辟阅览室,减少辅助藏书,增加阅览座位,做好座位的合理分配与调剂工作。为下学期的教学配备参考书,做好调查统计工作。

放假期间,学生考试结束,精神放松时,又进入一个借还书的高峰期。他们借专业参考书、文艺书或其它书刊,利用假期进行阅读。

2. 需求的集中性 大学生正处于一个思想活跃,求知欲强,但兴趣不稳定的时期。他们或是受外界因素、个人兴趣、爱好的影响,在某一时期集中阅读某方面的书刊;或是受各种社会潮流和社会活动的影响,集中借阅某类或某几种书刊;图书馆的推荐书目,教师所推荐的参考书极易左右他们的阅读方向;学校的教学计划、统一的教学大纲、统一的进度也是造成学生集中阅读的主要因素。在同一时间内,众多学生读者对内容相同的几种主要教学参考书集中阅读。高校图书馆尽管教学参考书复本量较多,但由于需要量大,使用量集中,用书的时间集中,因而出现供不应求的现象。所以高校图书馆对学生教学用书,一般应采取计划供应,合理分配,集体外借,集中阅览,适当增加复本量等办法,解决供求矛盾。

3.需求的广泛性 虽然学习专业是大学生的主要任务,但这并不是他们全部学习的内容,他们除了学习基本知识和基本技能外,还需要自学专业外的知识。他们对社会各种事物都比较敏感,对祖国的前途和人民的命运较为关心,这种好奇心与探索精神,使他们广泛地涉猎各种书刊,从中寻找他们所需要的东西,去解决他们在学习和生活中所遇到的难题,以充实他们的生活,满足他们渴求知识的欲望。

(二)研究生的需求特点 研究生是高等学校图书馆比较特殊的读者对象。随着教育事业的发展,为培养更多的高级专门人才,攻读研究生的数量日益增加。研究生读者需求有以下几方面的特点。

1.查阅文献的系统性与新颖性 研究生有学习知识、探索未知的双重任务。因此,他们一方面广泛阅读,凡与本专业有关的知识信息,他们都感兴趣,并把重点知识进行摘录,不断充实自己,为进一步搞好研究工作打下基础;另一方面,研究生搞科研,撰写论文,必须掌握本学科的发展历史,发展趋势,需要系统地了解自己所研究课题的有关资料,以及目前该课题的研究水平,因此,特别需要内容新颖的资料。

2.借阅文献资料的阶段性 研究生的整个学习研究过程可以分为两个阶段。第一个阶段,他们主要学习基础课程和专业课程。在这个阶段他们需要博览群书,开阔眼界,因而涉猎的文献广泛。第二个阶段,他们主要是搞科研,撰写毕业论文。在这个阶段他们集中借阅与自己研究课题有关的文献,同时也需要特定相关的信息。

3. 大量阅读西文期刊　目前国内大多数研究生所学外文语种主要是西文,而西文期刊内容新颖、出版周期短,新的科研成果首先刊登在西文期刊上。因而,研究生大量地阅读西文期刊,不但可以从中汲取所需文献信息,获得最新知识,而且也能够提高他们的外语水平。他们精力充沛,对新事物、新动态特别敏感,他们对文献要求更加精专,范围也逐步向外延伸。

(三)教师读者的需求特点　教师在高等学校肩负着教学与科研双重任务。他们有较高的专业水平和外语水平,需要全面系统、广泛专深的专业文献,而且在品种类型、范围、时限、深度诸方面,都大大超过学生读者的需求,是高校图书馆的重点利用对象。教师读者队伍分为老年、中年、青年教师三个层次。由于在教学、科研工作及自身提高中处于不同发展阶段,因而具有不同需求特点。

1. 老年教师读者需求　老年教师从事教学和科研工作多年,是各专业的专家教授。他们有丰富的教学科研经验,是教学科研的主导力量。他们都不同程度地担当了一定的社会职务,主要负责著书立说、带研究生、培养接班人的任务。同时,也承担国家的重要科研项目。老教师经过多年积累,个人的专业藏书比较丰富,他们利用图书馆,主要是查找有关新的、外文和历史的文献资料。他们所需要的文献,除了一部分必须亲自查找以外,其余部分由助手和图书馆工作人员协助代查、代编、以便让他们腾出手来,将宝贵的时间用于培养人才和研究工作中去。

2. 中年教师读者需求特点　中年教师年富力强,身居教学和科研第一线,是教学科研的骨干力量,起着承上启下的作用。他们专业基础知识扎实,有一定的教学经验和学术水平,有强烈的事业心和献身精神、繁重的教学科研任务、频繁的社会学术活动、紧张的家务劳动、子女教育,以及自身的知识更新与学习提高等。因而,任务重,时间紧,急需大量的文献资料,但又苦于没有更多的时间跑图书馆。所以,他们到图书馆总是有针对性地浏览、查阅有关最新的文献资料,然后选择重要的文献带回去参考。对文献资料的内容范围主要集中在与专业有关的书刊资料。面不广泛,但专深、系统、新颖。他们对查找文献的方法、途径以及所用工具书都较熟悉,因此,也希望图书馆为他们提供一、二、三次文献服务。

3. 青年教师读者的需求特点　青年教师精力旺盛,是教师队伍的新生力量,进修培养的战略重点。由于他们刚走上工作岗位,基础知识、专业素养、教学经验发展很不平衡,还不能完全适应教学和科研工作。因此,青年教师大多数在教学第一线担任教学辅导工作,边教边学。他们学习勤奋,工作热情高,是图书馆最积极的利用者。他们利用图书馆的时间最多,文献内容最广泛,借阅量最大。在查阅文献资料的过程中,往往碰到的困难要比中年教师大。他们是教学科研的希望,需要不断熟悉工作环境,积累经验,为进一步提高教学科研水平做好准备。

三、科研与专业图书馆读者的需求特点

科研与专业图书馆的服务对象主要是科研人员和工程技术人员。他们的需求与公共图书馆和高校图书馆读者的需求有一定差别。

(一)科研读者的需求特点　需要明确,主要是与专业和研究课题有关的文献资料。

需要文献具有全面性。这是因为科研工作一般都是在前人或别人成就的基础上进行新的探索。科研人员必须了解这个领域内,过去、现在与将来的情况以及国内国外的研究现状、存在问题和发展趋势。因此要掌握大量的文献资料,才能全面正确地认识和反映客观事物,从而获得科学的结论。

需要文献具有系统性。就内容讲,既需要与研究课题有关的专业文献资料,也需要相关学科的文献。这是由于分支学科、边缘学科不断出现,各学科之间交叉渗透现象突出,有向综合性或整体化发展的趋势。就文种来说,既需中文文献,也需要外文文献。目前,我国科研人员利用最多的文种为英文、日文、俄文。就出版物类型讲,利用最多的为中外文期刊,其次为中外文图书、专利文献、会议文献等也占一定比例。就时间来讲,既需要最新的文献,也需要过去的文献。就学派或观点讲,科研人员对各种不同派别、不同观点的文献资料也要求系统地查阅。只有这样,才能全面、系统地分析问题,取得较好成果。

需要文献有阶段性。科研工作经过立题阶段、实验阶段、鉴定阶段,各个阶段的要求不同,因此,他们对文献需求有明显的阶段性。在立题阶段,科研人员必须全面收集与课题有关的一次文献,阅读有关的摘要性综述,以确定最佳课题及方案。在实验阶段,一方面需要技术性文献资料;一方面需要国内外有关研究的新成果、新动态、新动向的"快报"形式提供的信息。在鉴定阶段需要具体的技术数据、性能、指标等方面的信息。

获取文献既通过正式渠道,也高度重视从非正式渠道获得。根据苏联阿依泽松(Р. С. Андесом)的调查,通过非正式渠道所获得的文献信息,占全部文献信息的47%。据美国卡尔森(W. M. Carlson)的统计,美国科学家通过与同行的接触及座谈讨论,也获得所需文献信息的47%。另外,科研人员所需的文献在内容上往往比较具体,因此,总是自己亲自去查找资料,查找资料花费的时间是最高的。

(二)工程技术读者的需求特点　　需要综合性地涉猎许多学科和技术范围的文献资料,这是因为工程技术人员在创造具体产品时,需要全面掌握产品的原理、设计、制造、原材料、能源、环境和法律等方面的知识。更需要有关新产品、新技术、新工艺方面的具体文献资料。因此,他们最感兴趣的信息源是专利,产品样本、技术标准。

获得文献除非正式渠道外,更多的是通过正式渠道。他们往往希望图书馆与之配合,提供定题信息服务,并要求提供在大量资料的基础上,经过综合分析加工的可靠数据、曲线、图表等。

要求提供的文献快速及时,越快越好。这是因为在研制新产品时,要考虑市场的需求与竞争。同时,发明创造越是提前完成,获得专利权的可能性就越大。

第四节　读者需求趋势及评价

改革开放以来,随着社会主义市场经济体制的逐步建立,人们的物质生活水平大大提高,精神生活已日益丰富。读者对文献信息的需求越来越多,阅读的主动性日趋增强。因此,在新的历史时期,我国的读者需求有了新的变化趋势。

一、读者需求的变化趋势

社会主义市场经济的发展,不但使经济领域产生变革,而且使社会生活的各个方面随着发生迅猛的变化。同整个变化领域一样,90年代的读者需求,由文献型向信息型方向变化。读者的信息意识逐渐增强,读者人数迅速增加。

(一)近一年来,新崛起的一类读者如中小企业、乡镇企业和农村专业户的比例日趋增大。即大量的潜在读者转变为现实读者。读者人数增多,信息需求量增长,需求范围更加宽广。

(二)读者需求,由定性为主的需求方式逐步向定性定量相结合,并以定量为主的需求方式变化

(三)读者需求由传统的二三次文献信息需求,向超前性信息

需求与研究进程中的信息需求相结合,同时对研究后的信息传递功能欲望也逐步增强。

（四）读者需求向多学科、多样化方向发展。读者需求的多学科、多样化要求日益明显。由于我国实行对外开放政策,各种思潮、各种学说、各种书籍大量出现,涨潮般地一涌而出。读者置身于浩瀚的书海中,阅读的视线射向各个学科,各个领域。各种内容,各种观点,各种题材、各种风格及各种流派的著作。读者的阅读范围之大,兴趣之广泛是以往任何时候都不及的。

（五）读者需求由以学科信息需求为主,逐步转向技术经济信息需求。随着人们价值观念的转变,人们普遍认识到,信息是潜在的生产力。读者对技术的研究与开发应用,技术的引进、消化、吸收与创新、市场预测与推广前景的需求量将呈上升趋势。

（六）特种文献类型的信息价值逐步受到重视,人才信息、机构信息等的需求范围和数量逐渐增大,需求的信息密度越来越高。

（七）读者需求文献信息的手段由以手工为主向自动化为主的方向转化。需求的全面性、系统性不断地提高。国内产、学、研协调管理机构的成立,使得国内系统间的需求加强。随着科学技术的不断发展,国际范围全方位的需求增加,表现出跨时空的信息需求。

（八）在平行信息流需求的基础上,上行信息流的需求将广为引起重视。

（九）出现了评价研究与开发、管理阅读需求,并呈迅速发展的趋势。

（十）对非文献型信息及零次信息的需求呈发展趋势,在技术引进中,软件引进即将受到重视。

二、读者需求评价

读者成分复杂、数量庞大、需求也是各不相同。而且,即使同一成分的读者中,每一读者的阅读需求也具有多变性。因此,要全面而正确地认识读者需求特点及其规律,就必须对各种读者的不同阅读需求,进行全面的调查和分析,以便做出较为公正与合理的需求评价。

一般来讲,对读者需求应考虑以下 8 个方面:

(一)读者自身特性 包括职务、职称、学历、工作性质、信息意识以及年龄等。读者的这些个人因素往往决定着阅读需求的主要特点。是评价读者需求时,应首先考虑的一个主要项目。

(二)读者需求文献信息的主题内容 指所需文献是属于哪一专业或哪一学科的,还是属于哪个具体的主题内容。因为这些问题涉及到读者查找文献的方法、选择哪种检索途径,确定哪些类目或主题词作检索标志的关键所在。

(三)读者需求的信息源类型 指读者需求的是数据信息、事实信息还是文献信息。如果是文献信息,还要进一步确定所需的具体文献类型是图书还是期刊,是一次文献、二次文献,还是三次文献;是缩微型还是视听型等。这样,图书馆工作人员可根据各类文献的特点、使用方法,以及图书馆对该文献的管理现状等提供优良的服务。

(四)读者需求文献的数量 读者需求文献的数量总和以及读者在某一能够用于阅读文献的时间内,读者浏览和阅读文献的总量,这是衡量读者吸收信息能力的主要依据。

(五)读者要求提供信息的完整性 对读者所需求的文献信息,图书馆能够提供完整性的程度,通常可用检全率和检准率等指标来测量。

(六)提供信息的准确性 包括读者对所需信息的出版年代,回溯性检索的回溯年限等方面的要求,以及对提供信息的时间期限和及时性的要求。

(七)读者获取信息的方法和习惯 读者通过正式渠道还是

非正式渠道获取信息,读者获取信息时习惯于使用哪种方法,是评价读者需求极为重要的方面。

(八)读者需求的阶段性特点　如科研人员、工程技术人员在科研设计的不同阶段,所需信息的内容特点和密集程度是不同的,只有掌握这些特点,才能使读者服务真正做到有的放矢。

必须注意的是,在评价读者需求时,主要不是去强调读者需求的一致性,而是要从各方面去分析其差别。对于各类读者的需求,采取相应的调查研究方法。

第五章　读者心理

随着社会进步和科学技术的日益发展,心理学的研究深入到社会各个领域,应用范围越来越广。图书馆读者的心理便是心理学中应用心理学的一个相对独立的范畴。若要熟知和指导读者在图书馆的阅读活动,必然要研究读者的心理现象、心理过程、心理特征、心理变化、研究读者心理活动的产生和发展规律,研究读者与图书馆工作的相互关系。

第一节　读者心理与读者心理学

一、什么是读者心理学

读者心理学,就读者这个主体范畴而论,可分为图书馆读者心理学和社会读者心理学,社会读者心理学比较广泛,包括:出版发行界的读者心理,科学技术界的读者心理,以及其它知识界的读者心理等。图书馆界研究读者心理学,同社会各界研究读者心理学,虽然在原理、方法上有共同之处,在读者对象上有交叉点,但在不同环境条件下,通过组织读者使用图书馆资源的活动,可以分析读者的动机、阅读兴趣、研究读者的心理现象、心理特征及其发展规律。因此,读者心理学是研究在图书馆这个特定环境中,读者阅读过程的心理现象及其规律的学科。而社会各界对读者心理的研究,有着各自本身的研究对象、研究内容、环境条件及活动方式。

读者在课堂上学到的东西是有限的,大量文献存放在图书馆里,图书馆被称为"人类文化的宝库"是有道理的。人们要在知识的浩海里汲取自己所需要的部分,其心理活动是复杂的。不同的人,由于涉猎的范围、考察的角度、知识的深度等的不同,他们的心理活动自然是千差万别的。在这些行为各异的活动中,能否发现读者一些共同的心理活动呢? 回答是肯定的。从这些心理行为中找出规律,掌握并利用这些规律,尽快地满足各方面读者的需要,是十分重要的,而且也是必要的。

二、普通心理学与读者心理学的关系

普通心理学是研究人类心理规律的科学。心理规律是指认识、情感、意志等心理过程和能力、性格等心理特征。它的任务在于揭示心理活动的过程、心理特征的形成、人们的心理机制及其相互关系发展的规律。读者心理学应用了普通心理学的原理,来研究图书馆领域读者心理现象、心理变化及其规律的学问。

普通心理学与读者心理学之间,是基础学科和应用学科的关系。普通心理学偏重于一般理论的研究,它概括社会实践各个方面的心理现象的共同规律,虽联系人的社会实践,但不直接为某一特定的社会实践服务;它分析心理现象本身的某一方面或某一问题,而不是对某一社会实践领域的心理学问题作综合性的探讨。读者心理学有别于普通心理学,它旨在揭露读者在图书馆这个特定环境中的整个心理现象的特殊规律,直接为读者教育服务。读者心理学观点的形成,主要依赖于普通心理学原理的运用。

读者心理学有自己独立的研究对象、研究内容、研究任务和研究方法,它应用了心理学的一般原理、知识和方法,研究图书馆领域各种读者的心理活动,包括读者的心理内容、心理过程和心理机制,并将读者的心理研究同读者工作及整个图书馆工作结合起来,成为读者学以及图书馆学的分支学科。读者心理学与教育心理学、社会心理学、语言心理学、学习心理学和青年心理学等学科有着密切的联系,也有明显的区分。

读者心理学需要不断摄取普通心理学和其它分支学科的研究成果,结合图书馆的全部工作实践,使之更加成熟和完善。

三、读者心理学研究的意义及对象

普通心理学是研究个别的和集体的心理现象的本质及其发展和形成的规律,研究它们在为人类活动和行为中的地位与作用。读者心理学研究图书馆范围内读者活动的心理和心理特征。

(一)研究读者心理学的重要意义　研究读者心理学具有重大的理论意义和实践意义。它有助于揭示在图书馆领域这个特定环境里读者心理的形成和发展规律,以及读者从事阅读活动的心理机制。其宗旨就是研究和掌握读者阅读过程中人的心理及规律,从而充分满足读者的阅读需要,提高优质服务的速率和效率,使图书馆系统运行最佳。研究读者心理学的意义归纳如下:

1. 研究读者心理学,有助于图书馆馆员指导读者工作的实践,发展读者学的理论,增强图书馆工作的学术性和服务性,发挥图书馆的教育职能和信息职能,引导读者发展健康的心理状态,控制和改变不良的心理状态,从而达到正确有效的宣传教育作用,提高服务质量与管理水平,促使图书馆工作在国民经济的腾飞和现代化建设的进程中,发挥更大的效用。

2. 研究读者心理学,可以增强图书馆馆员的自身建设,沟通和密切读者与图书馆的关系,扩大图书馆的影响,从而使图书馆的每一个工作人员更加热爱自己的本职工作,更加热爱读者,诚心诚意,全面优质地为读者服务。

3. 研究读者心理学,便于改善图书馆馆员同读者的关系,变被动服务为主动服务,辅导读者学习,为读者创造条件,在短暂的接触中,紧紧抓住读者的求知欲,激发他们向某一领域积极钻研的精神,间接地增强读者的开拓精神,使图书馆的藏书发挥更大的作用。

因此,全面系统地研究读者心理,深入具体地了解读者阅读和检索心理,是现代图书馆工作者对读者工作实践和读者研究必不可少的重要内容。

(二)读者心理学的研究对象　读者心理学以普通心理学的原理与方法为基础,以图书馆的利用活动为范畴,以整体读者和各类型读者心理为特定对象,以阅读心理和检索心理为内容,研究读者心理与图书馆工作的相互作用及其内在关系。

研究人的心理生活的一般规律和心理实质的心理学不同,读者心理学首先要研究的是读者的心理机能作用、心理变化、心理发展和阅读活动中的心理特征,研究这些心理现象在阅读、检索活动中的表现、发展以及所起的作用。同时还要研究在更有效地掌握读者心理的状态时,这些心理现象通过什么途径对他们起作用。就其客观而言,它与图书馆的读者学的研究对象是相同的,所不同的是研究内容范围上的区别,它只研究有关读者的心理方面。它通过读者在图书馆活动中的种种表现,着重研究读者的心理现象和心理特征,揭示读者在图书馆这个特定环境中的内在原因及其规律。

四、读者心理学研究的任务与作用

各类读者群来图书馆学习,怎样使图书馆在读者服务工作中做到恰到好处,充分地最大限度地满足读者精神食粮的需求,顺利地进行图书馆工作,提高服务水平,这些都有赖于读者心理学的研究。

(一)读者心理学的研究任务　读者心理学研究的首要任务

是揭示读者工作过程中的心理活动规律,为我国社会主义图书馆事业服务。它以读者对心理学的要求为出发点,以解决读者工作中的心理学问题为目的。读者心理学不是为探讨一般的心理学理论而在读者工作中搜集事实材料,而是根据读者工作的实际情况,确定自己的研究课题和工作范围,从而直接满足读者工作的需要。

读者心理现象不是孤立的社会现象,它必然要受到社会发展规律的制约。读者心理与服务工作之间,存在着相互影响、相互作用的辩证关系。服务工作只有掌握读者的心理特征,适应读者的心理需要,才能做到针对性和有效性,否则就可能出现盲目性,造成脱离实际的结果。与此同时,还要看到服务工作对读者心理发展的能动作用。正确分析读者的不同心理来源于哪些方面,在学习和实践中还会发生哪些方面的变化;读者的个性特征是如何发展形成的,怎样因人而异地对读者进行阅读辅导,使其形成对知识学科的浓厚兴趣;如何了解掌握读者的需求结构,恰当地满足其心理需求;读者的心理活动与图书馆工作有何关系,并研究读者在利用图书馆时产生的不同行为和效应等。任何读者心理的研究,都是以特定的时间、空间和社会历史背景为条件进行的,脱离特定环境条件的研究,毫无现实意义。

(二)研究读者心理学的作用 开展读者心理学的研究作用在于:

1.研究和掌握读者心理特征,可以有效地进行阅读辅导和区别服务,提高服务质量,扩展读者对新技术、新知识的获得及满足读者不同需求。

2.对于藏书建设的发展,以及处理好当前与长远需要的关系有很大的作用。即以读者需要为出发点,运用读者心理学知识,研究读者心理变化,了解读者对各类藏书的需求程度,掌握各类读者的阅读兴趣,可以作为藏书补充的基本依据之一。

3.对分编工作也有很大作用。如分类时要考虑读者的检索习惯,设置目录时以方便读者利用为主,消除读者借阅时查检目录困难多、速度慢、效率低所产生的厌烦心理,把读者心理作为提高编目工作质量的因素。

五、读者心理学发展概况

苏联学者 B. O. 沙艾洛夫认为:在本世纪初,H. A. 鲁巴金才开始使用"读者心理学"一词。我国学者陆钟其认为:自从有了书,就有读者心理现象的表现。如孔子认为:读书要注意培养兴趣。他在《论语·雍也》中说:"知之者,不如好之者,好之者,不如乐之者。"从心理学的角度来看,兴趣确实是读书学习的强大推动力。当时,墨子在认识论方面已开始从人的心理、生理特点方面加以总结,并据此提出在读书学习上要根据各人情况区别对待。荀子则根据读书过程中的感知——思维——行动,提出了读书过程中的三个步骤:①"闻见";②"知";③"行"等等。这些对读书问题的研究,可以认为是我国研究读者心理学的先声。但一般认为,我国对读者心理学的系统研究始于本世纪 70 年代末。到了 80 年代初,研究读者工作的同志纷纷撰文,对读者心理学提出精辟的见解。但是由于很多内容尚不成熟,还需要进一步探讨。

第二节　读者心理的研究方法

客观性原则是心理学方法的基本原则,作为心理学的一个分支,读者心理学的方法也必须遵循客观性原则。读者心理学工作也和其它科学工作一样,心须具有严肃性、严格性和严密性。

理论联系实际的原则对读者心理学具有特殊的意义。读者心理学的研究课题存在于读者实践中,它的研究结果也将付诸读者实践。读者心理学的研究工作必须和图书馆工作密切结合,以充分保证其实际效用。

读者心理学的研究方法不是固定不变的。随着所研究的课题不同,读者心理学所采用的方法也可以具有多种多样的形式。读者心理学的研究方法也应随工作的进展而发展。由于读者心理学对象的特殊性,读者心理学的方法也应具有一定的特点。它更多地注意情境和读者实际情况相符合的程度,从而分析出条件制约下的心理现象特点,并根据读者实践,综合考虑其中各方面的心理现象,而不是孤立地探讨它的某一方面。因此,某些心理学的研究的方法,如自然实验在读者心理学中的应用范围较广;而另一些方法,如实验室实验应较多地注意同其它方法的结合,使其结果能相互补充、验证,接近读者真实情况。

读者心理学采用的方法通常有如下五种:

一、观察法

观察法是研究者直接观察读者某种心理活动的客观表现,从而对它进行了解的方法。应用这种方法时,研究者并不根据研究目的去控制或改变观察过程的有关条件。因此,一般也称之为自然观察法。

观察法比较方便易行,适用于整个图书馆范围内读者活动的区域,包括:目录厅,阅览室,外借处,开架书库,咨询室,信息室等。对这些区域极少或不发生干扰,也就是说,尽量保持现场的自然环境,不干预读者的活动,不让读者发现被观察及其意图。因而所得的结果比较符合读者的实际心理状况。

一般说来,观察法分为计划观察和随机观察两种。

有计划、有选择、有目的地观察读者,是达到预期效果的主要方法,预先选择好读者对象,确定观察范围及内容,明确目的要求,安排好具体时间步骤,有区分地选择观察对象,如高校馆的教师读者与学生读者,科技馆的青年读者与中老年读者,公共馆的科研读者与大众读者等,便于对某类型读者系统集中地观察。观察范围可以是全过程,也可以是某一阶段。观察的内容,可以是个体读者与群体读者,分为质的观察和量的观察两种。对个体读者着重进行质的观察,透过偶然的行为,瞬间的状态,分析读者心理现象的原因与实质。对群体读者进行量的观察,记录统计各种读者借阅过程有关阶段的数量、时间、强弱的比例关系,分析其普遍性、倾向性的心理表现。如通过对读者阅读行为的细心观察,得出读者的兴趣、爱好、能力、情绪、个性特点等感性的概念,持之以恒地统计分析大量的观察结果,总结出读者对文献需求状况的概率分布及对图书馆的其它要求。

在图书馆活动中的随机观察,则是随时随地留心读者的行为表现。观察个别读者的情感变化、注意状态、兴趣发展等心理特征,并通过反复出现的事实材料的综合分析,研究读者的普遍倾向和发展趋势。随机观察作为计划观察的辅助和补充,提供事实,从而积累丰富的直观材料。

应用观察法时,必须熟悉所研究读者的心理现象,观察者要有一定的工作训练,善于在繁杂的现象中选择所需要观察的事实,善于及时地抓住某些倏忽变化的重要材料,并敏捷地发现各种现象间的联系。但是,利用观察法只能考察到读者心理活动的某些自然的外部表现,它要求观察者在日常工作中有计划、有目的地对一些读者进行长期的观察,跟踪服务,才能断定读者的心理活动,而不能对心理活动的进行施加影响,以求更深入地了解它的过程。

在观察时也可以利用仪器。例如利用电影摄影机,记录读者整个的(如全身动作)或局部的活动,利用录音机记录读者心理活动的时间指标等。

二、调查法

调查法与观察法不同,它不是直接观察读者进行某种心理活动时的表现,而是通过其它有关材料,间接了解读者的心理活动。调查法的可能途径和方式是多种多样的,主要分为直接调查法和间接调查法。

直接调查法又称谈话法。图书馆工作者直接与读者对话,了解读者的年龄、爱好、兴趣、阅读动机、要求和希望直接了当地沟通情况,追述所要调查的读者心理活动发生的过程和条件,从而了解其心理活动;还可以利用读者座谈会的形式,征求读者对图书馆工作的意见和要求。其优点是随着与读者谈话内容的深入,从深度与广度上进一步了解读者的心理活动,具有快速、直接的特点。

间接调查法又称问卷调查法。由图书馆提出与研究课题有关的调查内容,制成表格,要求读者提供书面材料,表上可以填写个人的意见,也可填写群体意见。图书馆根据填表反映的资料,进行综合统计分析,从而得出下一步工作重点。问卷调查法较局限,与直接调查法结合起来效果更佳。

调查法比较容易进行,有利于在不同的场合从多方面发现读者心理学的问题,验证研究的结果。但在调查的结果中,不易排除某些外来因素的参与。因此,为了保证研究工作的可靠性,调查法所得的结果还需要多方面的对照和验证,也要和其它研究方法的结果互相补充。

应用调查法必须清楚了解所研究的课题,明确调查所需要的材料。对于调查读者心理时,可能遇到的情况和可能参与的外来因素,也应有一定的预见和估计。

三、实验法

实验法是根据读者的实际情况,按照研究的目的而控制某些条件,变更某些条件,以观察读者心理活动的表现。实验法有实验室实验法和自然实验法两种形式。

(一)实验室实验法　它把读者置于一个特定的环境中,调整灯光的明暗、噪音的大小与频率等,通过观察或借助仪器,得到读者阅读速度、情绪变化以及一系列生理变化的精确科学资料。由于条件控制的更为完善,实验室实验所得的结果更为准确。但在另一方面,实验室的情境与读者的实际情况差别较大,因而其实验结果的实际效用不如自然实验。对于读者心理学工作,实验室实验方法仅是一种补充,可用深入探讨读者心理现象的某一需要严密分析的方面。

（二）自然实验法　自然实验法亦可称随机实验法,即不设以特殊环境进行实验,一切照其原样,使读者在正常的自然的状态下阅读,研究人员则以观察和借助仪器取得所需数据等。自然实验法的关键是使读者在不知不觉中充当受实验者。

由于自然实验是在有读者的实际情况下进行的,所以所得的结果也比较接近于实际,能较好地反映读者心理现象的真实情况,并解决其中的心理学问题,因此,自然实验对读者心理的研究更具科学性。

自然实验法的特征,即在普通环境下进行的有目的的实验,保持观察的自然性和实验的主动性。这不仅能激发某种心理现象的再现,而且有利于被试者心理活动的自然流露。自然实验可以在图书馆读者所有活动区域开展,如出纳台旁、各种阅览室开架书库,文献检索室、科技信息室等地。因此,不论用来研究读者心理学的哪一方面的问题,自然实验法都有着广泛的应用范围,其方法在本质上也是一致的。但由于研究内容的复杂程度和性质不同,对研究工作的具体要求和在方法上的具体布置就有所差异。自然实验周期较长,并容易受到其它外部环境条件的干扰。

四、分析法

分析法是通过图书馆记载读者活动的有关资料,有针对性地加以分析,探索读者行为的心理过程。如通过索书单看读者在某个时期的阅读倾向,或抽样调查读者在某个阶段借阅情况,分析其需求;也可以统计某些品种书的流通率,分析读者心理需求。分析法有阅读记录分析法和参考咨询分析法两种。

(一)阅读记录分析法 阅读记录分析法,主要通过对读者的借阅记录档案的统计分析,掌握读者阅读倾向,了解读者心理活动规律。阅读档案记载了图书馆全部读者本身的情况及对文献的利用情况。这为分析读者的阅读行为,掌握阅读倾向,了解读者心理特征,进而分析某一特定类型读者某一时期阅读倾向的发展与变化提供了条件,这样有助于具体了解读者的心理活动过程。

深入细致地研究读者心理,就要对不同读者建立阅读记录卡,长期记录读者的阅读情况。如通过读者户头卡、借阅登记卡、分类统计卡、索书单等来了解读者的阅读需求、图书文种、个别具体的图书,以及每个阶段看些什么书等等记录成册,进行编排。这种方法可以掌握读者心理活动变化和阅读兴趣及其指导性阅读活动,便于开展图书推荐,辅导阅读工作。

(二)参考咨询分析法 通过参考书目、咨询档案、科研产品的分析研究,揭示图书馆服务效果,了解专业科研读者的参考检索心理特征称为参考咨询分析法。

图书馆在为科研、教学、生产服务的工作中,利用参考检索工具及有关书刊,帮助查询或直接提供有关文献、科学知识或线索,以个别解答的方式,为专业读者服务,并以此来分析在参考咨询、文献检索和情报需求的过程中,专业读者的研究心理。从而有目的地对专业读者进行从事登录,掌握其年龄、职业性质等,以便建立读者活动档案,在此基础上对读者进行定期分析,准确地掌握读者心理情况,从而更有效地为专业科研服务。

五、读者统计法

读者统计法即读者心理的研究统计,它是以计量为基础,是数学方法在读者心理研究中的运用。

通过读者的到馆情况,以借阅和参考统计数据、公式、模型、图表等数量成分,准确地反映各类读者的阅读倾向,检索技能,分析其心理过程所表现出的必然性与偶然性。同时,对于特定阶段的统计数据加以比较对照,测量分析,找出读者心理因素的共同性和个性差异,然后归纳、鉴别得出指导读者阅读的最佳方案。

另外也可通过读者的读书笔记、学习心得和科研成果的分析,研究读者心理需求。

除上述五种研究方法外,还可以运用历史分析法、比较研究法、分类分析法、移植法、控制法、系统法、信息反馈法等一般的研究方法,来研究图书馆读者心理活动。各种方法彼此之间不是孤立的,在一项具体研究中,往往综合地使用其中的两种或几种。

根据不同的研究目的,读者心理学可以针对读者中的某一特殊的心理问题进行纵深的研究,也可以从较多方面研究某一年龄阶段读者的心理情况,还可以连续地在较长时间内研究读者心理的某一或某些方面在图书馆条件下的发展过程。这是综合地使用不同研究方法的不同形式。

第三节　读者阅读心理特征

阅读是人类社会中,所特有的一种精神活动,读者的阅读活动又总是由社会中的个别成员——读者个人进行的。阅读必须以一定的文化知识为基础,也必须有一定的目的,有选择的阅读,保持阅读活动的延续和发展。这种阅读目的,实际上就是心理活动的一种具体反映。阅读心理研究,即从读者心理的角度,具体研究阅读活动是如何进行的,读者为什么要阅读,阅读什么,如何阅读等等。

一、读者阅读心理类型

（一）阅读心理活动产生的因素　读者心理活动的产生受多方面因素的影响和制约，但其基本因素有二，一是外部环境；一是自身需要。

按照心理学的原理，人的一切心理活动的产生都取决于个体所处的外部环境和自身的需要，读者所处的外部环境是产生读者心理活动的基础条件，并制约、影响和作用于读者心理活动的变化和发展。一般可分成两个方面。

1. 读者面临的客观现实方面，也就是读者所处的时代和生活环境中能直接作用于读者的各种自然因素、社会因素以及整个社会共同的道德规范和审美标准。我们所讲的自然界，指的是对读者能发生作用和影响的，而读者又必须掌握的自然界的现象、事物、过程等有关知识及其各种联系和发展规律。

社会因素指的则是对读者直接发生作用和影响的社会的政治经济、文化教育、科学技术诸方面的状况。作为社会成员的读者，他必须学习和掌握必要的文化知识，具备一定的工作能力，才能在社会生活的某一方面找到自己的立足点，才能为社会所公认。

2. 社会对读者的要求，包括社会文化环境、文化发展的需要以及读者所从事的职业的要求等等。社会文化是不断发展提高的，社会对读者的文化素质的要求，也是有一定的标准并不断地提高。读者就必然要去阅读，吸取知识，提高文化素质。

从读者本身从事的职业讲，知识和能力上都有特定的要求。读者自身需要是产生读者心理活动的内在动因，是其心理活动发展的直接动力，它分为以下两方面：

第一方面，读者自身发展，自身完善的需要。图书馆的每一个读者，都具有一定的愿望、理想、追求。实现自己的愿望、理想、追求，其基本方法和途径却存在极大的相似性，就是不断地改造自己,完善和发展自己。这样,就得去学习,去探索,不断扩充知识和积累知识。读者的这些目标,是激发其产生阅读活动的重要因素。

第二方面是读者的心理自画像。每一位读者,对自己的文化素质、知识程度、专业特长、学术水平以及学习和研究能力,甚至智力程度,接收能力等方面都有一个大概的估计和评价,都会发现自己的某些不足和长处。为使心目中的自画像向着完美、标准的方向发展,就必然要去补充知识充实自己。此外,读者自身的心理自画像,还能从另一方面激发自己的阅读意识和行为,或在心中树立一个自己学习和赶超的对象,作为衡量自己发展进步的比较标准,向完美、标准的心理自画像发展。

由此看出,没有外部环境的触发,没有自身需要的推动,读者的阅读意识和行为是不可能产生的,当然也就不可能成为图书馆的读者。

(二)阅读心理类型分类　以读者阅读目的为标准,读者心理类型可分三种:

1.求知心理类型　求知心理类型的读者,以青少年读者和普通读者为主体,是我国各类型图书馆,特别是公共系统图书馆和基层图书馆的最基本读者。此类读者,有的是为增长知识,提高文化素质而阅读;有的是为升学考试、文化考核而阅读;有的是为晋升技术职务,提高业务能力而阅读;有的是为提高工作技能而阅读等等,他们共同的心理特征是求知。

求知心理类型的读者阅读活动有一定的计划性,都是有步骤、分阶段进行的,在阅读活动中能集中而又强烈地体现出来。掌握了求知心理类型读者的特点,图书馆可根据其特点提供适宜的文献资料,使其求知心理得到满足。

2.欣赏心理类型　读者在学习、工作和研究之余,为了调剂精神生活,要进行轻松愉快的阅读。由于读者的具体情况不同,欣赏角度、情趣和层次因人而异,各有特点。有的欣赏文学艺术佳品;

有的欣赏名人传记、回忆录;有的欣赏历史、地理方面的著作等等;其中有的业余欣赏与职业有密切关系;有的则与职业并不相关,但在心理特点上是一致的。

3.研究心理类型　此类型读者以从事科研活动的读者为主体。他们的共同特点是,具有较专深和较全面的专业理论知识,有一定的学术水平和研究能力,担负着一定的科研任务,有一种强烈的责任感和紧迫感。研究这类读者心理特征,表现在求迅速、求专深、求新颖、求准确这几方面。图书馆应尽其努力,为他们收集、整理并迅速提供所需要的文献信息,让他们掌握所研究课题的最新研究成果,早出成果。

读者心理类型可以区分得更细一些。即有单纯的求知,为了欣赏的读者,有把求知和欣赏融为一体的读者。有的在求知中达到了欣赏的目的,有的欣赏中又满足了求知的心理。因此又可分成求知欣赏心理和欣赏求知心理。再从求知和研究这两类心理来看存在同样问题。有的读者是在求知过程中,发现了某一值得研究的问题,而在求知基础上加以研究。反过来读者在研究过程中,出现了疑难,需要充实知识,才能进行研究,又可分为求知研究心理和研究求知心理,在此之间,同样无明显的分界线。在读者心理类型划分上,每一图书馆都应具体分析。

二、阅读动机

读者的阅读动机产生于读者需求。它是产生阅读行为,满足阅读愿望的内部动力。普通心理学的动机范畴分为意识动机和无意识动机。前者指兴趣、信念、意图等,是一种自然性动机;后者指定势、意向等,是一种初级的无明确意识的需要。动机还是引发读者表达阅读需求的直接动力,是促使读者实现阅读行动的思想。正如恩格斯所说:"就个别人说,他的行动的一切动力都一定要通过他的头脑,一定要转变为他的愿望的动机,才能使他行动起来"

（马克思恩格斯选集,第四卷,第247页）。动机是需要与行动之间的桥梁,它比欲望更接近行动。

分析研究阅读过程中阅读需要的表现,掌握读者的阅读动机,研究各自的心理活动,灵活运用不同的工作方式,是对读者高度负责的正确态度。阅读动机有以下3种:

(一)学习的动机　读者出于学知识,打基础,提高文化素养和业务能力的动机。如中小学生为配合教科书的学习来借些参考书,课外辅导读物;青年职工为补习文化课参加升级考试;社会青年为了学习外语等等。这类读者多数为在校生、青年工人和待业青年。图书馆对这些读者应大力支持其学习和满足其求知欲,对其阅读动机要结合实践活动,进行不断地强化和激发,帮助他们利用图书馆来自学深造,改善他们的知识结构。

(二)解疑的动机　读者的文化水平较高,在科学研究、工作学习、生产实践及社会生活中遇到各种疑难问题,到图书馆查阅文献资料。这部分读者有严谨的科学态度和坚韧不拔的意志,主攻方向明确,围绕主攻目标还要研究边缘学科。这类动机专指性强,应重点服务,追踪课题,大力开展定题服务,经常分析研究其动机的实践目的,预测其阅读活动的发展,及时提供急需的文献资料,使其阅读行为在最短期间达到预期效果。

(三)娱乐的动机　群众性的阅读书报、文艺、体育、社交、旅游等,是人们精神文化生活的组成部分。在紧张的工作学习之余读点书调剂文化生活。有部分读者凭兴趣一味泛读,缺乏阅读指向性;对书中所反映的思想、观点以及作者的立场、意图不加分析,一味追求精神上的满足甚至刺激。因此,对这部分读者应通过图书宣传来培养读者的道德情操,陶冶性情,丰富业余文化生活,并帮助读者有目的地有系统地阅读书刊,协助其逐步具有指向性。至于一些不太恰当的阅读动机则需加强引导和调节,培养学习的自觉性。

由此可见，读者的阅读动机是决定或影响整个阅读活动中的主导因素。

三、阅读兴趣

读者的阅读动机中含有很大的兴趣成分。兴趣是意识的偏倾性，对于主体行为影响的一种反应，是读者阅读书刊时的选择性态度。人在各种实践活动中可能形成各种兴趣。有由事物或行动本身引起的直接兴趣，有由行动的目的或任务引起的间接兴趣，有产生于活动过程中而在活动结束后即消失的短暂兴趣，也有成为个人心理特性的稳定兴趣。阅读兴趣从广义上讲是读者对阅读文献的喜爱程度，从狭义上讲是读者对某种类型、体裁或内容的文献的选择。读者由于从事的专业、个人爱好、文化水平、年龄和志向的不同，因而表现出来的阅读兴趣也有所不同。

图书馆工作者要深入调研读者阅读兴趣的各种心理状态，帮助他们认识兴趣指向性的意义；也要注意那些基础薄弱而兴趣狭窄的读者，帮助他们扩大阅读兴趣范围，开阔眼界、满足内心需要的原动力；还要注意那些兴趣短暂多变的读者，帮助他们系统地选择书刊，建立稳定的阅读兴趣；更要注意那些具有不良阅读倾向的读者，帮助他们认识低级趣味和走向书山歧路的危害性，引导他们树立正确的阅读兴趣。我们研究读者的阅读兴趣，就在于如何鼓励积极兴趣，改造消极兴趣，经常不断地分析读者的兴趣结构，调动、培养和激发读者对其所从事的正当活动的兴趣。

四、阅读能力

能力与个人的先天自然基础素质有关，但决定能力发展的因素，是后天的实践、教育和训练。读者阅读能力的高低，是图书馆衡量读者需求的重要尺度。文化程度高的读者知识而较文化程度低的要宽，相应的阅读能力就高。文化程度是鉴别读者阅读能力最直观的标准。

读者的阅读能力主要通过以下几种表现情况进行分析和判断。一是看阅读速度，即单位时间阅读书的页数；二是看读者对所阅读的书理解能力、程度；三看读者的记忆能力。上述三种情况结合，可检验读者阅读能力高低。有速度但如囫囵吞枣一知半解或根本不懂，这种阅读徒劳无益；理解很快，过后就忘，属于无效阅读；能记住读过的内容，但速度很慢，也不算是好的阅读能力，这要优于前两种情况，总算有些收益。阅读能力是思维、记忆的反映。读者的阅读能力随年龄的增长而变化。青年时代阅读速度快，记忆力强，往往理解能力差，对阅读的文献只有较幼稚的见解。老年读者历尽沧桑积累了丰富的经验，阅读中的理解能力很强，而记忆力相对的减弱。

因此，阅读能力的高低，既是一种现象，又是复杂的心理活动的表露。图书馆工作者应掌握读者阅读能力，以便有的放矢地搞好读者服务。

五、图书馆各项工作中的读者阅读心理

读者的阅读需求，是图书馆一切服务工作得以开展的源泉：而图书馆的藏书只有读者阅读，其中蕴含的知识与信息才能转化为有利于国家和社会进步的力量和财富。进行读者阅读需求心理的研究，就是要揭示读者产生和表达阅读过程中的心理特点和心理活动规律，以便图书馆工作者按照人的心理活动的特点和规律为读者服务，提高读者工作水平，获取更佳的服务效果。这在图书馆实际工作中，无疑是具有极大应用价值的。

（一）流通　流通工作是图书馆工作的第一线，是读者主要活动场所之一。在这里可以遇到各种类型的读者，他们的心理活动在这里首先反映出来。

读者借书首先要查目录。就目前看许多馆是手工检索，填写

索书单,这是最简单的手续。大多数新读者没有关于检索方面的知识,不知道目录的分类及排列顺序,在目录柜前左顾右盼,像在寻找走出"迷宫"的出口一样,表现出茫然无所适从的焦灼情绪;有的则转来转去,把目录抽屉这个拉出来,那个推进去,急切中夹杂着烦躁。有的读者从旁侧观察他人是如何使用的,然后模仿着去做。也有的读者较聪颖,他能冷静地观察,推敲,并极力寻找厅内有关目录和使用方法的介绍,从中得到启示,尽快学会使用。这时大多数新读者的心理是希望有专人辅导,讲讲目录体系、特点和使用方法。一些有条件的馆设有经验丰富的专职辅导人员,然而多数图书馆则没有。学校图书馆每年新读者有规律进馆,有条件进行及时的集体辅导,而公共图书馆新读者比较分散较难进行辅导。

经常来馆的读者借阅就是另一种情况,他们的针对性很强,直接去所需查阅的目录柜,用极短的时间直接查到所需书目,熟练地填好索书单送到出纳台,耐心等待出纳员将书取回。

有时有这样一些读者,他不检索目录,而是直接向出纳人员提出书名或某作家的作品,也有的提出某个方面或某个范围,请出纳员选择。较熟悉的书名,出纳员可以凭记忆马上回答该书的去向,也有些难以回答的或帮助选择推荐的书,读者不满意。对这类读者,要做具体的心理分析,若不会使用目录的,出纳员应给予辅导。对于个别读者为了省时省力,把麻烦推给出纳员,则应予以劝告。

(二)阅览　阅览室是读者进行阅读活动的主要场所,在阅览室里读者在阅读中表现出各种各样的特点,同时又有共性的心理变化情况。

读者来阅览室学习,一是这里有丰富的可利用的资料,能够达到自己的学习目的或解除疑难的作用;二是阅览室是一个比较安静、幽雅的环境,它相对独立于闹市之外,置身于书海之中,读者学习起来感到气氛和谐。这也说明阅览室的环境是符合读者阅读心理的。

　　阅览室的读者大致分为两类:一类是坐下阅读便身不离位的,直至工作人员提醒,这部分读者是有充分准备的,诸如带充足的纸张卡片,用于摘抄,有的甚至带午饭等。在高校学生和理论工作者中,这类读者在比例上是占主导的。另一类,也可以说是大部分只能进行短时间的阅读,这部分读者有的是学习计划中的安排,有的是由于学习或研究中突然遇到某问题要核实或急需查找某篇文献等而进行的。也有过往的读者,突然萌发进去看一看的欲念而进来阅览的。

　　然而,阅览中的读者往往出现一些不正常行为,影响了正常阅览,如在书刊上乱画、乱批、偷窃、对有这种恶劣行为的读者要严加防范,发现线索一追到底,以保护文献资料的完整。

　　图书馆工作者对读者各种阅览心理要进行认真分析和研究,制定相应的办法和措施加强管理,熟悉读者在阅览室中的各种心理表现,用不同的方式方法去服务,才能最大限度满足读者需求。

　　(三)采编　图书馆的一切工作都是为了读者。因此要做好图书的采购分编,应对读者情况和他们的心理情况进行研究,才能达到提高图书利用率的愿望。图书的利用率,在外借处是直接反映出来的,但流通图书的基础工作是采编。

　　采编人员经常对读者进行采访,是做好图书采购工作的重要途径。通过对读者采访,进行读者心理的探索,征求对馆藏图书的意见,对购置的图书评论其优劣,请读者做采购人员的参谋,便可使采购工作锦上添花,满足不同层次读者心理的需求。

　　分编工作也很重要,一本好书能否被读者所利用,分编起着主导作用,内容单一的图书比较好分,交叉学科的图书比较复杂,分编工作不当,易造成读者查阅不到而难以利用的结果,直接影响了读者阅读心理。

　　采编工作要坚持新、快、全的原则。即采购文献资料要新,分编文献要快,收集的资料要全。这样,新书的内容将对读者产生心理刺激,读者经常光顾采编部门,需要哪些文献,会向采编人员询问并了解出版信息。同时采编人员也准确地掌握了读者脉搏,很容易了解读者心理,采购工作有了针对性,避免了盲目性。所以,做好采编工作会对读者阅读心理产生积极的作用。

（四）文献检索　读者来馆的目的就在于能否查到所需的文献线索和借到所需书刊,而达到这一目的的途径,在于如何利用检索工具及图书馆工作者是否重视与了解读者的检索心理。目前,有些读者能熟练地利用检索工具查找文献,但也有不少读者不是不很熟悉,就是不会利用检索工具,给学习和工作带来许多困难。

随着科学技术向深度和广度的飞速发展,使得科技文献的增长速度,不仅在数量上而且在类型上都是惊人的,这就给科研人员带来看不到,看不全,看不完的困难。读者到图书馆来,总希望在最短的时间内索取急需的文献,这种心理十分正常。因此对读者的检索心理应引起图书馆的重视。现在世界上一些工业发达国家的图书馆都十分重视读者的检索心理,尤其是专业检索心理的研究,在编辑设置检索工具时,尽量使检索途径多种化。如美国的《化学文摘》英国的《科学文摘》检索途径多种,这些检索途径方便查检,能满足读者的多种检索心理需求,又如图书馆在设置目录时尽量编制分类、书名、著者、主题等几种目录,以便读者从不同角度来检索。图书分编工作采用的"互见"、"参见"等方法来指引读者,查检内容交叉、学科渗透的图书,就是检索心理的应用。

目前读者的检索心理可分为两种类型:即专业性检索心理和一般检索心理。前者是主要的。当科研人员从事一项新的研究课题时,需要对该课题有关文献进行普查,以便了解技术现状。后者是常规性的。读者多数知道特定书刊的名称,但不知何处有或只知部分线索而不知如何查找等等。因此,应针对不同读者的检索心理特征来开展服务,适应不同读者的个性检索心理特征,满足各种检索需求,掌握读者这个主体活动规律,了解读者检索的心理活动规律,从而正确运用这一规律来提高检索服务水平。

(五)导读　图书馆的导读工作有别于其它宣传形式,它是以文献资料向读者展示人类一切活动的文明史,并通过文字、图表、声像来记载叙述人类政治、经济和文化的发展全过程。导读既可揭示历史,又展示现在,并且预示将来。图书馆是人类精神文化的摇篮,它保存着从古到今人类与自然斗争的历史资料,无数的书刊记载着科学技术发展的历史,记载着社会改革的进程,因此,这些文化遗产如何被人们所认识,所利用,就需要导读工作来完成这一使命。这就要求图书馆工作者深入了解读者心理,知道他们在做什么,想什么,掌握他们从事的研究内容和查阅文献的范围,互相配合,取得应有的效果。

导读是通过板报、图片、新书目介绍专栏等形式来向读者揭示馆藏文献的状况。以此方法吸引广大读者前来利用图书馆馆藏。尽管如此,还是要深入了解读者心理,知道他们在做什么,想什么,掌握他们从事的研究内容和关心寻找的文献范围,才能引起读者的共鸣,互相配合,取得应有的效果。对读者的辅导,不受年龄和职业的限制,没有一定的模式。如对新的读者进行如何利用图书馆的教育;如何使用工具书的辅导等。因此,做好图书馆的导读工作,是读者服务工作的深化。

(六)图书馆环境与建筑

1. 环境对读者状态的影响　读者心理状态的变化,不仅取决于人的因素,也取决于图书馆的环境。阅览室作为读者利用图书馆的一个重要场所,不仅要求其分类明确与细致。同时要求在布置上——即阅读环境上,给读者提供一种有利于阅读的条件。这就不仅涉及到阅览室在图书馆的位置,而且涉及到室内桌椅布置、墙壁装饰、颜色搭配、灯光、吸音设施等诸方面内容,这些都对读者的阅读效果产生很大的影响,处理得好,可以提高阅读兴趣及阅读效率。

阅览室中的灯光,就现在的情况看,多数都低于标准照明度,这样会对读者的视力造成影响,进而影响阅读心理。日本照明学会经过长期实验得出:长时间看书照度应有500lx(照度lx)以上。美国照明学家亦提出,阅览室、参考室的照度应为300~790lx。

图书馆的各种阅览室是读者学习的主要场所,因此色彩的调配比其它地方尤为重要,它直接影响着读者的阅读情绪和身心健康。经研究表明:淡黄色和浅绿色对人的神经调节作用比较好,浅绿色对人的眼睛有减轻疲劳的作用,浅黄色给人一种和谐、舒适感,并能提高神经系统的兴奋度。因此,用这两种色调来装饰阅览室的墙壁及桌椅,是有利于阅读活动的。

另外,阅览室内的布置也是一种协调艺术,可以根据接待的读者有所区别。总的原则是给读者以清新悦目的感觉,便于读者学习和思考。墙壁上的装饰物要精心设计,不要显得空旷、沉闷,使读者心理上感到空寂。装饰太多使读者感到杂乱而分散精力。对儿童阅览室应增添些幻想和趣味性的图片,使他们兴奋,诱发好奇心和求知欲。对老年阅览室则要选择有幽默感和保健性的装饰。这样可以调整读者的学习情绪。

2. 建筑对读者的影响　首先,无论是公共图书馆还是专业图书馆的建筑,馆址的选择,都会对读者产生心理影响。如果图书馆坐落在市区中心,交通方便,读者到馆学习的机会就多。如果馆址选择在远离人口集中的闹区,尽管有一定的交通工具,因路上花费的时间多,到馆人次也会相对减少。一些专业图书馆的馆址,如工厂、学校图书馆,更应认真考虑选择一个适中的位置,将受到广大读者的欢迎。第二,图书馆造型对读者心理也有影响。图书馆的建筑应是建筑艺术中的一朵绚丽花朵。虽然其实用价值是为读者提供学习场所,却不能抹煞它是建筑艺术中的一种表现形式。图书馆的造型受到各种因素的制约,如建馆位置、周围环境、馆舍面积、层高、座向、馆址地质构造等等。一个理想的图书馆应是单独的建筑,这样可以根据馆的规模来确定它的造型。建筑的原则是既适用,又不失整体美,成为一件独特的艺术品。设计者应考虑与其它建筑物严格区别,体现出图书馆特有的风格和艺术魅力。读者首先从建筑的造型上得到美的享受,就能吸引更多的读者来学习。在读者心理上造成一种对美的向往,激发读者的阅读情绪。

(七)图书馆管理工作　图书馆的内部管理合理化,对读者阅读心理上的作用是重要的。图书的分类、编目、排架等工作的科学管理给读者的阅读活动提供了优越的条件。阅览室文献资料的配备,开馆时间的长短,环境的美化以及对读者生活提供一定的服务,都会在读者心理上产生影响。

图书馆与读者是相互依存的。读者需要图书馆提供所需的文献资料;读者需要图书馆为他们提供理想的学习环境。那么图书馆管理能否满足读者的需要呢? 这就需要科学化管理。使图书馆的藏书从过去的封闭状态,转变为开放型。文献资料的开架管理是符合读者心理的。这样少一些拘束,多一些自由漫谈和选择文献资料的机会,也是图书馆相信读者的表现。如何最大限度地,以最优质的服务满足读者对文献资料的需求,就需要研究读者心理需求,研究社会的需要和发展的需要。

(八)现代化图书馆　随着图书馆现代化的实施,将冲击着现有的文献管理秩序。这对图书馆工作者和广大读者来说,都将产生心理影响,因此要有充分的思想准备。

在图书馆里实施现代化,主要是提高对读者的服务效率。借阅文献资料不用查卡片,只要把要借的书名输入计算机,屏幕上即可显示有无。这种高效服务手段,受到读者普遍欢迎。然而也有个别读者愿意在目录厅检索卡片,而对计算机检索不感兴趣。因此,只有让读者真正掌握了使用计算机的本领,适应高效快速的节奏,心理障碍才会消失。

激光技术和缩微技术的发展使文献的存储发生了重大变化。传统的图书馆馆藏是以印刷出版物为主的,其缺点是容量小,速度慢和浪费资源,因而应付不了信息膨胀的现实。而现代存储技术由于具有大容量、高速度和价格低廉等优点,也被引进图书馆中。目前,唱片、录音带、幻灯片、电影片、录像带、激光声像盘和缩微品等都已成为图书馆的馆藏。有的读者心理上形成了负担,这样的文献是需要一定条件的,若没有能源和阅读器,再好的缩微片也无法发挥作用。而印刷成册的文献,虽占据一定的空间但不需任何条件即可阅读。印刷文献资料的优点是缩微制品不具备的。所以不用担心印刷型文献的消失,它将与缩微资料长期共存。

第六章　读者工作

第一节　读者工作的定义及内容

一、读者工作的定义

当前,我国图书馆界对读者工作的定义的论述,广见于各种专业书刊,但至今没有统一公认的结论。其中影响面较大且值得研究的有以下几种:

(一)就图书馆的实践活动而言,就是组织读者利用图书馆资源所进行的各项活动。

(二)就是利用图书馆的文献资料及其它条件,通过组织读者和服务,使读者获得知识、掌握信息的一种服务工作。

(三)就是以读者为对象,以馆藏书刊资料为手段,以馆藏书刊使用为中心,通过外借、阅览、复制、宣传、阅读指导以及参考咨询等方式而开展的服务工作。

(四)组织读者利用图书馆资源的各项活动。

(五)以读者为中心的图书馆整体工作的一部分,是为读者直接服务的工作。

(六)就是站在图书馆工作的第一线,直接同读者发生关系,为之服务的一种活动。

(七)从广义上讲,图书馆的一切工作都是为读者服务的,都是读者工作等等。

以上几种观点,易给人产生两种错觉:

第一种:"读者工作"＝"读者服务工作"。

它们虽然文字表述不同,但其实质是完全相同的。即"读者工作"就是简单的具体的直接为读者服务的实践活动。将"读者服务工作"与"读者工作"混为一谈。

其实,"读者工作"与"读者服务工作"二者概念并非等同,它们各自具有不同的含义。早在 1981 年,前苏联的乌姆诺夫在他所著的《读者工作》一书中就提出:"读者服务是读者工作的组成部分,它不构成读者工作的特定内容,而包含其许多组织方式。读者服务的内容(满足读者的需要和情报需求)有机地结合着读者工作的内容(阅读指导和书目情报服务),但不能包括其全部。图书馆书目对读者心理的许多宣传推荐作用与情报作用,即读者工作的内容,正是体现于读者服务过程中。这一切使我们有根据认为读者服务是读者工作的组织形式系统。"即是说,读者工作除读者服务工作之外,还包括读者研究教育,阅读研究与指导,读者工作的组织与管理等内容。可见,读者服务工作是读者工作的重要组成部分,但读者服务工作并不等于读者工作。

第二种:"读者工作"＝"图书馆的全部工作"。

图书馆的行政工作和业务工作构成了图书馆的全部工作。业务工作通常又分为藏书工作和读者工作。虽然图书馆的全部工作,都是直接或间接地为读者服务的,但有些工作如采访、编目、行政等部门的直接工作对象不是读者,而是文献或图书管理人员,虽然,他们在从事工作的同时也在研究读者,但其直接目的不是为了读者,而是为了搞好藏书建设和党政工作。读者工作对读者进行研究,其直接目的是为了读者。显然,以读者为直接研究对象,是读者工作区别于其它工作的本质特征。由此可见,图书馆的读者工作不等于图书馆的全部工作。从而也否定了读者工作的广义说。

我国图书馆界正是由于在这个问题上没有统一认识,因此,关于对这个学科的其它许多重要问题很难进行共同的讨论,致使读者工作处于较低水平,对其研究也只停留在经验总结的层次上。现在的问题关键是如何对读者工作的认识进一步深化,抓住本质,加以科学的概括,使其具有牵一发而动全身的作用,这就需要不断地经过反复研究、讨论,才能取得共识。

那么如何正确表述"读者工作"的定义呢?我们认为是否可以这样表述:"读者工作是研究开发馆藏资源,研究读者的阅读规律,研究为读者服务的方式方法,以便进行信息传递和知识交流并以取得最佳服务效果为目的的一种工作。""读者工作"包括四个要素,即对馆藏资源开发的研究,对读者的研究,对读者服务方式方法的研究,对服务效果的研究。总的说来,它既包括理论研究,也包括具体的实践活动。

二、读者工作的内容

读者工作的主要内容包括:组织读者、组织服务、组织管理等。

(一)组织读者 读者是图书馆一切活动赖以生存的主体,读者工作是围绕着各类读者及其阅读需求而开展的。同时,读者又是读者服务过程中最活跃,并不断变化着的因素。因此,组织好读者是有效地开展读者工作的第一步。它包括:发展读者、划分读者类型、分析研究不同类型读者的阅读需求、阅读特点、掌握阅读规律和整序读者流。

1. 发展读者 发展读者是通过读者登记来实现的。读者登记工作是对读者进行调查研究,了解读者,联系读者的基础,是做好读者工作的前提。高校图书馆和科学院图书馆发展读者比较简单,凡本校的师生员工、本科研单位的职工,都是本馆的服务对象,只要进行登记,发放借书证,就可成为正式读者。一般是以班级或科室为单位,集体领取读者登记表,填好后由单位负责人到图书馆换取借书证。而公共图书馆的服务对象比较广泛,复杂,它要根据本馆的方针、任务、规模和条件,以及读者的阅读需求特点等,进行有计划地发展读者。公共图书馆的个人读者登记有两种方法:一种是读者向图书馆提出借阅申请,呈交证明本人身份的证件,经审核同意后办理手续,填写登记卡,加盖公章,然后领取借书证,成为正式读者。二是图书馆把读者登记卡发到各机关、厂矿、农村等基层单位,由本单位加盖公章、签署意见后再分配给个人,领到登记卡的个人再来馆办理手续。

读者登记卡或登记表应妥善保存。因为它是了解读者、研究读者以及进行各项统计的重要材料。

2. 划分读者类型 为了有目的、有针对性地对读者服务,必须在登记的基础上对读者进行专业、职务、工作性质、年龄等的划分。

3. 分析研究不同类型读者的阅读需求、阅读目的、阅读过程中的特点,以便掌握其阅读规律。

4. 整序读者流 读者利用图书馆一般表现为有高潮和低潮,即在利用的时间和文献的类型上,有时表现集中,有时表现分散。为了缓解高潮和调解集中,必须对读者流进行合理的分流和整序。

(二)组织服务 组织服务是读者工作的中心内容,它包括扩大读者服务范围,增加读者服务内容,优化读者服务方式,提高服务水平,以及服务场所和服务设备的设置。

(三)读者工作的组织管理 读者工作的组织管理,是把图书馆的读者和文献运用现代科学技术原理和手段,遵照读者工作发展的客观规律,对读者工作的各个环节和运动进行科学的计划、组织、指挥、监督和控制。从而使读者工作顺利地、有秩序地进行,并取得最大效益。主要内容有:

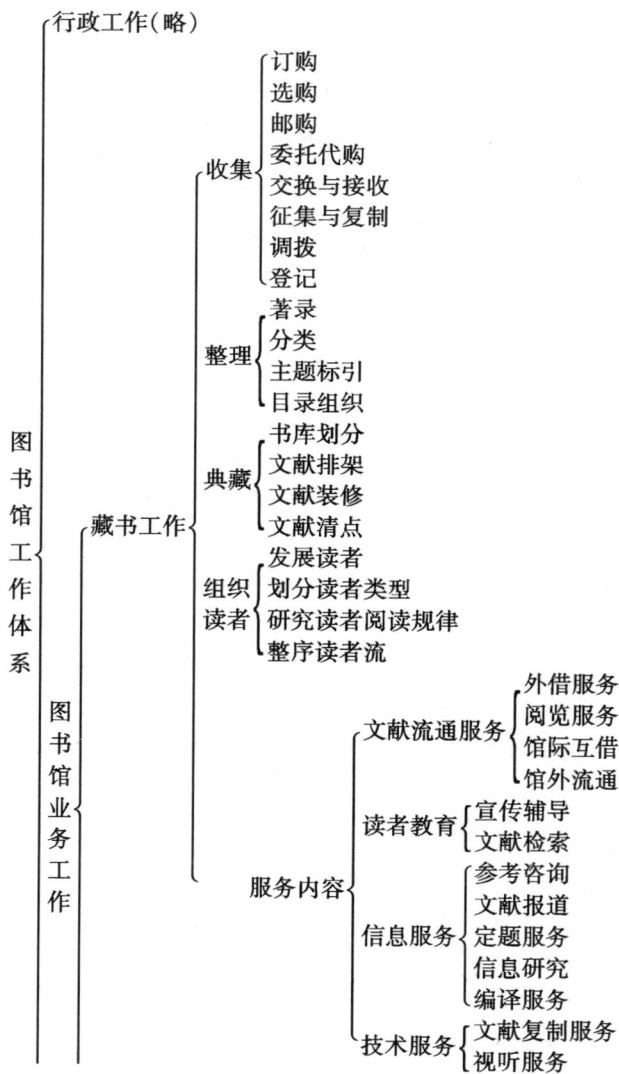

图书馆工作体系
├─ 行政工作（略）
└─ 图书馆业务工作
   ├─ 藏书工作
   │ ├─ 收集
   │ │ ├─ 订购
   │ │ ├─ 选购
   │ │ ├─ 邮购
   │ │ ├─ 委托代购
   │ │ ├─ 交换与接收
   │ │ ├─ 征集与复制
   │ │ ├─ 调拨
   │ │ └─ 登记
   │ ├─ 整理
   │ │ ├─ 著录
   │ │ ├─ 分类
   │ │ ├─ 主题标引
   │ │ └─ 目录组织
   │ ├─ 典藏
   │ │ ├─ 书库划分
   │ │ ├─ 文献排架
   │ │ ├─ 文献装修
   │ │ └─ 文献清点
   │ └─ 组织读者
   │   ├─ 发展读者
   │   ├─ 划分读者类型
   │   ├─ 研究读者阅读规律
   │   └─ 整序读者流
   └─ 服务内容
      ├─ 文献流通服务
      │ ├─ 外借服务
      │ ├─ 阅览服务
      │ ├─ 馆际互借
      │ └─ 馆外流通
      ├─ 读者教育
      │ ├─ 宣传辅导
      │ └─ 文献检索
      ├─ 信息服务
      │ ├─ 参考咨询
      │ ├─ 文献报道
      │ ├─ 定题服务
      │ ├─ 信息研究
      │ └─ 编译服务
      └─ 技术服务
         ├─ 文献复制服务
         └─ 视听服务

100

图书馆工作体系
- 图书馆业务工作
- 读者工作
  - 组织服务
    - 服务场所和设备的设置
      - 馆内服务场所的设置
      - 馆外流通场所的设置
      - 技术服务手段的设置（复制、视听、自动化等）
    - 服务方式方法
      - 按服务读者的方式分
        - 个别服务
        - 集体服务
      - 按阅读指导和图书宣传的方式分
        - 口头的
        - 文字的
        - 直观的
      - 按服务层次的方式分
        - 初级服务
        - 中级服务
        - 高级服务
      - 按文献流通方式分
        - 外借
        - 阅览
        - 复制
        - 馆际借阅
        - 馆外流通
      - 按文献提供的方式分
        - 闭架提供
        - 开架提供
  - 组织管理
    - 机构的设置
    - 人员的管理
    - 服务设施的管理
    - 工作制度
    - 读者工作的评价
    - 统计工作
    - 组织读者工作人员加强自身建设

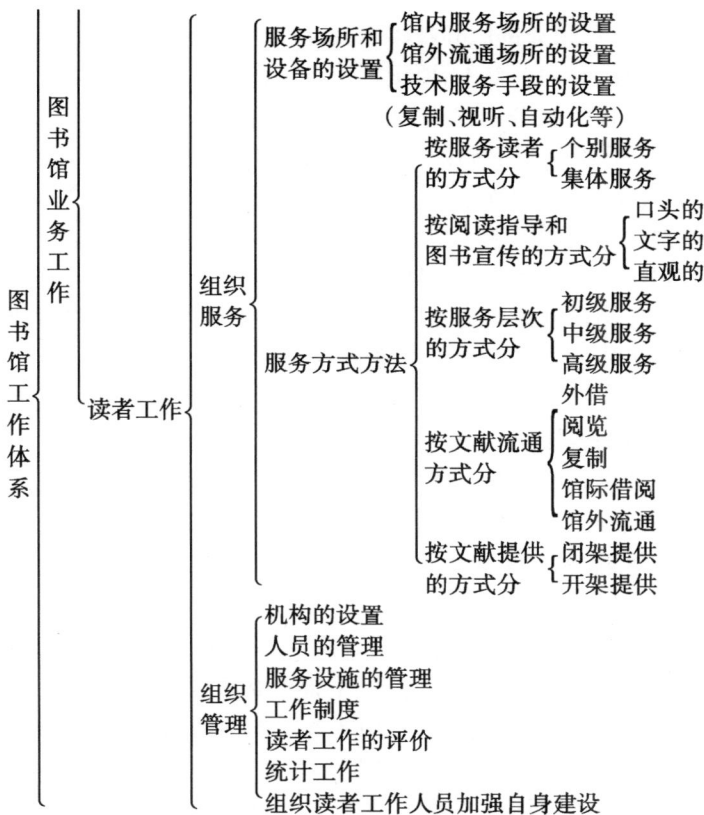

图 6.1 图书馆工作、读者工作和读者服务工作的关系

　　1. 机构的设置　　读者工作机构的设置一定要有利于图书馆职能的发挥；有利于馆藏文献的使用；同时要做到顾全大局、经济合理，严防机构臃肿、人浮于事。要明确各部门的工作任务、读者对象、藏书范围、设备。正确处理好各部门之间的关系，做到分工合

作,互相配合。

图书馆读者工作机构的设置目前一般有:文献流通部门、宣传辅导部门、信息服务部门和技术服务部门。

2.人员的管理　首先,要根据读者工作各部门的文献量、读者人数、服务时间、服务水平等因素来确定每个部门的工作人员数量。其次,根据各部门对业务人员的特殊要求,结合工作人员的年龄结构、性别结构、职称结构、智力结构以及身体和家庭状况等来配备各部门合适的人选。应尽量做到"用其所长","避其所短","人尽其才","各尽其职",以保证各部门工作顺利进行。第三,应根据各工作岗位对人员的不同要求,有目的、有计划地采取多种方式对读者工作人员不断地进行业务培训,以使工作人员的知识不断更新,服务技能与时俱进。第四,要坚持对读者工作各岗位上的人员进行劳动考核。

3.服务设施的管理　图书馆读者工作的服务设施主要有馆藏文献、桌椅、书架以及现代化技术服务设备等。如何将这些设备进行妥善地管理,除有专人负责外,还要有相应的制度,才能使各服务设施始终保持良好的状态。

4.工作制度　读者工作制度。概括起来主要有三种:一是领导者的决策性制度。如业务分工、干部配备以及人员培训的计划等;二是馆员的工作制度。如各项业务工作细则和岗位责任制等;三是读者借阅制度。如阅览规则等。

由于制度本身具有严肃性,所以在制订读者工作制度时,一定要从本馆的实际出发,制定出科学、严密、切实可行的制度。对其审批修改要按照一定程序进行。执行时要不折不扣,不得有随意性。

5.读者工作的统计。

6.读者工作效益评价(见本章第四节)。

7.组织读者工作人员加强自身建设(见第十五章)。

读者工作与图书馆工作、读者服务工作的关系见图6.1。

第二节　读者工作规律

关于什么是读者工作的规律，自1979年以来，一直是我国图书馆界探讨的问题。许多同志撰文发表自己的见解和论证，观点各异，其主要代表人物有：张树华、于鸣镝、罗德运、沈继武、陈耀盛、董见新等同志。

（一）最早提出这一问题的是张树华同志，她在"试谈图书馆工作的规律性"（图书馆工作，1979年，第4期）中认为："读者工作的主要规律是图书馆藏书利用的公共性"，这是近代图书馆区别于古代藏书楼的一个特征。"公共使用藏书的规律，决定了图书馆的服务工作具有以下三个特征：即①图书馆藏书的开放性；②流通图书的连续性；③对待读者的服务性。"藏书使用的公共性，使得图书馆发挥着向人民群众进行科学文化教育的作用，藏书使用的公共性决定了图书馆有社会文化教育的职能。

（二）于鸣镝、齐广文同志在"也谈图书馆工作的规律性——兼与张树华同志商榷"（图书情报工作，1980年，第3期）一文中认为："藏书的公用性，只是图书馆工作环节的工作特点。"他们又在"再谈图书馆工作的规律性"（图书情报工作，1981年，第1期）一文中指出："要寻找读者工作的规律，就要找出其矛盾的主要方面，流通阅览工作的主要矛盾，是'供'和'求'，而它的主要表现形式是'借'和'还'。'借'是图书馆为读者提供图书文献满足读者需要的一种基本手段，而'还'则是图书馆为了使'借'得以连续下去的必要条件。借而不还，'供'和'求'就会中断，还而不借，'供'和'求'同样也会中断，有借有还，借还交替，才能有流有通，供求相应，从而推动工作不断前进，我们认为，这就是流通阅览工作的规律。"

（三）罗德运同志在他的"略谈读者工作规律"（图书馆通讯，1984年，第3期）一文中认为：读者工作的规律是"针对社会需要，最大限度地满足读者对图书馆资源的需要"。他分析道：读者工作结构是由以下五部分组成的：

1. 对象：读者；

2. 条件：图书馆资源；

3. 内容：组织藏书、组织目录、组织服务工作；

4. 方式：流通阅览、宣传辅导、参考咨询、视听复制、文献检索、情报服务等；

5. 目的：针对社会需要，满足读者需求。

罗文中进而指出："图书馆为读者服务是以为社会培养人才的一种有目的活动，它是以丰富的物质条件——图书资源为基础的，舍此，就谈不上服务，更谈不上满足社会需要，满足读者要求了。它是图书馆与读者的本质联系，是读者工作的本质所在。"

罗德运同志在他的"再谈读者工作规律"（图书情报知识，1985年，第1期）一文中更加明确指出："为什么说针对社会需要，最大限度地满足读者对图书馆资源的要求是读者工作的规律呢？首先，针对社会需要并以满足读者要求为读者工作的目的。其次，衡量读者工作好坏的标准，最重要最根本的一条是看能否满足读者的要求和读者要求得以满足的程度。"

（四）沈继武同志在吸收了上述理论观点的基础上，对争论的问题进行了总结。

他在《藏书建设与读者工作》一书中（武汉大学出版社，1987年10月，第256～258页）作了如下归纳：

第一种认为：读者工作的主要规律是藏书的使用的公共性；这只是揭示了读者工作的矛盾的主要方面及其特征。

第二种认为：读者工作的规律是"供求矛盾"，这只是较好地概括了读者工作的主要矛盾现象。

第三种认为:读者工作规律是针对社会需要,最大限度地满足读者对图书资源的要求。这第三种看法,较准确地反映了读者工作的主要矛盾——读者和图书馆资源的矛盾,提出了解决矛盾的方向和目标——最大限度地满足要求;但是,却忽视了解决矛盾的两个主要方面——管理和使用图书馆资源,尤其是忽略了管理资源的方面。

那么什么是读者工作的规律呢?沈继武在该书中写道:"读者工作规律可表述为,组织管理和开发利用图书馆资源,充分有效地满足读者的需要。"他认为:满足读者对图书馆资源的需要,是读者工作乃至图书馆工作的基本矛盾、本质联系、发展趋势和奋斗目标。要解决这个矛盾,就要做好资源工作和服务工作。对于图书馆资源、组织管理和开发利用都是不可缺少的,组织管理为了开发利用,开发利用必须进行组织管理。他进而指出,读者工作的规律,也是图书馆工作的规律,因为读者工作是图书馆工作的直接体现。

(五)陈耀盛同志在"也谈图书馆读者工作的规律"(图书与情报,1989 年,第 3 期)一文中写道:"读者工作的规律是根据社会需要,各层次管理开发利用图书馆资源,针对性地充分满足各层次读者对图书馆资源的需要。也就是说,读者工作规律是分层次管理开发利用图书馆资源与针对性地满足各层次读者需要之间的本质联系。"其理由是:"①读者工作的本质是图书馆资源与读者之间的中介,②读者工作发展史就是不断管理开发利用图书馆资源满足读者需要的进程。③读者工作社会价值实现过程是不断分层次管理开发图书资源,针对性地充分满足读者需要的过程。④读者工作是分层次管理开发图书馆资源针对性地充分满足读者需要的服务工作。"

(六)董见新同志在他的"10 年来关于读者工作规律研究综

105

述"(图书馆工作,1991年,第1期)一文中,将以上诸家观点科学地划分三个时期:于鸣镝等同志与张树华同志提出的问题进行交锋为:"萌芽期";罗德运同志和沈继武同志的见解为:"成熟期";以陈耀盛同志为代表的讨论为:"发展期"。

董见新同志的看法符合了辩证唯物主义关于实践——认识——再实践——再认识的基本观点,对问题的认识就是一个由浅入深,由片面到较为全面的发展过程。

我们认为:读者工作的规律,是不断管理开发利用馆藏资源。它是随着社会的发展及读者需求的变化,采取相应的服务方式,提供相应的内容服务,达到有的放矢地满足各层次读者需求,取得最佳服务效果之间的本质联系。

我们相信:对读者工作规律的讨论,将会随着图书馆读者工作实践的不断发展,继续深入下去。

第三节 读者工作的指导方针及原则

一、读者工作的指导方针

伴随着读者工作的产生和发展,读者工作的指导方针也就相继孕育而生。从而成为每一时期读者工作的前进方向、奋斗目标、理论依据和行动准则。

美国近代图书馆学家杜威曾提出:"在适当的时间,给适当的读者,提供适当的图书"。革命导师列宁提出了"方便读者"、"吸引读者"、"迅速满足读者对图书的一切要求"、"帮助人民利用我们现有的每一本书"等等。印度图书馆学家阮冈纳赞提出了"图书馆五原则":第一,"书是为了利用";第二,"书是为一切人而存在的";第三,"给读者所有的书";第四,"节省读者的时间";第五,

"图书馆是生长着的组织"。所有这些,分别指导了 19 世纪末和 20 世纪初图书馆的读者工作,并为现代各国图书馆读者工作指导方针的确立,奠定了思想基础。

本世纪 50 年代以来,我国提出了:"一切为了读者","千方百计为读者服务","为人找书,为书找人"的口号。英美等国也提出:"读者第一"、"服务至上"的口号。现在"读者第一"、"服务至上"、"一切为了读者"已成了世界各国图书馆读者工作的指导方针。

二、读者工作的原则

（一）读者第一、服务至上的原则　这一原则是读者工作的核心,它是传统图书馆与现代图书馆服务观念的本质区别。

首先,把读者的利益作为读者工作的第一利益。如读者在图书馆应享受的阅读时间、借阅文献册数和期限以及在参加各项活动中,都应受到保护和重视,任何人不得以任何借口对读者的基本权利加以冲击和侵占。读者工作都应以读者为中心,做到想读者之所想,急读者之所急,帮读者之所需。如开馆时间应该是读者利用图书馆的最佳时间,不应在读者忙于工作或学习的时间,图书馆开馆,而读者有时间借阅时,图书馆却关门。为读者提供一切方便条件,诸如制订规章制度和管理办法,都应从方便读者出发。同时要做到相信读者,依靠读者。其次,图书馆的读者工作与读者需求发生矛盾时,应服从读者需求。要千方百计满足读者的合理阅读需求。如延长开馆时间,增加阅览座位,加速文献周转,开展预约借书,送书上门,与他馆开展资源共享活动等。

（二）充分发挥馆藏文献作用的原则　图书馆是人类文化知识的宝库,在这里可以跨越历史数千年,纵观世界五大洲,当读者漫步图书馆时,犹如潜入知识的海洋,置身于密如丛林的人类文化群落。如何使如此丰富的馆藏文献充分发挥作用,这是做好读者工作的根本保证。必须从提高读者对馆藏文献利用率入手,如扩大文献开架借阅范围;广泛宣传、报道、揭示、推荐各种文献;培训读者,帮助读者掌握打开知识宝库的钥匙。从而把知识宝库,变为知识喷泉,把"静态"的知识信息变为动态的,多方面、多层次地为读者利用。

（三）高效率服务的原则　服务质量的优劣与服务效率的高低是密不可分的,低效率的服务就谈不上优质的服务。因此,图书馆的读者工作应当坚持高效率服务的原则,即要做到流通文献快、解答问题快、报道快,否则时过境迁,除应加强读者工作人员的基本功训练以外,还应尽量简化工作手续,增添必要的现代化设备,节约读者的时间,提供全面服务。

（四）区别服务的原则　就是利用馆藏文献对不同的读者提供不同的服务。达到较准确地满足不同读者的不同需求,使馆藏文献做到"各有所用",使读者做到"各取所需"的目的。如对重点读者(本单位的业务骨干及承担着国家和地方的重要科研任务的读者)在借阅文献的范围、册数、期限、服务方法及服务措施等方面要给予重点保证和优待。但应注意在满足重点读者阅读需求的同时,也要兼顾一般读者的阅读需求。

第四节　读者工作效益评价

一、读者工作效益评价的意义

衡量一个图书馆工作好坏的标准是读者工作的质量。那么,究竟怎样科学地判断读者工作的质量,根据什么去判断,等等,只有通过读者工作管理的重要一环——读者工作效益评价来评判。

读者工作效益评价是在全面收集有关反映实现读者工作目标

和满足读者对文献需求程度的数据与事实,经过分析,用定性和定量的方法对读者工作进行评定和估价。

读者工作效益评价的根本意义在于:首先,具有指向性的作用。通过评价可以明确应该加强什么,削弱什么,提倡什么,反对什么,哪些项目重要,哪些次要,从而可以纠偏,使读者工作沿着健康正确的轨道前进。第二,具有诊断作用。即通过评价肯定哪些,否定哪些,指出哪些不足。第三,具有调节作用。即通过评价针对存在的问题及读者的阅读需求,对读者工作及时进行适当的调节。总之,读者工作效益评价的目的在于改进图书馆的读者工作,开展优质服务,以最小的成本消耗取得最大的服务效果。

二、读者工作效益评价的原则

读者工作效益评价的原则,概括为以下几点:

(一)可测性原则　客观存在的一切事物都是质和量的统一体,没有质和没有量的东西是不存在的,而且质总要通过一定的量来表示的。主要体现在:一是评价指标直接量化;二是有些评价指标不能直接量化时,可以先定性后定量,用间接的方法获得具体的数据。

(二)可比性原则　因为评价常用于馆与馆之间的比较,来区分好坏。所以,必须要遵循可比性原则。主要体现在:一是可比因素相同,评价指标必须反映被评价图书馆的共同属性;二是衡量因素的尺度一致公认的;三是可比层次相同。即按图书馆的性质、类型、规模分别制订评价标准。

(三)客观性原则　评价本身是一项科学性很强的、严肃的工作,因此,必须要做到实事求是,一切从实际出发。主要体现在:一是评价者要具有实事求是的思想作风和工作作风,在评价的整个过程中,始终要做到实事求是;二是制订评价标准要恰如其分,即以使少数馆能达到或超过,多数馆经过努力可以达到,少数馆必须经过艰苦努力才能达到为最佳标准。否则,容易使人们丧失信心或失去评价的促进意义。

三、读者工作效益评价的标准

读者工作效益评价应以其社会效果、经济效果、馆藏文献的开发与利用为标准。但由于读者工作的社会效果和经济效果的评价具有难测性和非控性,因此,主要用馆藏文献开发与利用的评价标准来进行读者工作效益评价。可以参照我国普通高校图书馆评估指标体系大纲中有关部分,各馆可根据实际情况进行增减。总的来说,读者工作效益评价的标准应包括:基本服务、教育职能、情报职能三个方面。

(一)基本服务 主要指馆藏文献的流通与阅览。其中包括:文献流通率、文献利用率、文献拒借率、文献周转率、文献复制率、文献阅读率、文献座位利用率、文献开架率、开馆时间以及馆际互借、资源共享情况等。

(二)教育职能 主要指阅读辅导、书目宣传、文献检索教学。其中包括:开展讲座、利用图书馆教育、读书活动、书评、编制新书通报、导读书目、推荐书目、书刊展览以及检索课的开课率、师资队伍、实习条件等。

(三)情报职能 主要指参考咨询、检索与定题服务、情报调研、编译、报道服务。其中包括编制各种专题索引,为读者解答咨询,代检索课题,定题服务,承担情报调研课题,写调研报告,编译二次、三次文献,出版情报刊物等。

四、读者工作效益评价的方式

(一)按被评价的工作进程划分

1. 总结性的评价 是事后阶段性的总结。它主要是指导下一阶段的工作。

2. 对正在进行中的工作评价　是在工作实施过程中随时进行的。主要是诊断和调节存在的问题。

(二)按评价者划分

1. 自我评价　是图书馆工作人员对各自的工作进行评价。它有利于自我了解,以便及时改进工作。

2. 同行评价　是图书馆工作人员对其同事的工作进行评价。它有利于互相学习,共同促进。

3. 领导评价　是图书馆的领导对读者工作进行评价。它是领导制订政策、评定、使用、奖惩工作人员的重要依据。

4. 专家评价　由上级组织有关专家组到各馆进行评价。

5. 读者与专家评价　邀请读者代表和各方面的专家对读者工作效益进行评价。一般多用于社会效果和经济效果的评价。

总之,读者工作效益评价的方式多样,每种方式都有一定的作用和侧重点,在评价时,要根据实际情况灵活选择和运用。

五、读者工作效益评价的记分方法

(一)直接量化记分法　从读者工作中能够直接获得数据,运用数学方法,经过统计计算得出结果,以其数字大小来评价读者工作的优劣。

(二)二次量化记分法　在评价指标体系中,有些指标只反映评价对象达到的标准程度,不能直接用数字计量,只能用语言描述的采用先定性描述,再定量。定性描述一般分为五级:优、良、中、可、差或分为四级:好、较好、一般、差。然后再对各等级给予量的描述,依次记号。

第七章　读者服务

第一节　我国图书馆读者服务观念的
变化及读者服务工作的发展

一、读者服务观念的萌芽——读者服务工作的孕育时期
（1840 年以前）

我国图书馆历史悠久，但由于受封建社会制度的影响，"保存藏书"始终是其主要功能。最初是宫廷藏书、官府藏书、书院藏书、私人藏书。它们只供皇帝一人，或限于从事考订、校对、编目、传抄等整理工作的官员以及藏书者利用，而不是用于流通。

随着社会的发展，雕版印刷术的发明，宋代以后有个别藏书家，允许别人借阅。比较明确提出流通思想的是明末的曹溶，曾在其所著的《流通古书约》一书中，提倡用传抄和刊刻方法扩大藏书的流通和传播范围。清代周永年的"藉书园"和清朝道光年间，内阁中书国英的"共读楼"曾允许少量读者定期入内阅览。

清朝末年，以康有为、梁启超为代表的维新派提出了变法的主张。他们提倡：要拯救中国必须在政治上实行变法，而要变法，推行新政，则必须从"振兴教育，作育人才，开通民智"着手。振兴教育的具体措施是：开设学堂，出版报纸，翻译书籍，组织学会，以及建立公共性的藏书楼等。由此可见，维新派把藏书楼作为一种辅助教育的机构，从而赋予藏书楼以新的内容和作用。他们不仅在

言论上大力提倡,而且在行动上也大力创办开放性的藏书楼。当时浙江绍兴徐树兰私人创办的古越藏书楼,将7万余卷的藏书向社会各界人士开放。

由于当时藏书开放的目的是以"启迪民智"为主,通过开放藏书教育人,传播改良主义思想及西方科技知识。所以开放对象只是少数的知识分子。服务方式只限于室内阅览。此种藏书楼就孕育着读者服务工作,读者服务观念开始萌芽。

二、封闭型的读者服务观念——读者服务工作的 产生时期(鸦片战争～1949年)

1909年,清政府颁布了一项"京师图书馆及各省图书馆通行章程"。其第一条就规定了图书馆的宗旨,即:"图书馆之设,所以保存国粹,造就通才,以备硕学专家研究学艺,学生士人检阅考证之用。以广征博采、供人浏览为宗旨"。随之,截止到辛亥革命前,我国除京师图书馆外,已有18个省建立了省立公共图书馆这一时期图书馆的服务对象,扩大到一般的公职人员及知识分子阶层,但对来馆阅览者一般都收费。

其中资产阶级民主派所创办的书报阅览室和藏书楼,为了宣传革命思想和政治主张,他们以书刊为工具,以阅览室为阵地,开展了图书借阅和各种宣传活动。其服务对象比较广泛,态度热情。虽然他们创办的书刊阅览室规模小、藏书少、历史短,但其服务观念是进步的,为"五四"运动以后的一些进步图书馆开辟了道路。

辛亥革命后,蔡元培先生担任了教育总长,他非常重视社会教育。特设社会教育司,其任务之一就是"掌管图书馆及保存文献事"。同时,连续颁发了两个图书馆规程,之后,各市、县先后建起一些通俗图书馆或书报阅览室。当时图书馆的服务对象逐渐扩大,如京师通俗图书馆设置了新闻阅览室、儿童阅览室;浙江省立图书馆除设男子阅览室外,还设有女子阅览室、儿童阅览室。有些地方还设有巡行文库,深入乡村。这一时期的公私立的高等学校图书馆,比公共图书馆的读者服务工作发展更快:开展了图书外借工作;延长了开放时间;与教学紧密配合。

"五四"运动以后,我国图书馆事业,受到了来自两方面力量的影响,一方面是以李大钊为首的无产阶级革命派,强调图书馆的教育职能,提出公共图书馆应向工人、农民开放,实行开架阅览;另一方面以杜定友、刘国钧等人为代表的欧美图书馆学派,推行西方的一些办馆思想,也主张图书馆为民众服务,要用各种方法吸引读者,并辅导他们自学。李小缘强调图书馆发挥"消息总机关"的作用,向社会提供咨询服务。

这个时期的图书馆虽然也说向民众开放,但实际上由于受社会经济和文化条件的制约,广大劳动人民很少能够利用图书馆;有的馆甚至做出了歧视劳动人民的规定,如北京图书馆曾规定:"穿对襟短褂的人不得入馆"等等。

随着藏书的广泛流通,近代图书馆便产生了读者服务工作。但是,由于受历史条件的局限,其服务观念是封闭型的,因此,读者服务工作,是被动的服务,单一的借阅方式,分散的手工操作,各方面均残留着旧藏书楼的作风。读者服务工作仍处于初级水平。

三、开放型读者服务观念的树立——读者服务工作的发展时期(1949 年 ~)

建国后,我国图书馆的读者服务工作大体上经历了 4 个发展阶段:

(一)1949 年 ~ 1955 年　随着社会制度的改变,我国图书馆的读者服务观念和读者服务工作都发生了根本性的变化。广大人民群众成了图书馆的读者。大大加强馆藏文献的流通,广泛建立了图书流通站,把书刊送到工厂、农村、机关、学校和居民点。紧密地配合党的各项政治活动及中心工作,如抗美援朝、土改及重大纪念日、节日等广泛开展了图书展览、举办报告会、编印专题书目等，同时，还开展了阅读辅导工作。总之，这一时期的图书馆的读者服务工作呈现出了前所未有的大好局面。对于改变图书馆的性质，贯彻执行图书馆的方针任务，起到了重大的推动作用。

（二）1956 年～1965 年　1956 年，在我国提出了"向科学进军"的号召下，图书馆的读者服务工作也为之创造了方便条件。设立了科技阅览室或参考工具书阅览室。改进了书刊借阅方法，扩大了科技工作者借书范围和册数，延长了借阅期限，并主动为他们查找文献。加强了科技专题书目索引的编制。各大型馆之间开展了馆际互借、邮寄借书工作等。

（三）1966～1976 年　在"文化大革命"十年中，由于推行了一系列极左路线，致使我国图书馆事业遭到极大的破坏，将大批书刊视为封、资、修毒草加以禁锢，使得读者服务工作失去了必要的物质基础，而陷入停顿。

（四）1977～　　　随着党的政策的拨乱反正，把全党工作的重点转移到以经济建设为中心的轨道上来。我国图书馆的读者服务工作也随之进入了一个新的发展阶段。在读者服务观念上，改变了"重藏轻用"的思想，千方百计地把知识传播出去，变被动服务为主动服务的思想已经形成。在读者服务工作上得到了进一步地发展和开拓。

1. 一次文献服务工作得到了发展。推广了开架借阅、完善了专科阅览室、发展了馆际互借、互阅工作，在服务范围和开馆时间上也进行了一些改革。如有些高校馆在不影响本校读者服务工作的前提下，对校外读者也实行了一定条件下的开放。有些高校馆每周开放时间达到 70～80h。

2. 开展了二次文献服务工作。在我国各大中型图书馆的读者服务工作中，普遍建立了文献检索室，编印《新书通报》、开展了代查、咨询、定题检索和跟踪服务。

3.开拓了文献信息开发服务,为领导机关制订政策、掌握情况开展了文献信息调研工作,提供战略性的信息。针对中小型企业和农村经济的发展,编印有关信息小报,积极参加了信息交流市场的活动。

4.深化了读者教育工作。80年代以来,国家教委先后发布了《关于在高等学校开设文献检索与利用课的意见》和《关于改进和发展文献教学的几点意见》后,图书馆的读者服务工作在传统的阅读辅导的基础上转向对读者进行系统的文献知识和检索知识的教育,全国除高校馆开设检索课外,一些大型公共图书馆都纷纷开设了文献检索知识系列讲座。

5.应用了现代化的服务手段。全国中型以上的图书馆读者服务工作普遍引进了复制、视听设备、开展了文献复制服务。在文献检索、解答咨询以及文献流通等方面逐渐应用了计算机。

历史跨入20世纪以后,由于社会发生了显著的变化,促使图书馆的读者服务工作更加专门化、服务方式多样化、体系化、逐步实现自动化、网络化,自身管理也逐步趋于规范化、科学化。加强了图书馆与社会的联系,促进了工农业生产,提高了图书馆的社会地位和作用。

纵观我国图书馆读者观念的变化及读者服务工作发展史,我们有以下几点认识:

第一,图书馆的读者服务工作是社会发展的产物。它随着社会的发展而经历了一个由低级向高级,由简单向复杂,由被动向主动漫长曲折的发展过程。

第二,读者服务工作的发展是受读者服务观念制约的,二者紧密相联。读者服务观念的每一次更新都使读者服务工作从广度和深度上得以拓宽。

第三,读者服务观念既受社会经济发展的影响,也受读者需求变化的影响。它是在适应二者的变化过程中而不断变革的。

第四,"读者需求"是读者服务观念的变化和读者服务工作发展中最活跃、最进步的因素。它与图书馆运行机制的矛盾运动就构成了读者服务观念的变化和读者服务工作发展的根本动力。因此,任何时候图书馆的读者服务观念和读者服务工作一定要适应读者需求,掌握这个规律,才能掌握读者服务工作的主动权。

第五,提高读者服务质量的关键是强调读者教育的作用。历史上,凡是比较重视和强调读者教育的,其读者服务工作就做得好,取得的成效也就比较显著。

第六,图书馆的读者服务工作是社会发展的产物,反过来它又服务于社会,它总是与各个历史时期的政治、经济、文化息息相关,它始终紧紧地配合当时形势来进行的。因此,透过图书馆读者服务的窗口,可以窥见中国社会历史发展的一斑。

第二节 读者服务在图书馆中的地位和作用

一、读者服务在图书馆中的地位

(一)读者服务工作是图书馆一切工作的中心环节 图书馆的业务工作内容十分广泛,它包括许多环节,但主要都是围绕着馆藏文献的传递而展开的。如为了传递就必须去收集文献;为了深入、准确和广泛传递,又必须对文献的内容与形式进行深入地分析、充分揭示和综合处理;为了反复多次地传递,又必须对文献进行管理和典藏。图书馆的其它工作,如党、政、后勤等,无一不是围绕读者服务工作而展开的。可见,读者服务工作是图书馆一切工作的出发点和归宿,是图书馆一切工作的中心环节。

(二)读者服务工作直接体现了图书馆的性质、职能、方针、任务 图书馆的性质(社会性、学术性、教育性、服务性)只有通过直接面向读者的服务活动才能体现出来,其体现的程度,完全取决于读者服务工作满足读者需求程度;图书馆的职能(传递科学技术信息、开展社会教育、丰富群众文化生活、保存文化遗产)也是通过读者服务工作而得以体现。试想,图书馆若离开馆藏文献的开发利用,离开直接为读者服务的工作,那么图书馆也就没有存在的价值;我国图书馆工作的基本方针,是为人民服务,为社会主义服务。图书馆工作的基本任务是为社会主义物质文明和精神文明建设服务。所有这些都要落实到图书馆的各项工作中去,但主要是通过为读者服务的一系列活动来加以体现,否则,再丰富的馆藏,再先进的方法和设备,不开展读者服务工作,图书馆的方针,任务只能是纸上谈兵。

由此可见,读者服务工作在图书馆工作中占有头等重要的地位。

二、读者服务在图书馆中的作用

(一)读者服务工作直接反映了图书馆的效益

1. 经济效益 图书馆工作虽不属国家企业范畴,但它的职能和任务都是通过读者服务工作服务于经济建设的。任何企、事业部门,要想提高经济效益,就必须求助于文献系统,利用各种信息载体,查阅技术资料,收集有关参考数据。如一项重大工程上马,一种尖端技术研究课题的立项,一种新产品的开发和利用等等,所有重要决策,都离不开信息系统提供全面翔实的资料。对于图书馆来讲,这些资料对满足读者的需求程度,主要是取决于读者服务的水平。如果能满足读者的这些需求,并使读者在生产实践中得以应用,就必然会产生一定的经济效益。

2. 社会效益 古往今来,许多卓越的革命家、科学家、文学家等几乎没有一个不是充分利用图书馆的重点读者。马克思利用大英博物馆的文献写下了不朽的著作——《资本论》。列宁曾经是伦敦、巴黎、柏林、慕尼黑、日内瓦等图书馆的热心读者。甚至在坐牢的时候,他姐姐还从图书馆给他借书看,由于他从图书馆借读了许多书,才写成了《俄国资本主义的发展》的巨著,同时还能很好地研究当时工人和农民的生活。从而,成了人所共知的列宁。可见,图书馆的社会效益,都必须通过读者服务工作才能发挥出来。

(二)读者服务工作是衡量检验图书馆业务工作的尺度　一方面,一般情况下,读者往往以读者服务工作的优劣来评价一个图书馆工作质量的好坏;另一方面,图书馆的其它业务工作,必须通过读者服务工作才能得到检验。例如采集的书刊数量和质量如何,哪些有用,哪些多余,又有哪些缺藏;分类,编目是否正确,目录体系是否健全和完善;藏书的管理是否科学系统;规章制度是否合理等,所有这些都能在读者服务工作中得到衡量和检验。

(三)读者服务工作在馆藏文献与读者之间起着桥梁和纽带作用　文献是图书馆读者服务工作的物质基础,读者是读者服务工作的灵魂。如何使文献被读者广泛利用,如何做到最大限度地满足读者对文献的需求,读者服务工作在馆藏文献与读者之间起着桥梁和纽带作用。它是解决二者之间所存在的矛盾。即解决读者阅读需求的无限性与馆藏文献有限性之间的矛盾;是解决读者需求的专门性与文献的复杂性之间的矛盾;是解决读者需求的个别性与资源共享的公共性之间的矛盾等等。读者服务工作做得好,就可以使馆藏文献与读者相互沟通,紧密相连,读者的需求就可以转化为文献的充分利用。

(四)读者服务工作是图书馆两个文明服务的窗口

1.物质文明服务的窗口　一方面它可以促进科学技术的发展要想实现我国社会主义现代化建设的宏伟目标,问题的关键在于科学技术的现代化,这就需要加强科学研究,提高科技水平,将最新的科学技术应用到四化建设中去。要进行科学研究,就要查阅有关文献,特别是当今世界正处在以信息开发为主导的新的技术革命时代,各种知识信息以爆炸般剧增,任何个人都不可能去广泛搜集有关文献,只有借助于图书馆的读者服务工作才能准、全、快地获得。这样就可以节省读者查阅文献时间,从而可以多出成果、快出成果、促进科技的发展及物质文明的建设。另一方面为培养社会主义建设人才提供了物质条件。进行四化建设,就必须要提高全民族的科学文化水平,需要大批专门人才,这要通过发展教育事业来解决,发展教育事业有两种途径,一是办学校,二是自学。人的一生中,在学校学习的时间很少,学的知识有限。知识的增加、深化和更新,主要靠自学。由于图书馆可以为广大读者提供丰富的馆藏文献,良好的学习环境和周到的服务,因此,图书馆是一个非常理想的自学场所,它可以通过读者服务工作,满足读者的需求,不断提高广大读者的科学文化水平,为我国的四化建设培养大批专门人才提供较好的物质条件。

2. 精神文明服务的窗口 图书馆的读者服务工作,通过向读者进行优秀书刊的流通、辅导、宣传对读者进行共产主义思想教育和宣传党的路线、方针、政策,对读者产生积极的教育效果,促使更多的读者成为有理想、有道德、有文化、守纪律的劳动者,从而,促进我国社会主义精神文明的建设。

第三节　读者服务的内容及方式方法

一、读者服务的内容

图书馆读者服务内容主要有:文献流通服务、信息服务、读者教育、技术服务。

(一)文献流通服务 文献流通服务是图书馆读者服务中最经常、最基本的内容,它也是读者服务中工作量最大的一部分工作。主要是根据读者阅读需求,直接为读者提供馆藏一次文献。有时也进行二次文献的传递,如文摘杂志、专题书目、联合目录、新书报道等。文献流通服务主要包括:外借、阅览、馆际互借、馆外流通等。

(二)信息服务　信息服务是根据读者需要提供有用信息的活动。一般向读者提供的内容多是经过选择加工的或分析研究的有益信息,因此,具有明显的二次性。信息服务的特点是在广泛的资料基础上,精选有用的信息,及时提供给最需要的读者,做到广、快、精、准。信息服务包括:参考咨询服务、文献报道服务、定题服务、信息研究服务和编译服务等。

(三)读者教育　读者教育是帮助读者获得最有效地利用图书馆资源的方法的服务。为了提高读者服务效率和更有效地吸引读者利用馆藏文献,就必须从根本上帮助读者自己掌握打开图书馆知识宝库的钥匙,使之成为积极主动利用图书馆的读者。图书馆的读者教育是经常性的工作。读者教育主要是通过图书宣传、阅读辅导、文献检索课、讲座、参观、编写图书馆使用手册等方式,向读者传授利用图书馆的知识。文献知识、文献检索知识、参考工具书的使用方法以及各类文献资源介绍等。

(四)技术服务　技术服务主要指文献复制服务和视听服务。

1.文献复制服务　文献复制服务有两种形式,一是缩微复制及缩微阅览服务,一是静电复制文献资料服务。

(1)缩微复制及缩微阅览服务　主要是利用专门设备代为读者缩摄非馆藏文献;为读者提供馆藏珍贵文献资料缩微器;利用特定的阅读设备为读者提供缩微型文献的阅读服务。

(2)静电复制文献资料服务　按个别读者提出的特定文献需求进行单篇单份馆藏原文文献复制,或根据社会性需要,按专题、课题、系统地、成批地复制最新文献,经过加工整理,提供给有共同需要的读者群参考利用;利用专门化设备为读者复制非馆藏文献。

文献复制,可以节省读者获得文献的时间和精力,加快了文献的传递速度,也满足了读者对特定文献的占有与利用的需要,妥善地解决了保存与使用文献的矛盾,普遍受到读者的欢迎。

2. 视听服务　视听服务也称声像服务。其主要内容有:

(1)向读者提供声像资料的外借服务。

(2)在馆内开辟专门的视听室或在馆外利用放映设备,为读者提供视听服务。声像服务可以为读者提供较书刊更为直观形象的知识、信息、传递速度快。

由于文献复制和视听服务比传统的借阅流通服务有着更多的优势,并具有其独特的功能,因此,普遍受到我国各类型图书馆读者服务工作的重视和采用。

二、读者服务的方式方法

(一)按服务读者的方式分

1. 个别服务　如个人借阅、个别阅读指导、个别解答咨询等。

2. 集体服务　如集体外借、集体性的阅读指导等。

(二)按阅读指导和图书宣传的方式分

1. 口头宣传　如口头推荐图书、口头解答咨询、口头阅读指导等。

2. 文字宣传　如书目报道、书面解答咨询、文献检索的文字宣传材料等。

3. 直观宣传　如书刊展览、幻灯、录像等。

(三)按文献流通的方式分

1. 外借服务　如个人外借、集体外借、馆际互借、预约借书、邮寄借书、馆外流通借书等。

2. 阅览服务　图书馆的阅览室种类很多,归纳起来主要有:普通阅览室、专门阅览室、研究室等。

3. 复制服务　主要有缩微复制和静电复制两种。

4. 馆际借阅服务。

5. 馆外流通服务 主要采用图书流通站、巡回流通车的方法。

（四）按文献提供的方式分：闭架提供、开架提供。

（五）按对读者服务的层次分：初级服务、中级服务、高级服务。

1. 初级服务 主要是满足读者对原始文献即整本或整篇文献的挑选及获取阅读的需要。不需对文献进行特殊的深加工处理，只需满足对文献品种，数量的需求及为读者在时间、空间及使用方式上提供方便条件。具体包括外借、阅览、复制等三种服务方法。

2. 中级服务 主要是帮助读者解决有关文献咨询、检索和调研问题，满足读者对一次和二次文献的需要。揭示和编制具有一定深度的文献。它包括咨询服务、检索服务、定题服务、报道服务、展览服务、编译服务等方法。

3. 高级服务 主要是代替读者在科研、管理活动过程中有关信息交流、信息研究的前期劳动中，编制、提供有重要信息价值的三次或多次文献。它主要包括信息服务。

（六）按直接经济效益分：有偿服务、无偿服务。

以上各种服务方式方法都有各自的功能和条件。并都发挥着读者服务整体的综合效益。

当今社会要求图书馆的读者工作人员要具有紧迫感、责任感和使命感，改变以往"看门人"的形象，积极主动地为读者服务，将会不断开拓出新的服务方式和方法。

第四节 读者服务的发展趋势

从我国图书馆读者服务发展的全局看，读者服务将呈现以下的发展趋势。

一、服务态度主动化

由于图书馆由"重藏轻用"向"以用为主"的方向转化,读者服务工作也随之由静态转向动态。将改变过去那种单纯地守着书库,读者查目,工作人员进库找书被动提供文献服务的局面,转为主动提供文献。如设置专门阅览室,根据读者需要配备不同内容的文献,实行开架借阅。并主动开展其它服务,如根据工农业生产的需要,主动送书上门;举办图书宣传展览;开展阅读辅导等等。

二、服务方向社会化

图书馆将提供没有围墙的服务。即读者服务对象,不仅限于本单位本系统的读者,将更加面向社会,面向广大读者;任何一个图书馆的馆藏文献不再是一个馆的私有财产,而属全社会。将打破各自为政,条块分割的状态,图书馆的读者服务工作将加强横向联系,建立起馆际互借关系,组织网络化群体,不仅国内广泛开展馆际互借,实行资源共享,同时也将加强与国外文献资料的共享。图书馆的读者服务工作将在提高全社会的文化水平和知识水平上发挥更大的作用,越来越成为全社会文化教育的重要组成部分。

三、服务内容信息化

由于新技术革命的冲击,形成了社会信息化,因此,图书馆的读者服务工作就必须满足他们对信息的需求,参考咨询服务内容逐步向信息方向发展;普遍开展文献的定向、定题检索服务;开展技术预测、国外信息研究。为读者提供文献的类型,不仅限于书刊,还要提供科技报告、产品标准、会议录、专利等时间性强有针对性的信息资料,同时,还要提供经济信息、市场信息,直接参与扶植乡镇企业,提供新产品开发、市场预测、市场销售信息、金融信息、技术经济信息,为实现"星火计划"服务。

四、服务方式多样化

由于社会的变革和科学技术革命的突飞猛进,图书馆的读者对馆藏文献的需求量大、范围广、针对性强,促使图书馆的读者服务工作,必须改变单一的借阅方式。除传统的开架借阅、延长开馆时间、集体外借方式外,还将不断地改进和探索新的服务方式,增加各种文献载体的信息服务。开展以多次文献信息的调研、揭示、报道、编译、定题等内容的综合性服务。

五、服务手段现代化

面对日益增长的文献量,读者服务工作单纯依赖手工传递文献的原始手段已经很难满足读者的需求。目前,电子计算机和通讯技术在我国已有了较大的发展,有的大型图书馆的读者服务工作,已采用计算机进行检索,编制出书目索引和文献借阅流通管理,大大提高了服务效率。因此,我国图书馆的读者服务工作将从手工操作过渡到以使用计算机为中心的,包括通讯、缩微、复制等在内的电子自动化,这将成为我国图书馆读者服务发展的趋势之一。

六、读者服务有偿化进一步扩大

知识和技术作为劳动产品,这是信息时代的标志之一。图书馆的读者服务工作所从事的文献情报工作,正是对原始知识进行加工后而产生的新的知识产品,它同物质产品一样,具有使用价值,是一种特殊的知识形态的商品,深受广大读者的欢迎。因此,我国有些图书馆的读者服务工作已经开始研究知识商品的流通规律,讲求经济效益,开展了有偿服务,并产生了较好的社会效益和经济效益,不仅满足了读者的需求,而且为图书馆开辟了财源,增加了图书馆自身的造血功能,补充了图书馆经费的不足,为调动工作人员的积极性,为增加文献扩大流通提供了有利条件。因此,扩大有偿服务将是图书馆读者服务工作的发展趋势之一。随着图书馆有偿服务的全面铺开,目前已经出现了不少管理方面的新问题、新情况,当务之急是把注意力从读者服务有偿已不是"该不该,能不能"之争,尽快扭转到对有偿服务的研究和探索上,正确处理好有偿服务与无偿服务的关系,制定出切实可行的办法,避免不择手段的一味"向钱看",而背离读者服务的方向,使图书馆的有偿服务沿着健康正确的轨道前进。

七、服务人员专业化

现代图书馆的读者服务人员已不是传统的你借我取,你还我收和简单被动服务,而是要回答读者问题,主动向读者介绍、推荐图书、进行图书宣传和阅读指导,向读者提供信息服务等。要做好读者服务工作,人员的专业化是主要因素。因此,从图书馆的领导者来讲,必须加强读者服务工作人员专业的培养,大力抓好在职培训和进修;从工作人员本身来讲,要不断地进行自身业务建设,努力学习新知识、掌握新技术,使自己不仅具有较广博的文化知识、文献知识,而且还要有熟练的业务技能,熟悉馆藏、熟练掌握和应用本馆使用的各种文献标引、检索工具等,使自己的思维能力和工作能力逐步达到专业化,跟上时代的步伐,从而做好具有时代特色的图书馆的读者服务工作。

总之,形势驱使我国图书馆的读者服务工作正由封闭型向开放型,由传统型向现代型,由被动型向主动型,由间接服务型向直接参与经济型,由无偿服务的事业型向无偿服务与有偿服务相结合的企事业型方向转变。而目前,我国图书馆的读者服务工作,大部分仍处于封闭式的单干作业、服务被动、方式单一、效率低、效益差,传统落后的手工服务方式占据着主导地位。因此,我们一定要提高对读者服务工作发展的认识,解放思想、更新观念,采取有力措施,使我国图书馆读者服务工作的作风、内容、方式、手段等都要紧紧迎合其发展趋势的需要。

第八章　文献的流通服务

　　文献的流通服务是指图书馆根据读者的阅读需求,直接提供馆藏文献供读者利用的服务活动。从古代藏书楼演变到近代图书馆,最突出的标志就是通过各种流通方式将藏书提供给读者使用。文献的流通服务是图书馆最基本、最经常的服务方式。

　　文献的流通是联系文献与读者的中间环节,要想使图书馆收藏的各种文献发挥作用,关键在于积极地向读者传递文献,使文献充分地被利用。这项工作的状况和效果是衡量文献利用程度的尺度,也是衡量整个图书馆工作好坏的重要标志之一。

　　文献流通工作内容包括外借、阅览、馆际借书、馆外流通等。

第一节　文献的外借服务

　　文献的外借是指为满足读者阅读需求,通过一定的手续,允许读者将文献借出馆外,进行自由阅读的方法。这是图书馆文献流通的基本方法之一。图书馆通过这一方法将文献借到读者手中,使馆藏发挥作用。

　　外借部门是图书馆工作的最前沿,在日常工作中,工作人员经常与读者接触,能了解读者阅读需求状况、发展趋势,可以了解读者队伍的基本情况。这些情况反馈到各个部门,对整个图书馆工作都是有积极作用的。

一、外借工作的要求

文献的外借一般是提供原始文献。图书馆每天要接待许多读者借还图书,工作复杂而繁忙。这项工作的要求首先是迅速,即用最快的速度,最简便而科学的方法,使读者借到他所要求的文献。第二个要求是准确。就是根据读者的需求特点,准确提供文献。这里准确的含意还包括从书库中提取文献、借阅手续及借阅记录的准确性。外借工作要按一定的规程和制度进行,避免工作中的混乱和差错。

二、外借方式

(一)个人外借 读者以个人的名义直接向图书馆借书叫个人外借。读者的要求千差万别,兴趣爱好各不相同。通过外借使每个读者借到自己需要的文献。个人外借是图书馆外借的主要方式。

(二)集体外借 以小组读者或单位部门读者向图书馆借书叫集体外借。这种外借方式的好处是能够根据读者需要合理分配图书,保证了外借图书的针对性和计划性。由小组、部门的代表作为集体外借的联系人到图书馆办理集体外借手续,一人借书,多人利用,节省了大家的借书时间,提高了文献的利用率。同时便于由于各种原因不能来馆借书的读者利用图书馆藏书。

集体外借要求借书单位必须有专人负责,对集体外借的范围、图书的种数、册数也要有适当的限制。开展集体外借要特别注意防止形成自流和无人管理的状态。图书馆要尽可能检查和协助他们做好管理工作。

(三)预约借书 预约借书是图书外借的一种补充方式,一般只用于个人外借。

当读者迫切需要的文献已经借出或新到馆的文献正在分编加工，或因展览等原因不能外借时，可以采取预约借书的办法。保证预约者在该书上架时首先借到。

凡预约的文献资料到馆后，图书馆应及时通知读者来馆取书当读者接到通知后，要在规定的时间内到馆里办理借书手续。一般保留三天，过期不来取书，不予保留。

开展预约借书，能解决读者某些阅读需要，有助于提高文献的流通率，充分发挥藏书的作用，是一项很有意义的工作。当然，开展这项工作，增加了文献流通工作的复杂程度，不宜全面展开。一般是有重点地进行。所谓重点，一是指重点读者的阅读需要，二是指重要文献。重点读者的需要包括科学研究、教学、生产部门技术骨干的需要与重点项目、重点课题的需要。重要文献指一些使用价值高、反映重要科学技术成果、出版时间较新的著作或重要史料等。普通读者争相借阅的文艺小说，则不必开展预约借书。

三、借书手续、借书记录及排列方法

（一）借书手续　借书手续既要迅速简便地把文献借给读者，又要有一套严格的制度与方法，使工作有条不紊地进行。读者根据目录查出自己要借图书的索书号和书名填好借书条，连同借书证一起交给工作人员，由工作人员按照借书条进库选书。如果是开架借书，则由读者自己进库选书，然后填写借书条，连同借书证一起交给工作人员，经工作人员核对后方可借出馆外。

（二）借书记录及排列方法　图书借出以后，工作人员须将书袋卡、借书证、借书条分别排列起来，做成借书记录，以备图书归还或进行统计时查用。

完善的借书记录应能回答下列三个问题：

第一，某读者借去了哪些书，反映一个读者借书情况。

第二，某书被谁借走了，反映图书的去向。

第三，哪一天应该有哪些书归还，反映图书的借还日期。

为了回答这三个问题，各图书馆根据自己的情况分别采用单轨制、双轨制、三轨制的排列方法。

1.单轨制排列法　单轨制排列法是将书袋卡与读者借书证夹在一起，排成借书记录。单轨制的排列方法有三种：一种是按还书日期排，同日期内再按读者借书证的号码排。这种方法只能查出哪天有哪些书应该归还，但不能查出某本书的去向，急需的书无法催还。因此采用这种方法无法进行预约借书。但这种方法手续简单。另一种方法是按照索书号排列。这种方法能迅速查到某种书的去向，但查不出哪天应有哪些书到期，也查不出某读者借了哪些书。第三种是按借书证号排列。这种方法能查出某读者借了哪些书。

2.双轨制排列法　把借书证和书袋卡分别排成两套记录，叫双轨制排列法。具体排列方法有两种：一种是书袋卡按索书号排，借书证按还书日期排，同日期内再按借书证号码排。这种方法能查出某书的去向，某天应有哪些书该归还；另一种排列法是将书袋卡仍按索书号排、借书证按其号码排。这种方法可查出某书的去向及某读者的借书情况，但不能查出哪一天应有哪些书归还。

3.三轨制排列法　把书袋卡按索书号排、借书证按其号码排，索书条按还书日期排。这样能分别回答上述提出的三个问题，是较完善的借书记录。但这种排法手续烦琐，一般图书馆很少使用。计算机用于流通工作，可由计算机自动排序，三轨制回答的问题可全部由计算机作出答复。

四、文献的提供方式

在文献流通工作中，文献提供方式关系到藏书能否充分利用，读者能否方便地使用，也关系到工作人员的工作效率。

文献提供方式概括起来有两种：即开架方式和闭架方式。开架方式中又有全开架和半开架之分。

（一）闭架方式　闭架方式有利于藏书的保护。在注重保存图书的情况下，图书馆大多采用闭架方式。采用闭架方式，读者不能直接到书架上挑选图书，必须通过目录和馆员作媒介，才能借到图书。因此，不仅手续烦琐，等候取书的时间很长，而且，读者仅凭目录很难了解一种书的全貌。所以，在闭架情况下，借出的图书带有很大的盲目性，常常不是最符合读者需要的。此外，工作人员在闭架的情况下忙于进库取书、归架，工作量很大，很难抽出时间和精力开展更深层次的工作。

（二）开架方式　开架方式较之闭架方式有很多优点，读者可以直接进书库，随意浏览，可以自由选择所需要的图书，不再需要经过目录和馆员作媒介。因此，可以减少闭架借书时的盲目性，并可简化手续，缩短借书时间。能拓宽读者视野，提高阅读的积极性，吸引更多的读者利用图书馆藏书。读者在以内容为依据排列的开架书库中，除直接选择图书外，还接触到许多原来所不了解的图书。开阔了视野，启发了潜在需要，增长了知识，扩大了阅读范围。另外，许多边缘学科，新兴学科的图书在闭架时往往不被读者注意，有些书名不能反映内容，也不易被读者了解，借阅率很低，甚至长期压架。由于开架，藏书广泛接触读者，许多未被利用的图书找到了合适的读者。扩大了图书的流通范围。开架借阅也使图书馆工作人员从繁忙的进库取书劳动中解脱出来，有更多的时间接近读者，了解读者的阅读需要，开展宣传辅导和信息咨询等工作。

开架方式有如上优点，但也存在不足。主要是乱架、破损和丢失，不利于藏书的保护。

开架的优点正是闭架的缺点，开架的缺点正是闭架的优点。两种文献提供方式各有长短，但从便利读者，充分发挥藏书作用来看，开架的优越性远远大于闭架。新书、常用书及读者较少的单位，应尽可能开架。

132

（三）半开架方式　所谓半开架方式,即读者只能看到排列在书架上的图书脊背,书架表面装有金属网或透明玻璃。读者可望而不可取。读者通过书脊初步选定所需图书后,再由工作人员取下借给读者。这种方式可使读者省去查找目录,填写借书条,等候取书手续。半开架图书一般是将流通率高的图书放到半开架书架上去。在半开架书架上必须有醒目的图书类目标记,以便于引导读者查检所需图书。

第二节　文献的阅览服务

文献的阅览是指图书馆利用一定的空间设施,组织读者开展文献阅读活动的服务方式。

一、文献阅览的特点

（一）阅览室有安静的学习环境,为读者学习、研究提供了良好的场所。

（二）读者在阅览室可以利用许多不外借的文献,如工具书,特种文献、现期期刊、古籍善本等。这对渴求知识的读者来说,有很强的吸引力。

（三）读者在阅览室里可以同时利用多种文献。有时读者只需查阅文献中的一个段落、一个数据、一个图表或期刊中的一篇文章,如果全部采用外借方式、费时费力。而在阅览室里读者可广泛查阅各种文献资料,在开架情况下更为方便。

（四）读者在阅览室,特别是开架阅览室,可以看到许多文献,这些文献一般是按学科内容分类排架,不仅便于读者全面了解本专业的文献情况,还可以使读者广泛涉猎其它相关学科的文献,从而开阔视野,充实和丰富自己的文化科学知识。

（五）阅览室工作人员有较多接触读者的机会,这便于系统观察和了解读者的阅读需要、阅读倾向和阅读效果,便于有针对性地进行文献推荐,指导阅读。可以辅导读者利用各种检索工具查找文献,还可以及时了解服务效果,以便有针对性地开展服务工作。

（六）阅览室的文献周转快,在短时间内相同的文献可以被多人利用。

阅览室虽然有上述许多优点,但也有一定的局限性。例如,读者只能亲自来馆才能利用文献,开馆有一定的时间限制等。

二、阅览室的类型

阅览室有很多类型。归纳起来大约有三种:普通阅览室、专门阅览室,研究室。

（一）普通阅览室　普通阅览室是综合性阅览室,供来馆的各类读者使用。配备常用性文献,范围综合广泛。一般选择知识性强和以宣传教育性为主要内容的优秀图书。如马列主义经典著作、各学科的基础读物、权威性著作和各种参考工具书。普通阅览室是开展宣传教育的重要阵地,它应配合各项中心任务。利用文献广泛地进行宣传教育活动。普通阅览室也是辅导阅读的阵地,工作人员可以利用各种工具书或检索刊物,帮助读者查找资料,解答读者提出的遇到的咨询问题,或向读者推荐优秀图书。

（二）专门阅览室　为特定读者对象的不同需求而设立的专门阅览室,是各图书馆阅览服务的主体部分。根据学科知识、读者对象以及文献载体类型和语种,专门阅览室可分为四种:

1. 按学科划分的阅览室　按学科划分的阅览室也称分科阅览室。它集中了某一学科或学科相近的几个学科的文献,供读者按学科门类来查找和利用文献。如科学技术阅览室、社会科学阅览室、文艺书刊阅览室等。

分科阅览室的设置使阅览室朝专业化方向发展。这是图书馆阅览工作发展的趋势。分科阅览室是开展系统学习、进行科学研究的基地。

分科阅览室的主要服务对象是科技工作者或高校师生。它的藏书是本学科的中外文理论和技术专著及相关的著作。并藏有本专业的工具书,如专业辞典、年鉴、手册、科技文献检索刊物等。这样,读者来到阅览室后,既可以广泛地阅读各种一次文献,也可以利用二次文献去查找本专业的文献。

分科阅览室要开展阅读辅导工作,重点是检索方法的辅导及新书、新刊、新成果的推荐。此外,还要根据读者提出的各种咨询问题,利用各种工具书给予解答。还可以根据本专业的客观需要,编制有关专题的书目、摘录等。

分科阅览室的工作人员应具备较高的水平,除具备图书馆学、目录学的知识外,还应懂得该专业的一些专门知识。只有这样,才能胜任分科阅览室的工作。

2. 按读者对象划分的阅览室　　按读者对象设置阅览室的目的,是为了有区别的为某一类读者服务,便于根据他们的特殊需要开展服务工作。按读者对象设置的阅览室有教师阅览室、学生阅览室、少儿阅览室等。

教师(包括研究生)阅览室主要提供教师和研究生教学或科研需要的参考文献。有的图书馆将样本库或文献检索室附于教师阅览室内。这样可使教师、研究生看到馆藏中最全的图书品种,便于利用各种检索刊物查找文献,这对教学科研是十分有利的。

学生阅览室是高等学校为满足学生自学或阅读教学参考书而设置的阅览室。学生阅览室除配备各种教科书、教学参考材料外,还应配备各基础学科、综合学科、新兴学科的文献,以丰富学生知识。学生阅览室应尽可能增加开放时间。应编制各学科的导读书目、课程推荐书目等。

少儿阅览室专供少年儿童学习利用。少儿阅览室应根据儿童不同年龄的特点,配备不同的图书、画册、连环画及报刊等。并适应孩子的特点开展各种有益的读书活动。

(三)按文献载体类型设置的阅览室　随着文献类型的发展和增长,按文献载体类型设置的阅览室有增多的趋势。这种阅览室有:报刊阅览室、古籍善本阅览室、特藏阅览室、缩微资料阅览室、视听资料阅览室等。按文献载体类型设置的阅览室,是为了专门管理和集中使用类型特殊的文献,满足读者对某些文献类型的系统利用。有些非书载体的文献,如缩微资料、视听资料等需要专门的保管和加工条件、特殊的阅览设备。必须同纸张载体加以区别,方能符合它们本身的性能,更好地发挥作用。

(四)按文字划分的阅览室　按文字划分设置阅览室的目的是为了便于懂外文的或少数民族语文的读者研究利用,同时也便于工作人员管理。这种阅览室有外文文献阅览室、少数民族语文书籍阅览室等。

三、研究室

一些大型图书馆设有研究室,为从事某项专题研究的学者、专家服务。研究室一般规模较小,是根据科研课题的需要临时设立的。待一项科研任务结束后,研究室即予撤销,或转归其它研究课题使用。研究室可根据科研任务的特殊需要,从书库中提取有关的专门文献放在研究室中使用,研究任务完成后,仍归还书库。

阅览室的种类虽然很多,但不是每个图书馆都设这么多阅览室。一般来讲,中小型图书馆只设普通阅览室和报刊阅览室,大中型图书馆可设置一些专门阅览室。分科阅览室虽然方便读者,但设置过多会使藏书和人力分散。因此,图书馆要根据本馆的具体情况、读者的实际需要、藏书基础及房屋、设备、人员等条件实事求是地确定阅览室的设置。

第三节　馆际借书服务

馆际借书又称馆际互借。是指图书馆之间利用对方的藏书来满足读者需求的一种服务方式。

馆际借书可以满足读者的多种需求。各图书馆由于本身性质所限，即使藏书比较丰富，也难收尽国内外的各种文献，很难满足读者多种多样的需求。因此，当读者特别需要某种文献，而本馆未入藏时，可通过馆际借书的办法互通有无，以充分满足读者的需求。这种借书形式，不仅运用在地区范围和全国范围内馆际间，而且发展到国际范围内馆际间，打破了文献流通的部门分割界限，也打破了读者利用馆藏文献的空间范围界限。所以，馆际借书是充分发挥藏书作用的有效措施，也是实现资源共享的重要手段。

有些地区在各类型图书馆之间不仅开展馆际借书，而且开展馆际阅览工作。他们为科技人员发放本地区范围内的通用阅览证，读者可到各图书馆的阅览室去阅读文献，这种做法颇受读者欢迎。

建立馆际借书的图书馆，对互借文献的范围、办法等应共同协商，制定馆际借书规划。其主要内容包括建立馆际借书的目的、馆际借书的对象、共同遵守的权利和义务、互借关系的有效期限、馆际借书手续、借书范围、数量期限以及损坏、遗失的赔偿办法等。

馆际借书工作分借入和借出两部分。

一、借入图书

读者因科研、生产或教学急需，而本单位确实缺藏，可以申请向馆外借阅，具体办法是：

（一）读者填写馆际借书单，借书单包括：书名、作者、出版者、出版日期。由本单位图书馆向外函借。借书单还要填写借书人的姓名、单位,以便借到图书后,通知借书人。

(二)所借图书到馆后,应在借书回单上加盖公章及时寄回出借单位。如收到对方缺藏回函,也应及时通知借书人。

(三)读者取书时,要仔细检查图书有无污损,如果有,工作人员应如实记录,并告知读者应注意的事项。

(四)借书期限按出借单位的制度执行。

二、借出书刊

(一)书刊借出前,由借书馆填写馆际借书单,每书一式三份。并加盖馆际互借章和联系人签名。将借书单正副联交出借单位。

(二)借书期限一般是一个月,如需续借应在到期前来函说明,可续借一次,逾期不还者应及时通知借书单位负责催还,并应有一定的规章制度制约。

(三)所借图书原则上以该单位的科研、生产、教学急需为限,普通读物不开展馆际借书。孤本及善本等珍贵文献不予外借。

(四)还书时应注意查对是否原书刊,有无污损、缺页、撕毁等情况。收到借出书刊后,应将借书单及时注销。

第四节 馆外流通服务

馆外流通是图书馆深入基层的主动服务方式。采用图书流通站、流动车、送书上门等形式,图书馆抽出部分书刊送到工厂、农村、学校、机关或各种活动场所,为不便来馆借书的群众服务。馆外流通是扩大图书馆服务面、活跃群众文化生活,密切图书馆与群众联系的重要方式。公共图书馆和基层图书馆经常采用这种服务方式。它能使更多的读者了解图书馆,利用图书馆,对提高全民族的科学文化水平,对科研、生产都具有重要作用。

馆外流通有如下主要方式:

一、图书流通站

为了扩大服务、提高服务的覆盖面,公共图书馆在本馆所属的服务范围内,在一些缺少书刊的工厂、农村、学校、居民点等人口集中的地方建立图书流通站。建站时要取得当地领导重视,并取得共青团、工会、妇联等群众组织的支持和帮助,同时依靠热心图书馆工作的业余图书管理员开展活动。图书馆要挑选实用性强、思想性强、内容生动活泼、具有科学价值的各类书刊借给图书流通站,再由流通站的业余管理员借给广大群众。

图书流通站的工作依靠业余图书馆管理员进行,因此必须选择思想好、热心为群众服务、具有一定文化水平的人担任这项工作。图书馆要抽出一定的人力经常深入各流通站进行辅导,帮助他们总结经验。还要定期不定期地举办业余管理员培训班或经验交流会,以提高他们的业务能力,推动流通站的工作不断深入发展。

图书流通站的图书要切合读者的实际需要,并经常调换更新,只有这样才能吸引群众,得到群众的欢迎。

二、巡回流通

图书馆利用汽车、三轮车等交通工具,将政治、文化、技术、文艺等各类图书送到距离图书馆较远的农村、厂矿等边远地区,满足因条件限制不能来馆借阅图书的群众的阅读需要。这种形式的服务占用图书馆人力不多,但能灵活地为广大地区群众服务。因此,是一种扩大图书流通范围的有效的馆外流通方式。

流动书车采用定时定点的办法巡回送书,一般在事先确定好巡回送书路线,各定点掌握了流动书车到达的日期后,可事先准备好要归还的图书,等书车到来后,归还看过的书,再借另外的图书。

有的图书馆将这项工作与流通站结合起来,为图书流通站定期更换图书,并辅导流通站开展各项活动。

三、送书上门

这种服务方式主要用于重点单位,重点科研项目。通过送书上门,进行定题服务,效果显著。另外这种方式也用于一些残疾、工伤等不能来馆借阅的读者。

各种馆外流通方式,各有其特点和作用,各馆要根据读者的不同情况及本馆藏书条件,因地制宜地采用不同的方法开展馆外流通工作。

第九章　信息咨询服务

　　信息咨询,传统的说法为参考咨询,系指服务人员利用专门知识,通过使用工具书解答读者的提问,同时辅导读者索取文献,利用信息的一种活动。这项工作属于读者工作范畴,是图书馆服务工作的一项重要内容。

第一节　信息咨询服务的意义与作用

　　信息咨询工作是现代化图书馆的标志之一。从图书馆的发展历史看,相对于采访、编目、流通等工作,信息咨询是发展较晚的部分。然而,随着时代的发展,其重要性已逐步得到人们的认可。

一、充分发挥文献的使用价值

　　图书馆的业务工作分为两部分:一是以文献为主要工作对象的收集、整理、保管;二是文献的提供利用。文献的采访、编目和保管可称为"藏",是图书馆建设的物质基础。文献的流通、阅览可称为"用",是发挥图书馆物质基础的使用价值。现代图书馆越来越重视后者功能的发挥。图书馆千方百计的搜集、整理、保管文献,其主要目的是为了读者使用。所以"用"是图书馆藏书的主要目的。不善于"用",就失去了藏的意义。但如果仅限于等待读者上门，来借还图书，那是远远不够的。还要向纵深发展，既需要主动搜集、提供和推荐各种文献，也需要进一步挖掘文献的潜力及其使用价值，进行若干文献的报道和反映，及时传递信息，为科学研究提供高质量服务，充分发挥文献的作用。要做到这一点，应该说信息咨询是必不可少的一项重要工作。

二、为科研服务的重要环节

现代科学的规模越来越大，学科越来越多，尖端科学、边缘科学和综合科学不断兴起，高度专业化带来了高度综合。由此促使科学文献急剧增加，加上文献出版方式与类型越来越多样。出现了所谓"知识爆炸"。这就必然出现一个难题，而在浩瀚如海、巨集迭卷的文献中，查找资料岂不是大海捞针？而且学术内容相互交错，一个科研课题不但要查本专业的文献，并要从综合性书刊中去找。据调查，科研人员进行研究查找文献就用去 1/3 ~ 1/2 的时间，他们面对纷纭复杂的文献难以充分利用。他们要费时间和精力去查找，而且常走弯路。因此，迫切需要图书馆解决这一矛盾，而图书馆的信息咨询工作就是为解决这一矛盾而展开的。图书馆的咨询人员是广大科研人员的得力助手，以解答咨询、协助检索和主动报道等方式，减少科研人员在搜集查找文献方面所花的大量时间和精力。使科研人员用较少的时间获得较多的有用文献，这就间接地增加了科研力量，起到了加速科研进展，提高科研水平的作用。

三、辅导读者阅读的重要手段

现代图书馆读者，特别是对图书馆了解不深的读者，在读书过程中，在利用图书馆寻求知识的过程中，会遇到许多困难。例如，在阅读过程中，对书上的某些生僻字、某些专门名称不了解，不懂得；对某些人名、地名、朝代名缺乏清晰的概念和有关的详尽知识；

对某些引言、理论性的名言、警句、结论、学说不知道其原来的出处和背景。凡此种种都成为进一步深入阅读的障碍。如不予以妥善解决，小则影响读者的阅读学习质量，大则会使读者对读书生畏，望而却步。但像这类问题，如果了解图书馆的收藏，会使用图书馆书刊，解决起来并不困难。读者自己解决这些问题的困难在于对文献不熟悉。但图书馆咨询人员由于专业化分工，专司其职，却有可能最迅速、最完整地解决这些问题。因此从咨询工作来说，它是辅导读者阅读的重要手段。其意义在于帮助读者解决阅读中需要解决的问题。

第二节 信息咨询服务的类型

信息咨询服务按读者所提问题的性质，可分为事实性咨询服务、专题性咨询服务和导向性咨询服务三种。

一、事实性咨询服务

事实性咨询是指读者关于某一具体知识的提问，这种知识大多有比较成熟、稳定的内容，表现为"事实"，故称为事实性咨询。又因为这些提问所涉及的知识属基本知识，故又称为一般性咨询。如查找某一论述的出处；查找某一字、词、概念、学说的解释；查找某一人物、历史事件、地名；某一法律、条约；某一科学数据、统计资料；某一公式、定律、参数等等。在图书馆咨询工作中，这类咨询占的比例很大，读者提出的问题涉及到科学、技术、社会、文化等各个方面。它有两个特点：第一是专指性强，即读者要求的目的明确，答案的选择性小。第二是答案要求的具体。一般情况下，这类咨询比较容易解答。一般阅览室及流通人员只要了解馆藏，掌握工具书的使用方法就可以提供答案。当然也有这样的情况，看起来简单,而查起来却很难的例子,这就要求耐心和细心。

二、专题性咨询服务

专题性咨询是相对于一般性咨询而言的。它的提问不是一个简单的事实,其解答过程也比较复杂,它是围绕一个特定的主题,查找有关文献、文献线索及动态进展信息。如要查找某一历史人物的历史背景材料、生平传记、研究成果及其评价资料;查找某一学科、专业、课题的文献;查找某方面的组织、规划、政策、进展动态的文献信息等等。对于这种咨询,读者要求掌握所提问题的系统知识,有时是有关的全部文献,至少是主要文献。解答专题性咨询是一项学术性较强,工程比较复杂的工作。要做好这一工作,需付出比较艰巨的劳动。但这项工作的针对性、实用性很强,比较容易获得好的服务效果,是深受读者欢迎的一个服务项目。

三、导向性咨询服务

导向性咨询是解决读者查找文献时遇到的困难。此类咨询中,读者提问的重点,不是具体的文献或文献内容,而是检索方法,咨询人员这时的作用是进行检索辅导。如介绍检索途径和方法,可利用什么工具书。这种问题原则上不做具体回答,只需指出查找方向,也就是辅导读者利用图书馆,利用检索工具。事实上咨询人员在解答事实性咨询或专题性咨询时,一方面积极查找寻求答案,一方面可主动向读者进行检索辅导。有的读者在咨询问题得到解决以后,会进一步向咨询人员提出学习检索方法的要求。这时咨询人员要进一步了解读者的专业及工作性质,主动将有关专业的检索工具书及使用方法介绍给读者。

第三节　信息咨询服务的程序与要求

一、信息咨询服务的程序

信息咨询工作能够在读者工作中,作为一个独立的分支存在并得到发展,不仅有其重要的作用、意义,还有其一定的工作程序。一般来讲,提出咨询的形式有三种:电话(包括长途电话)咨询、书面咨询(包括电报、信函)和来人面谈的口头咨询。不论哪种形式的咨询,也不论是哪种类型(事实性咨询、专题性咨询、导向性咨询)的咨询,除很简单的能立即做出解答以外,可分为五个基本步骤:受理咨询、调查研究、查找答案、答复咨询和登记留档。需要说明的是,图书馆进行信息咨询要制定工作细则,在细则中应规定解答读者的范围、办法和制度,如哪些问题不属于图书馆咨询范围、读者的咨询应通过什么方式、需要哪些手续、咨询人员答复读者应遵守什么原则等。

(一)受理咨询　受理咨询是解答咨询的第一阶段,也是咨询服务的重要环节,这一步如走的稳健恰当,掌握了问题的要领,对于以下各步和问题的解决就打下了良好的基础。

咨询人员在接受咨询时,首先要进行判断,判断该咨询是否属于咨询工作的咨询范围,判断该咨询是否属于细则拒绝答复的问题。如不属于咨询范围,咨询人员应引导他向其它部门咨询或婉言解释,态度必须热情诚恳。如属于图书馆咨询范围都应受理。

受理咨询问题,需分清问题的实质,以确定采用何种方式进行解答,对于比较简单的问题可通过书目、索引、文摘等进行解答,对于复杂问题,需做书面记录,由有关人员进行专门的系统解答。

(二)调查研究　受理咨询后,首先要弄清咨询问题的性质、范围及读者咨询的目的、用途和要求,还需弄清读者需要的关键是什么,要了解读者查阅了哪些文献,已掌握了哪些线索,困难的焦点是什么。另外也要了解读者的文化程度、专业、职称以及掌握的外语语种。如果读者提出的是研究课题中的咨询,就要对课题计划、完成期限进行了解。总之,要了解读者及咨询问题的所有情况。只有这样才能确定正确的解答方法,使咨询问题得到圆满的答复。

(三)查找答案 在这一阶段进行的工作是确定解决问题的初步方案,明确查找问题的范围,选择检索工具,确定检索标志,然后进入实质性的文献查找。一般情况下,很难一开始就拟定出一个完整的计划。而是在查找过程中不断补充与修改。此时应注意各类文献的结合使用,并注意随时修正查找途径,以便迅速准确地解答问题。

在查找答案的过程中,工作人员应及时与提问者取得联系,将初查结果与中途产生的问题提交读者,听取意见。在一些情况下,与读者交谈能受到某些启发,有助于问题的解决。这一步骤是咨询解答的核心,是实质性工作的过程。问题有难有易,但都应认真对待。

(四)答复咨询 获得咨询答案以后,首先应进行审核。因为咨询答案可以来自不同类型的文献,那么,就必须审核已取得答案的可靠程度,慎重考虑获取答案所使用工具的权威性,使用工具书在该学科领域中的威信如何,编辑班底怎样,是学术团体还是商业性机构,这种工具书是新品种还是老工具的修订版等等。

查出的答案提交给读者时要注明出处,如有多个答案,则需进行比较,选取可靠性大的答案。若不同来源的答案相互不一致而又不易选择时,应将不同答案一并提交给读者,让读者自行选取。

答复读者的方式,就不同情况采用不同的方法。事实性咨询是具体答复或指明所含答案的原始文献。专题性咨询是将所查文献整理成文献目录或摘录。比较简单的问题口头答复即可,复杂问题应以书面形式答复。

(五)登记留档　每次咨询结束,要进行登记留档,填写读者咨询服务记录表。内容包括读者姓名、从事专业、工作单位;咨询内容与目的要求;咨询过程、答复情况与提供文献简目;解决问题的效果与遗留问题;答复单位、答复人、答复日期及归档日期。

完整的咨询档案既是一项咨询服务的原始记录和有价值的参考文献,又是一份具体的咨询服务经验总结材料。对于改进工作,开展新的服务领域具有指导意义。

在实际工作中,以上程序的某些步骤可能不是一次能完成的。如经过查找后,没能获得满意的结果,这时就要回过头来重新分析问题,确定新的查找途径,选用不同的工具书,再进行查找,直到查出理想的结果。并且,解答咨询问题也没有固定不变的模式。咨询人员要养成辩证的思维方法,学会举一反三。例如,从某种文献引用的书目扩展到一系列其它文献,由工具书联想到专门著作,由间接资料查找直接资料等。总之,要想尽一切办法,利用一切可利用的工具,来圆满答复读者提出的咨询问题。

二、信息咨询服务的要求

(一)信息咨询答案要以书为证,以文献记载为依据,并要注明出处。

(二)切忌不懂装懂。读者咨询问题五花八门,难免有工作人员不太了解的内容,这时就要首先向读者请教,或馆内外专家请教,千万不要不懂装懂,这会有损于图书馆声誉。

(三)专题性咨询提供给读者的文献不能仅是二次文献提供的线索,要核实馆藏。本馆无藏时应帮助读者通过馆际互借、复印等方式获得,最低要求应告诉读者在什么地方可以获得。

(四)解答咨询提供的如是外文文献,除特殊情况外,一般不进行翻译。

（五）必须注意时间观念，要迅速及时地解答读者的咨询问题。

（六）属于国家机密的内容、学生作业、竞赛题等不予解答。

第四节　定题服务、书目服务、文献研究服务

一、定题服务

定题服务是根据读者研究课题的需要，进行文献资料的收集、筛选、整理，并定期、不定期地提供给读者，直到研究课题完成或关键问题得到解决。这种服务方式也叫"跟踪服务"或"对口服务"。

当今科学的特点是一方面向专深发展，学科门类愈来愈多，同时又向综合发展，学科间相互交叉、相互渗透。一个科研人员，如果要从大量而复杂的文献中，全面掌握本研究课题的文献是相当困难的，要耗费大量的时间与精力。然而，通过定题服务，依靠图书馆咨询人员掌握的检索手段，很快能集中提供一个课题的现状和发展趋势的全部文献。

在搞定题服务前，要进行认真的调查。首先了解课题本身的内容，以及课题在国民经济中的地位和作用。然后考虑本馆收藏有关文献的特点，咨询人员的知识和业务水平。选定服务项目后，要详细了解科研人员对文献的需求特点，并对本馆有关文献摸底。

定题服务不仅局限于提供本馆文献，在尽可能挖掘馆藏文献的同时，还应提供信息源，广泛进行检索。在查找过程中，可将资料整理编制成专题文献目录，或专题文摘供研究人员使用，以便科研人员从文献中引进好的经验，利用现成的数据、资料，以别人的科研成果为借鉴，不做重复劳动，在最新的起点上开始，达到节约

148

时间和精力的目的,取得最新科研成果。

一般来讲,图书馆咨询人员熟悉检索工具与检索方法,但缺乏各学科的专业知识,在大量的文献面前不能准确选择。往往看起来与课题有关的文献,研究人员并不需要。所以在进行文献筛选时,最好要求研究人员参加,图书馆人员与研究人员结合起来,能相互取长补短,效果会更好。

定题服务可以在主动调查中选题,也可以在咨询问题中,即已经问上门来的课题中选择,一经选定就要主动服务。

定题服务的最大优点在于它围绕课题定期不定期的多次向读者提供文献,在这一过程中,馆员与读者间不断联系,读者随时向馆员提出要求,馆员随时向读者了解文献的使用效果,这种反复联系可使图书馆咨询人员及时修正服务方案,提高服务效果。

大量事实表明:通过定题服务解决了科学研究中的一系列重大问题,显示了定题服务在图书馆工作中的重要作用。

二、书目服务

图书馆咨询部门,不仅要根据读者提出的各种咨询问题查找有关的文献进行解答,而且还应主动地将埋藏在大量文献中的有用信息挖掘出来,进行加工整理,并及时向有关读者进行报道,使读者迅速获取与科研、教学,生产有关的文献信息。这种对原始文献进行加工整理,以二次文献形成来满足读者信息需求的工作,称为书目服务工作。其主要内容是根据科研、教学及生产需要,主动收集编制提供各种通报性或参考性的书目、题录、文摘、快报等二次文献。

书目服务虽然也是传统的咨询方法之一,但它有强大的生命力。首先,书目文摘是简明扼要地记载报道大量文献的有效办法,读者可以迅速了解国内外文献的内容、出版及收藏情况,了解国内外科学进展状态。第二,读者不必亲自到图书馆查询,便可获取所需文献的线索。第三,书目、题录、文摘、快报不局限于报道个别图书馆的馆藏,而是以特定课题为范围,广泛报道国内外的有关文献。因而,可以开阔读者视野,并有利于资源共享。

传统的图书馆工作与书目服务工作有相似的地方,即都是以文献为工作对象,但两者在文献的处理方法上是不同的。前者基本上是以一种书、一种期刊为单位进行处理,形成馆藏目录为读者使用。这种处理方法不能深刻揭示报道文献,造成大量的知识信息单元被埋没。书目服务工作是以文献所含的“篇”为基本单元进行处理,乃至以文献所含“知识单元”为基础进行。以充分反映文献所含的有用知识信息,提高揭示文献的深度,使文献得到充分地利用。另外,传统的图书馆工作以揭示和组织本馆藏书为目的,其加工对象为全部馆藏。而书目服务工作以满足特定读者群对文献特定需要为目的,其加工对象为部分馆藏。并包括本馆藏以外的文献。

书目服务是图书馆了解读者后主动进行的,因而是一种主动服务方式。

编制书目首先要有针对性。即必须明确为谁而编,解决什么问题。这样才能挑选适当的材料。确定合适的书目结构、编制方式和著录要求,才会“有的放矢”。在编制一种书目之前应做好调查研究工作。根据本地区、本单位科学研究和教学、生产中的共同需要或针对重点科研项目,来确定书目索引的选题、文献收录范围,以及文献提供方式等。再就是要注意科学性,选录的文献要有科学价值,尽量缩小选取文献时的漏检和误检。选录标准要前后一致,文献的著录要标准化,编排要便于检索。另外,还要注意提供书目的系统性和及时性。就是既要根据当前科研、教学、生产的需要,以最快的速度编制配合需要的书目,又要注意书目的连续系统,切忌断断续续,使资料不完整,降低使用价值。

三、文献研究服务

文献研究服务指图书馆根据国家、地区、单位等有关部门的需要,对大量的一次文献和二次文献进行系统搜集、分析研究、归纳整理,并将研究成果用综述、述评、研究报告、专题总结等三次文献形式编写出来,提供给研究人员参考,这是提供一种创造性的再生信息资料,属于高级形式的文献信息服务,它是以已有的知识成果为基础,以研究性、预测性信息内容为手段,以提供最新的文献信息为目的的服务方法。是专业性很强的高层次服务。

文献研究的范围很广,难度也比较大。这一工作一般的是由专业人员去做。然而现代图书馆,特别是科技图书馆应开展这项工作。图书馆人员掌握、熟悉检索技术,具备丰富的目录学、文献学知识,在专业知识上下一些工夫,开展这项服务还是办得到的。

这项工作开展得好,有利于提高图书馆的服务效果,也有利于提高图书馆的地位。

第十章　现代化技术服务

第一节　现代化技术服务的意义与作用

一、图书馆现代化是科学技术迅速发展和
　文献资料急剧增长的需要

20世纪90年代,迅猛发展,奔腾不息的科技大潮,以她前所未有的磅礴气势撞击、推动着社会、经济和人类文明的进步。今天高新技术已经成为科技发展的巨大力量,科技前沿的突破往往引起科学技术一连串的变革,微电子技术几乎渗透到90%以上的传统技术中,导致了强烈的"连锁效应"。

新技术革命的一个突出特点,是利用现代化物质手段延伸和强化人的脑力和神经活动,使人利用信息、交换信息、处理信息的能力产生了飞跃。信息可以看作是特定的知识,所以新技术革命的实质就是大量生产知识。知识生产能力的提高,也就是人类精神财富的创造力的提高,其结果自然是社会信息量"爆炸式"的增长。而今"信息爆炸"已成为现代西方国家的四大危机之一。一些发达国家企业中,问世不到5年的产品销售额占总数的25%。技术信息每年增长13%,据推测很快就会升到了每年增长40%。这种迅猛增长,使巨量的知识信息以各种文献形态,洪水般地涌向图书信息部门,要求它们迅速而准确地进行信息处理,其中包括及

时采集、大容量录存、迅速交换处理和控制等信息作业环节,以便使知识信息高速度、高效率地转入社会整个生产体系的各个结构中去,变为生产力。并且要求图书信息部门及时地准确地收集反馈信息,使信息社会的战略资源加速循环和再利用。

在这知识信息生产力化的运动中,图书信息部门通过复杂的信息作业,发挥信息交流中心的作用,成为信息交流的一种中介部门。这是图书信息部门的新职能。

二、图书馆现代化是现代化信息社会的需要

社会的现代化带动了图书馆的现代化,社会的现代化为图书馆现代化创造了充分的条件,提供了充分的物质基础。当今世界,科技领域的竞争已成为各国综合国力竞争的一个焦点。而现代科学技术革命的核心和主流便是信息科学技术的革命,即信息革命。信息已成为社会发展的一种重要资源,信息业因之也被称作"现代化社会的先驱产业。"可以毫不夸张地说:谁拥有高度发达的信息科学技术,谁便拥有了未来。

如同工业技术革命创造了一个工业化社会一样,信息技术的革命也必将创造一个全球范围的信息化社会。随着 50 年代末以来与信息相关的新科学、新技术,如信息论、控制论、系统论、计算机及人工智能等的相继问世,进一步推动了信息技术产业的兴起和迅猛发展。

在我国随着经济的飞速发展,科技信息服务业正逐渐变成一个越来越迫切需要的产业。我国的电子信息产业,与世界先进国家相比,在经济部门里仍不占主导地位,但其发展已有相当规模。江泽民同志指出:"要拿出当年抓两弹的魄力来抓电子信息产业"。国家"七五"期间投资 200 亿元重点扶植了以 12 个重点信息应用系统为代表的一批信息系统。使我国的电子信息应用系统的建设取得了较大的进展。

图书馆事业是信息产业的一个重要方面军。文献信息资源的开发和利用,是图书馆事业改革的出发点与归宿。

图书情报部门在发展信息服务产业中,应该以数据库建设和服务为重点,逐步实现图书馆现代化;只有实现图书馆现代化,社会现代化才有可能得以充分实现。

三、计算机快速准确的特点符合图书馆工作的需要,是实现图书现代化的必由之路

信息的价值在于时效,在竞争激烈的环境中,信息获得与利用的及时性往往会成为成败的关键。因此,读者对信息服务的要求除了准确之外、还要快速、简便、在某些方面甚至要求达到“实时服务”的程度。

电子计算机是现代科学技术领域中最卓越的成就之一,计算机与图书信息工作相结合,使传统的图书情报工作,进入到一个自动化的新阶段。

实现自动化的目的是为了处理日益激增的文献信息,提高文献信息工作的效率,文献信息自动化的最大获利者是用户,它可以大大提高文献信息部门对读者的服务质量,让读者以最快的速度查找到所需要的文献资料。

四、图书馆现代化技术的采用使图书馆的作用发生了彻底的改变,使传统图书馆变成为多功能的信息交流中心

(一)图书馆的现代化技术服务,使图书馆的信息功能得到加强 由二次文献服务逐步向三次文献服务的方向转变。在提供检索的能力方面,从为读者提供特定文献资料的检索,向为读者提供特定主题方面的检索,以至向特定课题的检索方面转变。

(二)图书馆的现代化技术服务,使图书馆的社会功能得到加强 图书馆实现现代化技术服务后,信息工作将从面向本系统

的内向型服务,向面向社会以至国际的外向型服务转变。

(三)图书馆实现现代化技术服务后,在服务的方式上,由"静态服务"、"被动服务"的现状向"动态服务"、"主动服务"转变。

(四)图书馆实现现代化技术服务后,图书馆的教育功能将得到加强。同时也把读者教育提高到加强读者信息意识,培养读者自学能力、研究能力、获取文献信息的基本技能的更高层次上来。

第二节　现代化技术服务的类型

图书馆现代化技术是一个新领域,现代化科学技术在图书馆工作中的应用已成为图书馆读者工作的一个重要组成部分。

图书馆的现代化技术系统包括以下内容:电子计算机技术;现代化通讯技术;光学技术;视听技术;图书馆保护技术;图书馆建筑及其它技术。

图书馆自动化依图书馆的业务类型分,可分为技术服务、读者服务、行政管理。技术服务包括:采访、编目、期刊管理、出纳及装订等。读者服务包括自动化参考服务,又称计算机辅助参考、咨询服务、及运用计算机辅助编印参考工具资料等。行政管理包括执行人事、财务、行政管理作业与编制统计来进行分析及作业研究。用计算机协助图书馆编制数据资料,使之采取科学管理原则来经营图书馆业务。

目前,正处在由传统图书馆向现代化图书馆过渡时期,这里仍以介绍属于传统图书馆读者工作范畴的一些部门利用计算机的情况为主。为了对图书信息现代化有一些系统了解,对实现图书馆现代化产生影响较大的机读目录 MARC 也作了一些简单介绍。

一、图书馆计算机机读目录系统

机读目录也叫机器能读目录，或叫机器可读目录。英文 Machine - Readable Catalogue 缩写为 MARC，音译成"马尔克"。1966年，美国国会图书馆初次提供机读目录格式，后经改变为 MARC - II 格式，包括硬件和软件两个方面。MARC 系统大致分为四个子系统：①MARC 输入子系统；②MARC 存贮子系统；③MARC 检索子系统；④MARC 输出子系统。机读目录采用国际通用的标准著录条例。MARC - II 格式有扩充和修改功能，能适应各种不同的图书馆编目著录的要求。MARC - II 磁带格式对不同类型的计算机具有兼容性。在读者服务工作中利用 MARC - II 磁带记录，作为自己目录文档，不必重新编目。同时可利用 MARC - II 建立协作编目系统。可利用 MARC - II 磁带格式转换成适合自己计算机使用的格式，成为自己编目的成果。MARC - II 格式的主要特征就是它有一套完整的标识系统，计算机就是依靠这套标识系统来完成编目工作的。

机读目录在流通中主要是用它来制备穿孔的或印刷的流通卡，用主记录档编制流通资料目录和制备各种催书单，以及各种流通统计报表。

机读目录实际上是一个完整的近期出版数据库，在参考工作和书目工作中，它可以进行各种综合性和专题性处理，通过检索可以打印各种工作性参考文献目录。参考人员就可以根据它去查馆藏和联合目录，找出原始文献。也可改编成各种专题目录。

由于机读目录著录完整，编制目录时可从分类、主题、作者、出版国家、出版日期和资料类型等多种途径，去进行各种复杂的检索。所以，机读目录目前已被普遍地用来解答各种咨询，编制通报性目录，各种专题目录、新书目录、地区目录、全国书目等。

用机读目录开展定题书目服务，不仅能节约读者的时间，减轻读者负担,而且可以使读者得到最新资料。

二、图书馆计算机流通子系统

流通(出纳)制度实行计算机作业,必须有三项资料:①借书人;②出借的书;③借期。

流通领域实行计算机作业,要建立流通数据库。流通数据库包括读者数据库和流通图书数据库。读者数据库的建立可利用更换读者借书证的机会,进行个别登录。一般包括读者姓名、证号、单位、性别、有效期、限借数等。流通图书数据库的建立是指将记录单上的全部信息和相应的条形码输入到计算机数据库中,以便于流通图书信息的存取。流通数据库的建立可采取边流通、边建库方式解决。

条形码是由黑白、粗细间隔不等的线条图形组成的,是人和计算机通话联系的一种特定语言。在图书流通系统中,条形码是用来表示图书编号和读者借书证号的代码,这种代码可直接用打印机打印。在系统运行前,必须先加工好不同代码的条形码,并贴在不同的读者借书证和每一本藏书上,以便于工作人员和计算机予以识别、区分、管理和统计。

流通管理计算机化要求读者更换有条形码的借书证,以便计算机识别。

实现计算机管理系统,需要将图书信息转换成计算机数据库,要对流通的每一册书标识计算机可读信息,这样就要求读者按规定及时归还借出的图书,以便工作人员填写记录单,建立数据库。

填写记录单,贴条形码这两项工作可同时进行,填写记录单时,可采取印制"文献个别记录单",交工作人员填写。条形码要准确一号双码,在书名页和记录单上各贴一张。条形码必须是唯一的,今后还可作为该书的财产号。

借书时读者持借书证,经光笔扫描其证上的条形码号,计算机自动核查读者是否有剩余书卡,是否有超期书,是否已付罚款,书证是否书挂失或注销,是否有预约,经核查无误允许借书的情况下,只需用光笔扫描所借书上的条形码,系统就会自动办理借书手续,包括在该读者书卡上记录所借图书信息、借期、相应减少该读者允许借书的册数。

还书时,只需要用光笔扫描所还图书上的条形码号,计算机便会自动办理还书手续,包括在读者卡上消除所借图书信息。增加应借册数。

续借时用光笔扫描图书的条形码号,计算机会自动判断该书是否被他人预约。

计算机能预约最近要归还的图书,并定期输出预约通知单,通知读者前来办理借书手续。

催还图书需计算机定期输出催书通知单,通知读者前来办理还书手续。

流通领域计算机系统还具有查询功能:可根据读者证号或姓名,为读者查询借阅情况;根据条形码号,查询一本书的借阅情况,根据书名、书号或分类号查询借阅去向;根据书名、书号或分类号,查馆藏去向。

流通领域计算机系统还具有统计功能:藏书统计;图书读者统计;计算机能进行图书流通统计,包括:借书册数、还书册数、拒借率。罚款金额、赔款金额、有偿服务金额统计,以及馆藏丢失、读者丢失、剔旧册数统计。这些统计数据可分别按日、月、年显示和打印成表格存档,也可以随时上机查看。

计算机在流通领域还具有系统维护功能:它能在系统内修改读者库,对新读者记录补充,对调走读者的有关记录进行注销。还能在系统内对新书补充新记录,对丢失或剔旧注销的书,销帐并打印剔旧清单。还能在系统内进行日处理,包括将当天记录追加到借书库、还书库。系统维护的目的是为了保证借书证号和图书条形码号的准确性。

三、自动化馆际互借系统

馆际互借是图书馆之间互相利用对方藏书,以满足读者需要的服务方式。

自动化的馆际互借系统是在图书馆网络自动化的基础上发展的,而图书馆网络自动化又是在各馆实现自动化的基础上进行的。图书馆网络自动化为资源共享,馆际互借提供了现代化手段。

馆际互借包括下面三个主要环节:确定馆藏地址,馆与馆之间的通讯,如馆际互借申请;资料的寄运。

第一种馆际互借系统成员馆,可按照八种途径检索该系统的目录记录。查到所需资料的记录以后,该成员馆可在藏有此资料的其它成员馆中,选择五个馆作为潜在的提供馆。然后,可以键入一个简单的命令,要求系统提供该资料的联机互借工作单。借阅馆只要在工作单上键入借阅馆的地址,或键入读者的名字,中心计算机立即把该工作单,送到由借阅馆指定的第一个潜在的提供馆的消息文件中。若该潜在馆回答不能提供该资料,则中心计算机自动地将联机馆际互供工作单,送到下一个潜在提供馆。

第二种馆际互借系统与第一种馆际互借系统不同。第一种馆际互借系统是将藏址信息和传送互借申请结合起来。第二种馆际互借系统不是一个馆际间的联合目录,它实质上是一个流通管理系统。挂在这个系统上的数据库,由流通系统的馆藏数据库构成。通过远程通讯,其它的一些馆也把自己的机读数据挂在上面。并且使这个系统进行流通控制。

挂在该系统上的数据库由各个图书馆自己维护,但每个图书馆可以检索其它图书馆的馆藏,并可对某资料直接提出借阅请求。当键入借阅申请命令时,一个借阅请求就会把提供馆打印出,提供馆查到该资料,然后寄给申请馆。该系统的真正优点在于每个书目记录都含有该资料的流通情况。有了这个信息，申请馆就可判定该馆是否真正能提供该资料。

四、期刊管理系统

期刊管理系统包括选刊、采购、划到、编目、装订、财产登记、公共查询等。其功能如下：

（一）订购功能，包括选刊、查重、续订、打印订单、帐目结算功能。

（二）验收和催询功能。

（三）编目与目录功能。

（四）流通查询服务功能。

（五）装订登记功能。

（六）财产管理功能。

计算机处理流程如下：首先将预订数据输入计算机进行编目，编目后形成主文档。由于收到预订的期刊，不可能在同一个时间完成，而是断续的，每收到一部分便将收到部分的数据在期刊主文档中更新（登记甄别），以保证预订时的数据和收到后的数据一致。经过对主文档的更新，形成二个文档，即收到数据文档和未收到数据文档。对未收到部分查询催问（打印出未到目录、出版地址、催询通知单、寄出），经过多次循环，未收到的数据越来越少，收到部分的文档记录越来越多，最后将收到部分作为主文档检索使用并打印出各种编目结果。然后，将此主文档合并在原有的主文档中，形成累积文档，扩大系统的数据量。

期刊系统的处理范围是以参考该系统的文档数据为依据的，而文档数量则取决于需要处理的数据类型和需要计算机输出的产品类型。

一般系统应有下列数据：

订购数据：包括续订日期、出版机构名称、地址、书店（发行机构)代码、资金(已付、未付)代码、价格,以及出版有关的数据。

验收数据:包括出版频率、卷、期和不规律的卷期号(如缺期、补编、增刊)、有关的检验号和催询分析数据等。用这些数据来控制验收业务以及打印催询通知单等。

编目数据:包括标准编目数据,如刊名(全名、缩写名、刊名代码)、出版家、年、卷期索取号、刊名分析款目、分类号、主题标目、ISSN 或 CODEN 代码。

装订数据:包括装订形式、颜色、合订期数、装订频率、装订日期等。

馆藏数据:排架位置、库藏地点、及缺期、脱期等。

流通数据:各卷期的出借数据、SDI 目录、包括个人、团体名称、地址、借阅期限及日期表等。

系统设计的输出产品一般有:

预订总目录:所有预订目录的数据。

收到目录:将收到期刊的记录,输入计算机产生更新后的目录、即收到目录。

发票目录:打印出预订总目录的总发票数据和每收到一种的发票数据。

装订目录:需要装订的期刊名称、合订份数、缺期、装订形式等目录。

联合目录:能输出一个地区或一个系统的联合目录。

馆藏目录:累积的入藏目录。

催询通知单:凡未经收到的期刊等,由计算机打印出催询通知单,以便查询。

主题目录:打印一套主题检索工具。

有关借阅管理的设计和图书系统基本相同。

期刊系统主要建立两种文档,即期刊主文档和新到期刊文档。前者数据相对稳定的文档,即数据库、供检索、流通使用;后者则是动态文档,承担订购、收到、登记、资金、催缺等任务,随时可被修改,是主文档的准备文档。其它各文档从这两种文档生成。主文档除供检索、流通外,还承担期刊的续订查重等任务。

在期刊主文档与新刊文档的基础上,还应建立以下几种工作文档:①刊名倒排文档;②国际标准刊号(ISSN)倒排文档;③期刊CODEN 代码倒排文档;④采购号倒排文档。

刊名倒排文档可以收录副刊名、交替刊名、旧刊名以及不同语种刊名等,提供多种检索途径,以便全面揭示馆藏。

国际标准刊号具有唯一性,能够反映期刊出版发行的地区与出版者代号,一般都在封面或封底固定位置上刊登,所以对西文刊建立 ISSN 倒排档,可便于收登处理。

CODEN 码是世界性期刊代码系统,在期刊数据库中用它代替刊名,可以压缩数据以减少存贮空间。

采购号倒排档主要用来打印订单目录,可以记录中国图书进出口总公司的期刊统订号,邮局刊号或其它作为采购用的号码。

倒排文档建立的设计思想是从主文档中抽出所要建立倒排档的字段值,即刊名、ISSN 号、CODEN 码和采购号,形成排序文件,然后,由系统的排序程序进行排序,成为倒排文档。

五、计算机信息检索系统

计算机信息检索的建立包括信息存贮和信息检索两个部分,也就是文献资料档(数据库)的建立及其对文献资料档(数据库)的查找两部分。

计算机信息检索按其处理方式可分为脱机检索和联机检索两种。

(一)脱机检索,不是对一个提问立即作出回答,而是集中大批提问后集中处理,处理的时间较长,人机不能对话,因此效率往往不理想。然而脱机检索中的定题服务(SDI)对于科技人员非常有用。SDI 能根据读者的要求,先把提问者的提问登记入档,存入计算机中形成提问档。每当有新的数据进入数据库时,就对提问进行处理,将符合读者提问的最新信息分发给读者。通常几个大的信息检索系统如 DIALOG 等,都提供 SDI 服务。

（二）联机检索也称人机对话检索,是把终端和信息检索中心用线路直接连接起来,而由终端装置输入提问,距离可近到几米,也可远到几百、几千公里以外。这种检索系统的特点是,由终端输入提问后,信息检索中心可立即回答,时间以秒或分计算,并可随时修改提问,进行人机对话。直到检索满意为止。

1.信息存贮　文献标引是在文献输入计算机前完成的工作,目前这种工作仍由手工借助主题词表,分类表或其它检索语言来实现。主题词表由主题词和非主题词组成。把主题词存贮在计算机以后,输入检索提问式,计算机可以对用词实行自动转换,将非主题词转换成主题词,同时根据主题词的上位概念和下位概念关系,可以扩大或缩小检索范围。

2.信息检索系统　是以文档为中心系统,主要目的是把数据（文献）半永久地存贮起来,由此实行检索,一个数据库可含有一个文档,也可以含有几个文档。用于信息检索系统的有两种类型:

（1）顺排档:顺排档的文献记录是按每篇文献入藏的先后次序,逐一存入计算机中的。

（2）倒排档:建立倒排档的主要目的是为了提高检索速度。倒排档是以检索词为主款目,并以检索词为序建立的文档。检索词包括叙词、非叙词、著者、报告号等。排序的方式,在西文检索系统中一般按字顺,而在中文系统中按笔划,汉语拼音等排序。倒排档中,在每一检索词下都描述着含有该词所属文献的文献号。

（三）检索是在分析了提问单后,从存贮的数据（资料档）中查出目的信息,并进行编辑和输出的过程。检索一般由 4 种处理组成:①提问分析与检索式编写（即制定检索策略）;②检索式校验;

③查找满足提问要求的情报;④编辑输出。

1.提问分析与编制检索式一般由检索服务人员进行,也可以自己编制。这种工作叫做检索的前处理。用布尔算子连接检索词进行的检索,一般叫定性检索。有三种逻辑符号现列举如下:

(1)逻辑式"A + B"表示包含 A 或 B,它的逻辑运算名称叫逻辑和(OR),逻辑运算符是" + "或"∪"。

(2)逻辑式"A * B"表示 A 和 B 双方都满足。它的逻辑运算名称叫逻辑乘(AND),逻辑运算符是" * "或"∩"。

(3)逻辑式"A * (− B)"表示从 A 中去掉属于 B 的部分。它的逻辑运算符名称叫逻辑差(NOT)。逻辑运算符号是"—"或"～"。

以上三种逻辑式用图表示如下:

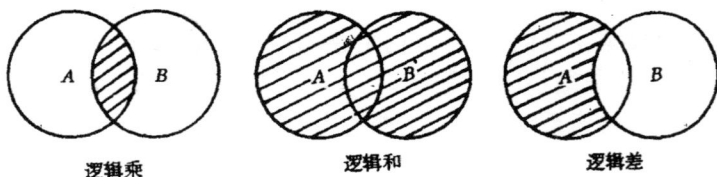

逻辑乘　　　　　逻辑和　　　　　逻辑差

三种逻辑式的图示

2.编写好的提问检索式输入到计算机以后,由机器进行校验。检查该提问是否符合编写的规定要求,从而决定能否进行下一步对信息资料的查找。有时检索过程中可能出现与我们预想不相符的情况,可以利用人机对话的功能修改检索式。

3.查找处理是将含有检索词的信息从资料档中迅速检出的处理。资料档结构不同,查找方法也不同,一般有下面几种方式:

(1)顺序搜索法:按照情报存贮的顺序逐一比较每一个文献记录的方法。采用这种方法的资料档一般为顺序资料档。

（2）直接搜索法：是利用转换公式（参考变换公式）将检索式中主题词转换成资料档中相应主题词的地址，直接取出的方法。

（3）检查法：也称主题搜索法，即把主题信息内容分开，对分别编辑的资料档进行搜索。主题词与信息记录的连接是通过主题词后所跟的信息记录连接地址来实现的。将主题词与信息记录连接的地址组织成主题键目录。查找时，首先搜索目录中的主题词。找出检索式主题词的信息连接地址，直接取出该地址的信息即可。

（4）查表法：查表法是只从文献资料中抽出与提问检索式比较时所需要的项目，转换成检索标识表。这样文献与提问的关系就变成了检索式与提问表的比较。

（5）概念加权法：概念之间的组合关系，还可以从量的方面加以限定和表示。读者根据检索词的重要关系，分别给分一个检索词赋予一个值，经过特定的加权运算后，输入一个规定值，以此值的大小决定收取文献。加权是给概念加权，即无论这个概念用什么表示，他们都具有同等的权。

4.编辑输出是将检索出的信息从计算机中输出的过程，根据输出的格式要求，需要进行格式编辑，如输出卡片格式、索引格式等等，或者用荧光屏显示，这些都属于编辑输出内容。这一部分要根据读者的要求，设计最后输出结果，发给读者检索完成。

选择好数据库对联机检索至关重要。选择数据库应先根据课题的专业范围选，如有多个库符合则要从库的质量和收费考虑首选库，还应考虑是否需要其它库作为补充。

美国的 DIALOG 情报检索公司所拥有的联机检索系统是世界上最大的一个检索系统。DIALOG 联机检索系统有 331 个数据库、381 个文档、1.75 亿条记录。收录的文献类型包括书刊、学位论文、会议论文、会议记录、科研报告、政府报告、专利文献、标准、厂商名录、统计数据等。

DIALOG 系统的检索功能很强，用户通过终端可以从主题、作者、日期、代码、文摘号、专利号或机读记录的其它特殊标识等多种途径检索。读者使用简单的英文命令语言输入检索词或短语以及布尔检索逻辑式,一次可检索到几十个文档的资料。对 DI－ALOG 系统,我们可以通过该系统全部文档的总索引——411 文档,来了解与该课题有关的每一个文档中的文献数据,从而选择文献量最大的文档或数个文档。

欧洲空间组织的 ESA－IRS 联机检索系统,可用交叉文档检索指令(简称 Q 指令),来熟悉和课题有关的文献量最大的文档,在一般情况下,它们是行之有效的途径。此外,当前国外主要的国际联机信息系统,还有美国的 ORBIT 联机检索系统;美国书目检索公司(BRS)的联机检索系统,美国国家医学图书馆的 MED－LINE 联机检索系统。日本科技情报中心的 JOIS 联机检索系统。

六、静电复制

静电复制法一般称为静电复印法,也称静电摄影技术。

静电复制法是利用某些光敏半导体材料如硒、氧化锌、硫化镉,以及有机光导体等的静电特性和光敏特性,用类似照相印刷的方法,将图书资料的文字和图像记录在纸上。

静电复印机的结构因不同型号而异。但都包括以下主要部分:光敏导体(鼓和版纸)电晕电极、光学系统、显影系统、定影系统、输纸系统、转印系统、吸尘清扫系统、冷却系统、传动系统、电控系统、原稿台和操纵机构等。

(一)静电复印机使用前的准备:

(1)整机的检查。

(2)配装显影药剂。

(3)上光导体鼓。

(4)复印纸的装用。

(5)检查稳压器电压、接通电源。

（二）静电复印操作注意事项：

（1）工作室内通风良好，干燥无灰尘。

（2）对复印机的温度进行控制。

（3）复印用的消耗材料不能受潮。

（4）复印纸要同复印原稿相符。

（5）复印进行中要注意经常监测电源电压，防止电压的波动。

（6）发现故障进行排除，然后进行工作。

（7）复印中要不断补充墨粉。

（8）关机和开机的先后顺序一定要按操作规程进行。

（9）每次复印完毕，待复印机充分散热后再盖机盖。

（10）工作人员不在时要切断电源。

使用静电复印机，要有必要的维护，注意设备的整洁和维修是延长使用寿命和保证复印质量的重要保障。

静电复印及时、快速、成本低廉、使用方便、质量优良、保存长久。在图书馆对读者服务很受欢迎。静电复印可解决复本少的问题，可利用一本馆藏资料在阅览室供广大读者共享，读者需要保存资料时，可通过复印获得。既解决了读者抄写资料费时费力的不便，又加快了读者获取资料的速度。同时文献信息单位还可以利用静电复印增加馆藏复本。此外，文献信息单位可利用复印技术将有价值的资料制作题录、文摘发行，并可按读者需求重新组编单篇全文文章制作合订本。

七、缩微复制

用缩微方法制成的文献叫"缩微制品"。在图书馆中，它是一种特殊的文献资料，又称"缩微图书"。图书馆的缩微资料可以自行摄制，也可以通过采购、交换搜集而得。

缩微品的种类很多，就目前常见的来看，有透明和不透明的两大类。

透明的缩微品用透明的感光胶片制成,可以用透射式阅读器进行阅读,也可以作为母片进行复制。

透明缩微品有缩微胶卷、缩微胶片、缩微插套、穿孔卡片。

不透明缩微品,用不透明感光纸印制,用反射阅读器阅读。

缩微复制品必须借助缩微文献阅读器,将图像放大后才能阅读。

缩微技术使资料输入更快更容易。缩微资料的拷贝也很快。

缩微系统在保存档案方面是其它系统无可比拟的。缩微胶卷在稳定性和持久性方面都很强。

缩微胶卷能忠实地、毫无偏差地记录原件中的一些重要资料。例如签名盖章、火漆封印等。在很多国家里,缩微件已认可作为在法律上有效的凭证。此外,胶卷的形态已有世界上的标准,故对海外联系十分方便。

缩微胶卷上的资料是肉眼可见的,即是说资料不会因为资料载体的日渐过时或扫描技术的改变而不能翻查利用,这点是十分重要的。

然而缩微胶卷也有它的缺点,缩微胶卷的串行检索方式和光盘的随机存取检索相比,速度慢,更改或擦除胶卷上的资料非常难。胶卷在冲洗过程所花的时间更影响到信息系统的效率。这些问题限制了缩微技术在信息管理系统中的使用。

近年来有了计算机输出缩微系统(COM)使缩微系统成为高速及低成本的计算机资料输出系统。

计算机辅助检索系统(CAR)只需几秒钟便可以在数万件文件中翻查出所需的一份。由于以上两种系统的出现,使信息管理建立起一套以影像为主的信息管理系统。为读者利用和保存文献提供了一种超出常规系统的有效途径。

八、图书馆视听技术服务

文献资料按其记录形式的不同,分为文字记录和声像记录两大类。声像记录有声音记录、图像记录和声像记录三种,这种记录着声音和图像信号的资料称为视听资料,视听资料录制和再现的技术称为视听技术。

(一)视听资料按照声像资料用途可分如下 4 方面:

1.录音资料包括:唱片、录音磁带、声带片等。

2.电影和录像资料包括:录像磁带、录像盘(或录像磁盘)、电影胶卷。利用光源投射的声像文献载体,除电影录像外,与图书馆服务有关的还有幻灯片,包括:幻灯片、幻灯卷片以及投影器透明片等。

3.实物的光源投射放映技术。它包括对不透明物件的投射放映技术,主要包括对不透明物的投射,如模型、标本照片、绘画、地图等。

4.缩微复制品前面已介绍,这里不再重复。

(二)声像资料的服务种类和方法

1.馆内服务 主要用于参考阅览和读者辅导工作。图书馆内利用声像资料为读者服务,与一般书刊参考阅读服务不同,它需要有专用的辅助设施,如电影、录像放映厅(室)、隔音室、录音室、电化阅览室、广播室等,以及各种类型的机器设备,如阅读机、放映机、幻灯机、摄影机、录音机等。

声像资料服务项目,主要有以下几种:

(1)读者辅导:包括向读者进行怎样利用图书馆和怎样检索信息的教育。例如:大学图书馆可利用自摄的录像带,向新生或其它新到校的读者介绍图书馆历史、藏书情况、目录组织和文献检索方法,以及现代设备的使用方法,还可以利用电影介绍国内外重要图书馆、信息机构的规模和向读者进行系统的文献信息检索技术教育。如通过录像向读者讲述美国化学文摘的使用方法,通过幻灯片介绍自动检索的方法、新型阅读机的使用方法,以及缩微卡片的使用方法等。

(2)提高读者的外语水平:图书馆备有大量的外语磁带与录像带,它们与图书馆藏书相配套,或与课堂教学相辅相成,或另为一套教学体系。内容丰富语种多样,这些磁带或借或倒录,或采用在视听室集体收听、收看的形式,方便读者,使读者通过这些磁带、录像带提供的服务大受其益,外语水平得到长足的进步。

(3)普及科学教育:公共图书馆有项很重要的读者服务,就是向广大读者进行科学、文化和社会道德教育。图书馆进行这项工作时,可以利用幻灯片,录像片和电影片等声像资料。

(4)文献信息报道:可以通过录音录像等宣传新书、报道新书,以及报道科学技术新消息。

2.馆外读者服务　目前主要采用三种方式:

(1)集体借用,如幻灯片、录像片、电影片,以及录音带等都可通过集体(单位)外借或提供拷贝。

(2)通过流动图书馆或流动书车放映电影、录像和幻灯片。

(3)提供录音磁带。图书馆与其它行业协作,利用声像资料开展社会服务,是现代图书馆新开发的一个读者服务领域。目前,主要是公共图书馆与电视广播部门的合作,进行图书馆社会服务工作。

第三节　现代化技术服务的发展

在50年代中期,计算机技术主要在于巨型机与大型机,美国图书馆界尝试将计算机用于图书馆,对某些单一功能进行了开发工作,例如流通、编目等,由于硬件昂贵,没有形成大规模使用。

在 60 年代,图书馆计算机经历了三个尝试阶段。1963 年美国医学图书馆建立了"医学文献分析和检索系统"(MEDLARS)1965 年,美国国会图书馆建立了编目系统,设计了 MARC 格式,生产 MARC 磁带(即 LC – MARC)。1967 年,美国俄亥俄州 12 所图书馆利用 LC – MARC 数据和州政府提供的一台巨型机着手设计图书馆联机系统,即 OCLC。

在 70 年代,OCLC 系统开始联机,随即得到广泛使用。到 70 年代中期,已成为美国全国性网络系统,使联机编目得到巨大发展。也推动了美国图书馆界计算机的应用。70 年代后期,中型计算机出现,计算机性能得以提高价格大大低于巨型机,各馆已有条件建立本馆计算机系统,利用 OCLC 的资料库,建成了本地数据库,实现了流通管理功能。这时,OCLC 网络成员馆与中心系统进行联机,使本地数据库与中心数据库资源共享,馆际互借成为现实。

80 年代微机的出现,将 OCLC 的联网及资源共享推上了一个新的台阶。微机的广泛使用,使建立个人资料库与本地自动化系统联网,实现了美国全国,本地中心数据库与家庭、办公室资料库双向服务,促进了办公室自动化的发展。这时,OCLC 网跨越地区很大,成为一个国际性联机系统,已有成员馆 4000 多个,分布世界各地,其数据库中存贮有 1200 万个数据,是目前世界上最大的一个联机网络系统。

到 90 年代,OCLC 已经着手建立一个"俄亥俄州"方案,其网络层次分三层:

(一)校内馆藏系统:包括图书馆采购、编目、流通、期刊等工作系统,同时也是用户使用全国性各种数据库的门户。

(二)洲际网络中心:中心系统负责数据转换、数据储备等,例如许多商业数据库将购来的数据,存于州立中心数据库。

(三)全国(国际)网络:美国决定建立一个全国性计算机中

171

心,州立中心与此形成一种"双向"关系。

为达到此目标,方案指出:"统一硬件、统一软件是实现这个联网方案的重点"。只有这样,才能真正解决数据交流格式及网络接口的标准,实现更大范围的数据共享。

从以上可以看出,美国的计算机管理经过了如下过程:巨型机集中开发,联机编目→中型计算机局部使用,流通管理、馆际互借→微机广泛使用,家庭图书馆一体化实现→90年代转为统一大型机集中开发网络系统,以促进资源进一步共享。

从总体来看,我国图书馆自动化的发展大体可分为三个阶段。

一、准备阶段(1974年~1977年)

我国图书馆自动化是从1974年8月中央批准了汉字信息处理工程开始。1975年成立"汉字主题词表编辑组",用了4年的时间编辑出版了综合性的《汉语主题词表》。为计算机应用于图书情报领域作了许多前期准备工作。

二、引进起步阶段(1978年~1982年)

(一)1979年春北京图书馆、中国科学院图书馆、北京大学图书馆、清华大学图书馆、中国人民大学图书馆和中国图书进出总公司六单位从美国引进MARC磁带。

(二)从国外引进计算机和情报软件,对国外文献磁带进行SDI服务。

(三)开通国际联机情报检索服务。1980年3月在香港装设了一台终端,通过香港电报局的国际通信线路与美国的国际联机情报检索系统DIALOG和ORBIT系统联机,提供情报检索服务,然后通过邮递和电传传送到国内其它城市。1981年,石油部科技情报所和国家机械委201所先后分别在北京设置了电传终端,通过当地电信局的国际电报线路,也与美国DIALOG和ORBIT系统

172

联机,从而,北京首次实现了人机对话方式的国际情报检索。

三、开发应用阶段(1983 年后)

1983 年以后,微型电子计算机的引进和应用,使图书馆情报自动化进入一个空前发展的新阶段,有了一批图书情报自动化的实用系统,它们在书刊的采购、查重、编目、流通、编辑排版、主题标引、情报业务管理等方面,进行了大量的试验应用。

80 年代中期,微机装备数量大幅度增加。1986 年 5 月在西安召开的第五次全国计算机检索学术交流会上,进行介绍和演示的系统达 30 余个。据不完全统计,仅 1986 ~ 1987 年两年间,通过部委和省级鉴定的图书情报计算机应用系统和数据库共有 20 多项。

目前,我国图书情报自动化已经取得的成就,主要表现在三个方面:图书馆业务管理,数据库的建造、国际和国内联机检索。

(一)图书馆业务管理。图书馆业务的计算机管理主要包括:采购、编目、流通、期刊管理、检索、行政管理等子系统。80 年代中期以前,主要在微机上进行分析系统的研究和试用,1986 年左右开始集成系统的研制。目前集成系统已成为几乎所有图书馆管理系统的目标。

(二)数据库建设是我国计算机信息检索发展最快、见效最为明显的领域之一。近年来,数据库建造的成绩主要表现在以下方面。

1. 国外文献数据库的利用有所加强,包括光盘 CD – ROM 在内,我国引进国外文献数据库近百种。

2. 计算机化联合目录和馆藏有明显发展,影响最大的有北京图书馆的西文期刊联合目录、中国科学院文献信息中心的西文连续出版物联合目录、北京大学图书馆的西文联合目录、中国科学信息研究所的中文期刊联合目录、西南地区高校图书馆西文期刊联合目录。

3. 自建文献数据库与检索刊物的出版相配套。我国书本型文摘杂志约 130 种,其中《中国机械工程文摘》等 12 种文摘,已实现计算机编辑和数据库化。

4. 数据库建造领域不断扩大,尤其结合管理、市场的事实型数据库发展迅速。如各级机构的成果管理数据库、全国科技成果交易信息数据库、中情所的"星火计划"适用技术信息库、中国国际信托投资公司的世界金融、经济贸易机构数据库、轻工业部的轻工产品国际贸易数据库等。

5. 把数据库建造的正规化、专业化和产业化提上日程。如:由全国 300 多所高等院校联合建造的中国大学学报论文英文文摘数据库(CUJA),北京情报所牵头、各省市数十个单位参加建造的全国科技成果交易信息数据库。中央主要部委信息库中心的数据库建造,基本上已纳入连续稳定的生产轨道。

6. 中国文献数据库进入国际信息检索系统。继中国专利数据库进入 WPI;中国机械文摘数据库进入 ORBIT 系统之后,中国高校学报文献数据库也进入 DIALOG 系统,并于 1990 年起为读者服务。中国自建英文文摘数据库进入国际信息检索系统。

(三)国际和国内联机检索。我国自 1980 年首次开通国际联机信息检索业务以来,已发展到在 53 个城市设置终端 130 多个,通过国际卫星通信线路, 与 DIALOG、ORBIT、STN、ESA／IRS 和 BRS 等 12 年国际大型信息检索系统联机,提供检索服务。

国内联机检索服务由于通信条件和网络技术相对落后,联机检索的发展受到限制,只有少数系统和地区开展联机检索。北京文献服务处从 1984 年开始提供联机检索服务,目前已在全国 20 个城市设置了专线联机检索终端约 60 个,并提供电话拨号检索服务。中国科技信息研究所通过多路转换器转接国内外通信线路,允许终端利用同一规程,同时检索国际联机数据库和本所数据库。上海地区科技信息检索网是我国第一个自行设计的分布式数据库联机网络。

激光的存贮和检索系统于 80 年代末,90 年代初,在北美图书馆界已得到广泛应用。有关光盘的知识,我们将在本书第十六章第二节里加以介绍。我国于 1985 年开始引进光盘数据库。目前已引进 CD‒ROM 数据库近百种。我国已具备了生产光盘数据库及其设备的技术。我国中文 CD‒ROM 数据库的生产已经开始起步。并有一部分单位建立了各种数据库。而且,利用国外光盘数据库开展文献检索服务的图书情报单位也越来越多。清华大学已经达到在网络环境下使用 CD‒ROM,实现一个读者同时享用多个数据库,以及多个读者同时享用一个数据库的技术水平。

(四)展望未来,OCLC 的战略计划是要使其活动逐步推向全世界,将在 1995 年 ~ 2000 年内办成四件事:

1. 着手建立 10 亿比特超大型数据库网络系统,以满足全国联网的需要。

2. 促成和推动 OCLC 网络的局域性、地区性、全国性和世界性连接。

3. 继续积极参与制定和推广应用各种国内、国际网络标准。

4. 寻求一种最简单、易录、有效的途径来把全世界的图书馆系统并入到一个统一的计算机网络系统中。

(五)今后,在我国图书信息自动化事业发展中,应当着重考虑和解决的一些问题是:

1. 学习国外经验,在全国范围内建立一个数据集散中心,即书目中心。

2. 由于集成系统不是从单个子系统而是从整个图书馆出发来设计的,并且能共享书目数据库,具有更大优越性,我国图书馆自动化应当发展集成系统。随自微机、光盘和局域网技术的发展,微机局域网将是我国中小型图书馆应该选择的一种主要模式。

3. 我国图书馆自动化,目前还需要有适合我国各种类型和不同层次的图书馆自动化专用软件。从长远来看,还要根据未来计算机技术和通讯技术的发展趋势,研制高层次的图书馆专用软件。

4.加强数据建设有两方面的工作:一是抓紧建设高质量的自用数据库;主要是书目数据库,二是加强协作,共同努力分期分批建立一批通用数据库。

5.实现数据标准化:①实现数据著录的标准化、规范化;②实现信息交换格式的标准化;③采用标准数据源,取代各馆自行著录和手工输入方式。

第十一章　编译及其它方式的服务

第一节　编译服务

编译服务是指图书信息部门针对社会需要,组织专门力量,代替读者直接翻译外文书刊资料,以帮助读者克服语言障碍,扩大外文文献利用为目的的服务。

随着我国改革开放的深入发展和社会主义市场经济的建立,国内外信息交流迅速发展,使得编译服务越来越重要,越来越突出了。为此,必须深入研究编译服务,以适应读者的需要。

一、编译服务的体例

编译外文文献有两种体例形式:一种是翻译体,即按照原文直接翻译,其来源语言与目标语完全一致,译者不附加任何外文词语。如接受读者委托,翻译一本书、一本期刊、一篇文章、一份资料,或节译、摘译其中的章节片断,都要忠于原著,照实翻译,使译文与原文内容丝毫不改样,经校对审查,能相互对照阅读。另一种是编译体,即汇集若干同类外文著述,由编译者按照一定问题系统,用编译者的词语加以表述,来源语内容只作为目标语言的参照系,成为一种经加工整理的编译文著述,这种编译文字,连译带编,编译结合,将有关外文文献在理解消化的基础上,重新进行分析、综合、组织、编排,成为一篇完整的文献。编译文献多用于对外文资料的报道、介绍、综述、述评、动态等方面的整理创制,比单纯直接翻译难度更大。

二、委托代译与交流编译

图书信息部门的编译服务又称代译服务。当前仍以人工翻译为主。计算机翻译、机器翻译尚处在研究、试验阶段。人工代译服务过程分两个步骤:一是由读者申请登记,提出翻译的材料,或编译的课题,具体要求,以及译文交付的期限,二是图书信息部门根据译文要求,组织翻译人员进行原文直译翻译,或者参照编译,并按期保质保量提供给读者,用户参考使用。

交流性的翻译服务,是广大编译人员将自己的编译著述,作为学术成果公诸于世,提交刊物发表,出版发行,或出席会议交流。其中,正式发表的或出版的译著,必须经过专业人员审查校订,为社会更广泛的读者、用户查阅参考,也为图书信息部门的读者广泛搜集使用。

无论是委托代译,还是交流编译,都是图书信息部门为读者提供编译服务的重要信息资料来源。无论哪种翻译作业,其翻译成品都具有难度大,要求严的特点,都要求翻译成品质量高,速度快,信息价值大。

三、编译人员的科技基础

首先编译人员对本学科的发展史和现状要有基本的了解。尤其是那些非学科"科班出身"的编译人员,要想搞好信息编译,就非下一番苦功夫不可。平时要多读点本学科的发展史,经常读期刊杂志上本学科的中文论文,如能找到本学科的教科书,不时翻一翻也很有益处。此外,编译人员在经常浏览新到书刊、资料时,对国外学者提出的一种新理论、新实验方案、新装置原理,甚至每一个新出现的术语,都要加以注意。遇到不懂的问题,要及时向科技人员请教,切不可望文生义,自作主张,译得驴唇不对马嘴,闹出许多笑话来。因为编译人员编译的信息是供科技人员阅读的,容不得半点马虎和草率。如果有可能,编译人员还应尽可能多出席报告会,参加学术活动,这些是搞好编译工作的根本。这种准备当然不会是一蹴而就短期能完成的,而是需要信息编译人员毕生的努力。只要坚持不懈,就能使自己的科技功底越来越厚实,从而编译出内行式的信息来。

其次,编译人员要具有较好的外文水平。科学信息编译是从外文文献开始的。不言而喻,编译人员需要有较高的外语水平。才能正确理解科学信息的内涵,使自己编译的信息准确、贴切。

信息编译人员也需要有较好中文水平,这一点却常为人们所忽视。一些单位选用编译人员,往往只注意他们的外语程度如何,而不注意他们的中文水平,这实在是一个失误。因为信息最终是以中文为载体的,提供的中文信息必须是用词准确、行文流畅。这样读者阅读时才能心情舒畅、一目了然,如若不然,写出一篇外文式的中文,将一大堆定语或状语照原文一样机械地堆砌在一起,倒装句和被动语态满天飞,甚至几十字,上百字的过长句子也不加截断,虽则他是辛辛苦苦,逐字逐句,规规矩矩由外文译来,读者恐怕也要因晦涩难懂而不敢问津了。因此,严格选拔培养编译人员是相当重要的。

四、编译服务的发展趋势

当今,是人类科技活动更加开放的世界。各国之间相互学习,相互交往,相互引进科技成果,文献交流十分频繁。面对数量庞大、文种繁多的文献资料,语言障碍成为国际间疏通信息的屏障,成为读者掌握文献的一大难关。如何克服语言障碍,让外语语种和外语水平有限的读者,能更多更快地利用外文资料,从而扩大耳目,搜集各国科学信息,掌握其研究动态和研究成果,促进本国科技事业发展,组织大规模的社会化的编译服务工作,不仅十分必要,而且完全可行。

二次大战后,前苏联、美国、日本、英国、前西德、法国等发达国家,以及欧洲共同体等组织,由于国家的干预,社会各界的普遍重视,各种类型、各个层次的翻译研究机构,翻译服务网络纷纷建立起来。人工翻译、机器翻译、计算机翻译同步发展;专业和业余翻译队伍日渐壮大;译文数量成倍增长。编译服务成为咨询、参考、检索、信息服务的补充和延伸,在科研活动中发挥出不可估量的作用。

我国的编译服务经过了曲折的发展,正走向开拓前进的阶段。全国各地,尤其知识密集型产业,智力开发中心,文献信息中心。图书信息中心,开展交流性的编译服务,登记性的代译服务,已成为读者服务体系中非常活跃的一部分。如辽宁省图书馆从1980年起,就建立了"业余代译网",聘请大专院校和科技单位中级以上的外文翻译人员,组成20多名成员的翻译队伍,按专业、按文种分工,能为读者代译英、俄、日、德、法及其它稀有语种的专业资料,每年为读者代译文献达百万字,通过参考使用,收效显著。数以万计的编译材料,散现在公开杂志上,内部刊物上,学术汇编中,译文论丛中,被读者查阅参考,研究交流,创作引用。其数量之大,比例之高,是前所未有的现象,并成为一种发展趋势。

第二节 展览服务

一、展览服务的含义与作用

书刊展览是一种通过全面系统荟萃某一专题或主题的文献资料及书目工具,集中反映某一地区,某些出版发行单位或图书馆、信息部门的文献资料,利用陈列展览的直观形式,直接宣传推荐图书文献的服务方式。它把大量原始书刊资料,直接展示在读者面前,宣传范围广泛,报道内容具体,利用方法简便、直观,发挥作用迅速及时,既充分开发利用了文献资料,又便利广大读者在短时间内浏览、选择、参考、搜集大批资料,节省时间、收效显著。

书刊展览作为一种主动服务方式,已经广泛地运用到社会上所有书业界,包括出版社、书店、图书发行公司,以及图书信息界等。运用展览形式为读者服务,将图书展览与销售,展览与参考结合起来,对宣传新书,扩大订户开销路,掌握市场信息起着积极的作用。书市、书展活动深受读者和用户的欢迎。图书信息部门运用展览形式为读者服务,将图书文献宣传、阅览、外借、复制、咨询、参考等多种服务形式结合起来,搞得生动活泼,影响很大,同样深受读者欢迎。这在一定意义上可以说是开架借阅服务的延伸和发展。

二、展览服务的内容

内容形式灵活多样,不拘一格,有新书展览,也有陈书展览;有综合性展览,也有专题性展览;有一馆藏书展览,也有多馆藏书联合展览;有定点展览,也有巡回展览等等。书刊展览,对于各种最新图书文献来说,缩短了文献时差,及时发挥最新的信息价值;对于过期图书文献来说,则是由"死资料"变为"活资料",充分发挥了藏书资源的潜在使用价值;对于广大读者来说,则开阔了眼界,扩大了利用范围,满足了现实需要和潜在需要。

为了揭示馆藏期刊,宣传介绍期刊,提高期刊利用率,同时接受读者的监督,优化馆藏期刊结构,定期或不定期地举办期刊展览,也是一种重要的展览服务。

配合重大政治活动,举办有关的展览活动,也是一种展览服务。如纪念毛泽东同志诞辰一百周年,而举办的"毛泽东著作、诗词、书法展览"、"毛泽东伟大的一生图片展览"、"没有共产党就没有新中国图片展览"等等。

三、展览服务的方式

展览服务的方式复杂多样,要因馆、因时、因目的而制宜。这里突出介绍新书展览。

新书到馆,首先忙着登录入账,分类编目,加工整理,而后交库流通,这是图书馆传统的工作流程,也是多少年来广大图书工作者和理论家总结出来的行之稳妥,秩序井然的办法。不可否认,这些工作步骤、内容、方法都是必要的。但是笔者认为,缺少一项很重要而一般图书馆又能完成的工作——新书展览。特别是在把信息作为一种资源的信息社会里,各方面的改革开放都在发展,都在变化的今天,图书馆开展新书展览更是势在必行,义不容辞的。这里所提的新书展览不同于图书馆的新书展示等图书宣传活动,它是指把最新采购到馆的图书,在入库之前先交送新书展览室(厅),向读者开放一段时间,再随着新书一批一批地撤换更新。

新书展览刻意求"新",要"新"就要快,就要及时,就要把到馆的新书在最短的时间里推出展览。为此,可在分编前,只做一些简单必要的加工(如登记、粗分类、盖章等),展阅撤回后再做完全的加工整理。这样,虽然打破了标准的工作程序,但开创出读者服务中的一个新事物,而且对新书的分编有利有节,何乐而不为。

新书展览室(厅)要作为一个正规的阅览室来建设,配备适合于展览的书架和舒适的阅览桌椅,以及必要的监测设备,要有明确的读者规章制度和工作人员岗位责任制来保证。新书展览方法可采用全开架,也可是半开架。现代图书馆提倡和发展的趋势是全开架。但目前最好是半开架,其优点是能杜绝丢失,保持新书完好,排位准确固定。半开架要求用全暴露书架(如期刊架)把书展开,使读者一目了然,借还简捷。新书展览既然只能内阅不能外借,有条件的要使复印,照相等复制设备跟上,以便读者把最新获得的文献摘录,拷贝下来。

读到这里,人们也会提出:新书展览真的有必要搞吗? 我们从图书馆的任务和它的机制以及外界条件的变化入手分析,不难得出:"应该搞"的结论。图书馆最根本的任务是用它的馆藏文献为读者服务。它的机制如能很好地完成任务,那么这种机制就是完好的,如果它的机制对于完成任务疲软,就说明这种机制已不很完善,需要革新补充。随着信息社会的到来,馆藏文献的时效突出地表现出来,而且呈越来越短的趋势。一般来说,新书处于时效高峰阶段。充分发挥新书的时效性应为图书馆当务之急,要千方百计寻觅新的手段,采取新方式最大限度地提高新书利用率。按照传统的外借流通办法,一册新书一个人借回家去,至少也得半个月或一个月才能周转回来。读者"休读"导致新书"闲放",是造成图书馆新书很快失效和利用率降低的潜形消蚀因素。新书展览则是在它时效高峰期,创造一个新书摆在馆,大家看,轮流读的紧俏局面,尽量减少"休读","闲放",尽量增加每本书的阅读人次,扩大阅读面,这是资源共享的最好时期。

现在很多读者感到在图书馆里借到和了解新书很难,其原因主要有以下几方面:其一:是有的馆目录不全,目录健全的图书馆读者又缺乏用目录的知识。其二是因资金短缺,新书复本量少,一人借出,多人遭拒。其三是近水楼台先得月,新书到馆很快为内部人员或熟人先行借出。甚至一再续借,长时间不还。其四,有的新书到馆后,登录、查重、分编、加工、交接等手续多,工作跟不上,延误时间过长。这一连串的问题通过新书展览都能迎刃而解,读者可置身于新书天地里,赏心悦目,随意鉴读。信息时代的节奏,社会前进的浪潮不断冲击着图书馆。只有加速改革,图书馆事业才能兴旺发达。新书展阅是图书馆为一切读者着想,敞开文献资源,进行人书直接见面的一种好形式。开辟新书展阅应成为图书馆的普遍意识和做法。应通过实践不断完善它,使之充分发挥短、新、快的效能。

第三节　报道服务

一、报道工作的意义与作用

所谓信息的报道工作,是指信息机构根据信息读者的需要,将有关文献信息资料,进行加工整理,分析研究之后,以一定形式广泛传播给读者的一项工作。图书馆的信息部门搜集来的大量文献资料,经过整理加工研究之后,及时报道出去,为生产科研部门提供服务,满足读者的信息需要,这是信息工作的主要目的,也是信息工作的中心环节,只有搞好信息报道工作,才能充分发挥信息资料的固有作用。因此,做好信息报道工作,十分重要。

二、信息报道形式

(一)文字报道。主要是通过文字形式进行的报道活动。它是根据信息读者的需要,有选择地将有重要参考价值的文献资料(主要是一次文献),加工成二三次文献的形式,进行报道。这类报道工作的特点是信息量大,传播面广,连续性强,既便于信息的交流与收藏,又便于读者使用,是当前最主要的一种报道形式。

(二)口头报道。主要是通过口头直接交谈,技术讲座、科技会议,对口技术交流等形式传播报道科学技术,生产建设和组织管理方面的新理论,新工艺,新技术。这些都是通过语言进行的最直接的信息交流形式,其特点是迅速及时,而且可以对话,收效好。

(三)直观传播报道。即通过实物传播信息,包括实物展览、现场观摩、科技电影,录像等形式。它不仅可以直接提供用户所需信息,而且能使观众一目了然,易接受,印象深刻。

三、报道服务的基本要求

"广、快、精、准"四字方针,是对整个信息工作的质量要求。对信息工作的报道来说,除应该遵循这些原则要求以外,还要强调以下几点:

(一)保持报道工作的系统性、完整性。无论是定向报道,还是定题报道,这个问题不能忽视。

(二)坚持报道与检索相结合的原则。文摘、题录、目录是传播信息的重要形式,起着报道与检索的双重作用。因此,在及时报道的同时,必须考虑建立一定的查找文献资料的检索系统。如果只重报道不重检索,那么所报道的文献愈多,则产生的检索就愈大,查找文献就越困难。某些检索刊物所以不能充分起到检索作用,是由于报道时差过大,报道作用也很有限,原因之一,就是没有坚持报道与检索相互结合的原则,为了克服现存弊端,使报道工作做到报道及时,又能便于读者今后检索,必须按照统筹规划、分工协作的原则,把图书馆各部门之间的各方面力量很好地组织起来,在统一领导和统筹规划下,根据各自特长,实行科学地分工合作,逐步建立起完善的报道体系,缩短报道周期,提高服务质量。

(三)提高信息报道的准确性。信息的准确性是衡量信息量大小和质量的一个重要指标。不同的信息刊物,其要求重点也有所不同。检索类刊物的准确性,主要表现在选题、摘要和标引三个方面。选题的准确性是保证报道方向正确;摘要的准确性是保证每篇文摘提供的信息内容正确;而标引的准确性则是保证信息的检索手段的正确。

对译报类和研究类报道的准确性也有具体的要求。判断准确性的重要依据之一,就是看其适用性如何。因此上述三类报道都应结合本国、本地区、本专业学科的实际情况,从实际出发,切忌为报道而报道。

四、信息出版刊物的主要类型、特点

信息报道工作按其报道内容和作用的不同,分为一次文献报道,二次文献报道,三次文献报道三种类型。信息机构通常是利用一次文献加工成二次文献和三次文献。一次文献一般属科学技术报道工作范围,由信息机构报道的不多;在一次文献基础上加工出来的文献,称为二次文献,如文摘、题录等;在一次和二次文献基础上进行综合加工编写出来的文献,称为三次文献,如综述、述评、学科总结等等。一般来说,报道这些二三次文献的刊物,可以统称为信息出版刊物。

我国出版的信息刊物,大体可分为三类,即:检索类、报道类、研究类。

(一)检索类刊物　检索类信息刊物,是专门提供查找科学文献线索的信息出版刊物,是报道和检索科学文献的主要手段,也是建立自动化信息检索系统的基础。查找文献的速度和效率在很大程度上取决于检索刊物是否完善。因此,编制、出版高水平的检索刊物,具有极为重要的意义。检索刊物的特点是:报道的科学或专业全面,报道的速度快、时差短、使用方便。属于检索刊物的有题录、文摘和索引等几种形式,其中最主要的是文摘。

1.题录是一种简单的检索刊物,是按规定的项目和次序,只列出某一文献的外部征(包括题名、作者、出版事项等),而不介绍原文内容的条目。根据所报道文献的类型和特点,可以分别称其为科学文献题录、专利目录、特种文献题录、资料通报等。题录式检索刊物具有"全"和"快"的特点。其主要任务就是定期迅速而且尽可能全地把国内外有参考价值的文献报道出来,供检索使用。这是二次文献的最快报道形式。

2.文摘是检索刊物的一种主要形式。按其不同作用可有详简之分。除题录外,仅对主要内容作一般性简单介绍,而不直接摘录原文论点和数据的条目,称为指示性文摘,也称简介。简介的长短不取决于原文献篇幅的大小,一般控制在 200 字以下。除题录部分外,还对原文的主要内容做实质性摘要报道的条目,称为报道性文摘。它不仅说明一篇文献的中心题材或主题,而且还要说明该文献所记载的有关研究、试制、设计项目的目的、方法与设备、重要数据、研究结果和技术经济指标等实质性资料。报道性文摘的文字要精练,语义要连贯,重点要突出。文摘的长短取决于原文献的内容和篇幅,一般掌握在 300 ~ 700 字之间,有的文摘刊物为了加强报道功能,使其在相当大程度上代替原文献,文摘有时长达 1000 字之多。对文摘的要求是既要"全",又要"快";既起检索作用,又起报道作用;既可向读者提供较充分的信息,使用起来又方便。

3. 索引是检索刊物起检索作用的主要手段,是文摘杂志的辅助工具和主要组成部分。文摘杂志一般都编有不同检索途径的索引,附在每期正文之后。年度索引附在最末一期正文之后,多年度累积索引多单独编印发行。既方便读者查找,又能使检索刊物充分发挥检索作用,并有长期保存价值,特别有利于追溯性检索。

索引的类型:按内容特征编制的索引,有分类索引和主题索引,以及由主题索引派生出来的关键词索引,上下文关键词索引(KWIC)、题外关键词索引(KWOC),单元词索引、叙词索引等;按著者特征编制的索引,有作者索引,团体著者索引;按号码编制的索引,有报告号、合同号、入藏号、专利号、标准号等索引;还有按特殊需要编制的索引,如篇名索引、分子式索引、地名索引、动植物名索引、商品名索引等。

综合上述,编制检索类信息刊物以及卡片式、胶卷式、磁带式检索工具,就是先对报道的文献进行全面地分析描述,然后根据需要,对文献的结构单元进行组配,使之组合成各种检索刊物和工具,以完成不同的信息任务。

（二）报道类刊物　报道类刊物在信息出版物中占有较大比例。它是根据读者需要,选择报道国内外科技成果、动向、经验、消息等,对科技人员、管理人员都有重要参考价值。这类刊物又可分为消息、快报、译报三部分：

1.消息,这是报道类信息刊物中一种最简单形式,一般只报道国内外的科技消息,对科技内容不做详细介绍,不包括更多的具体内容,只起通风报信的作用。如中国科技信息所过去出版的《科技消息》、《国外科技消息》等都属于此类。对于科技消息的报道,必须从实际需要出发,注意消息的科学性、针对性、及时性和可靠性。

2.快报类信息刊物与消息类刊物比较,其内容要具体详尽的多,它不是单纯的起通风报信的作用,而是可以给读者比较实际的科学内容。在时间上来说,与消息类刊物相同,但要求快。

3.译报是把对我国有参考价值的国外科技文献,译成中文出版的刊物,也是报道类刊物,内容最丰富,最详尽的连续出版物。它包括全译本、选译本和国内外文献并收的混合本。这类刊物必须注意提高选题的针对性,并尽可能地缩短其编译出版周期。

（三）研究类刊物　它是指将信息研究成果报道出去的一类出版物。从报道形式上看,有的公开发表在期刊和报纸上,但更多的则是出版不定期的研究报告。从报道内容上看,可分为动态性和述评性两种,也有二者相结合的。

1.动态性信息刊物　在目前信息类刊物中占有重要地位,其主要特点是：新闻性强,水平较高,重时间性,报道短小精悍,一般只反映主要论点、特点、结论及效果,不涉及具体的技术细节。它的主要作用是供科技决策人员在决定政策和确定工作方向时参考,或者是为科技人员在确定课题时提供思路。在现有这类刊物中,报道国外动态的占有较大比例。

188

2.述评性信息刊物　主要是对某一学科或某个科研项目进行综合性的文献述评的报道。撰写述评需要全面占有文献资料,熟悉本学科专业的基本情况。述评通常包括三个部分:综述部分,评论部分和建议部分。述评和学科总结报告等都是在统一利用一、二次文献基础上形成的第三次文献,是一种经过浓缩后的战略性信息。其特点是具有较强的科学性、预测性和针对性。因而,它既可为有关决策人员提供参考,又可为科技人员开拓思路。和动态性信息刊物相比,述评性刊物的内容既具体,又有相当深度。它通常多以专题报告的形式不定期出版,所含信息量较大,是一种很有参考价值的信息来源。

五、信息刊物的编辑、出版工作

编辑、出版工作是信息报道工作的重要组成部分。一个刊物的好坏,取决于刊物的内容和编辑出版水平。因此,做好编辑出版工作。对于办好信息刊物,促进信息交流,具有重要意义。

(一)编辑流程

1.选题　这是第一步。何为选题,就是选择编辑报道的题目。也就是说首先要解决研究什么问题,即确定工作方向和任务。因此,选题是关键,必须抓紧抓好。究竟怎样来进行选题,要根据刊物的性质和刊物服务对象的需要来考虑。选题应注意哪几点呢?

(1)所选题目是有关国家战略决策或是与四化建设直接有关系的重大科技问题。

(2)是广大科研、教学、生产人员普遍关心的问题。

(3)是教学、科研生产中比较重大的问题。

(4)是国内外出现的科技新动向、新苗头等。

2.组稿　确定选题之后,紧跟着就是组稿。组稿是编辑工作中一项基础工作,组稿好坏,直接影响到刊物编辑工作的质量。因此,各种刊物、报纸的编辑部门,都十分重视组稿工作,以保证刊物

的质量。要抓好稿件工作,首先应做好以下三点:

(1)建立通讯员制度,做好通讯联络工作。通讯员是编辑部门的耳目,是编辑出版者与广大读者联系的桥梁。搞好通讯联系工作,有助于开辟稿源,改进编辑工作,提高刊物质量。

(2)建立刊物基本作者、译者队伍。编辑部要经常和他们保持联系,了解他们的业务专长、外文水平,根据不同情况,委以相应的撰稿任务。

(3)坚持"按劳付酬"原则,在稿件发表后根据有关规定,给以适当的稿酬;对不宜采用的稿件,要及时妥善处理。

3.审稿 这是决定稿件是否采用的一个重要步骤。审稿内容有三个方面:其一,是审查稿件的政治质量;其二,审查稿件的学术价值与适用价值;其三,是进行文字审查。有些稿件的选题和内容都不错,可是文字表达能力差,读起来很费解;有些稿件读起来比较通顺,但内容有错误;对翻译稿件的内容和文字表达能力更要认真加以审查。可见,做一个合格的信息刊物编辑人员,不仅要有较高的政策水平和广博的科学文化知识,还要有一定的文化水平。

4.编辑加工 不仅是文字上的加工,对编辑人员来说,要注意以下几个方面,其一,稿件的真实性、准确性如何?其二,该稿是否切合当前需要?学术价值适用性如何?其三,文字表达是否清楚易懂;其四,读者对该项报道的价值是否会有怀疑;其五,文章的书写格式与错别字等。经过编辑加工之后,准备发排的稿件,还要按"清稿"的要求,分别做到:稿件清楚,层次分明,格式统一,插图齐备,逐页编号。一旦定稿,发排,不再进行较大的改动。

(二)报道刊物的出版工作。一个刊物,经过编辑加工、清稿、定稿后,送出版部门排版印刷。是整个报道刊物的又一重要环节,此项工作具有十分重要意义。一个好的刊物,不仅要重其内容质量,更要讲求形式上的美观大方,要做到形式与内容的高度统一。这就需要进行排印前的技术编辑工作。技术编辑工作包括诸如:

封面设计,开本设计,装帧设计、版面安排、题字、插图等内容,这些工作就是为保证书刊形式优美而产生发展起来的一套业务。如果我们办的刊物,能在传递情报、知识的同时,再配以美观、协调的封面,活泼大方的版面安排以及和文章内容密切配合的插图、题字等,又能给广大读者以美的感受和启示,其效果一定会更好,因此,一般出版部门都非常重视出版前的编辑工作。下面仅就有关技术编辑,出版工作的几个基本概念,做一个介绍。

1. 开本设计　　所谓开本设计,是指书刊的尺寸大小,通常是根据它的内容、性质、用途、读者对象等因素来确定的。例如,教科书的特点是要经常学习使用,为便于携带,大小要适中,一般采用 32 开本;工具书、手册之类要经常翻阅,开本一般要小;一般采用 64 开本;而期刊之类是图表多,一般采用 16 开本等等。

2. 版面设计　　书刊表面的大小是指每一印刷页上能排印的字数、行数和每行的字数而言。同样的开本,采用的字体相同,由于行数和每行字数不同,所能容纳的字数也不一样。以 16 开本的期刊为例,如采用老五号通栏排法,每面可容纳 1680 字,采用老五号双栏排法,每页可容纳 2024 字;采用小五号三栏排法,每页可容纳 1980 字。这种情况表明:版面的设计、安排不是一成不变的,而是需要技术编辑人员充分发挥自己的创造才能,根据各种不同的要求,去设计版面,使版面的设计达到最完善的程度。

3. 校对工作　　是专指出版过程中的校对而言。出版校对工作非常重要,书刊稿件发排后,经过拣字,拼版印出校样。校样必须根据原稿进行校对,经校对无误后才能上机付印。

为确保刊物的出版质量,印刷厂和出版部门设有专门机构和专职人员进行这项工作。一般情况下,从原稿在印刷厂开始拣字到印出成品为止,先后至少要经过四次校对。这就是所谓的毛校、一校、二校和三校。

出版工作之后,紧接着就是发行工作,这也是整个信息报道工作的重要一环。发行渠道不畅,将会严重影响信息的交流和传递。因此,如何搞好书刊的发行工作,也是一种专门的学问,需要很好地进行研究。以便受到读者的欢迎。

第十二章　读者导读

第一节　导读概述

图书馆是文献知识的宝库,所藏文献只有通过阅读才能使读者从中获取信息,接受教育,从而将文献的潜在价值转化为现实价值。然而很多因素会影响读者阅读行为的产生,或导致阅读倾向的位移,为优化阅读活动,图书馆导读工作便应运而生了。继而诸如阅读辅导、宣传辅导、阅读指导、读书指导、阅读引导、阅读导向、导读工作、导读服务、导读教育、导读等概念便随之出现。这些概念,是人们在导读活动过程中,把握了事物的共同特点,并加以概括而形成的,在一定程度上反映了导读活动的一般的、本质的特征。

那么什么是导读呢? 关于导读的定义,图书馆界先后有不少见解与提法。

周文骏先生——1980 年在《图书馆工作概要》一书中阐述:图书宣传与辅导阅读,是图书馆中一项最活跃、最有生气的群众性活动,这项工作的特点是运用书刊等出版物来达到宣传教育的目的,宣传辅导直接影响流通推广图书的范围和图书的使用率、周转率。十余年后,周先生又发展了自己的观点,在他主编的《图书馆学情报学词典》中,将阅读指导定义为:图书馆服务方式之一。是对人们的阅读目的、内容与方法施加积极影响的教育活动。

沈继武先生——1987年,在《藏书建设与读者工作》一书中写道:指导阅读的工作,是在熟知读者及其阅读需要的基础上,参与读者阅读活动,积极影响读者选择阅读范围,使他们正确地领会文献内容,帮助他们学会利用文献和图书馆。

赵世良先生——1986年,在《图书馆读者工作教程》一书中指出:阅读指导是对人们的阅读目的、内容与方法给予积极影响的教育活动,其任务在于提高读者掌握与运用文献的能力,从而加强阅读效益。以图书馆工作人员的努力,利用特定的条件与手段,来提高读者阅读修养的过程,就是图书馆的阅读指导。

蔡成瑛先生——1993年在《图书馆学情报学概要》一书中提出:阅读指导是图书馆对读者的阅读目的、内容、方法给予积极影响的教育活动,目的在于提高读者的阅读能力和阅读效益。

上述诸家把导读的定义基本上统一在图书馆对读者的阅读目的、内容和方法,给予积极影响的教育活动上。随着图书馆导读工作的深化发展,不少学者对导读工作的实践,进一步进行探讨和总结,提出了一些新的看法和见解。

姜建军同志——1990年,在《关于图书馆导读工作的几点思考》一文中提出:从广义的角度可以将导读工作理解为阅读指导和阅读辅导的总和;从狭义的角度可以理解为辅导、指导和引导,而主要的是在后者。引导的特点不仅仅是辅导和指导,重要的是它有导向的含义。在过去的教科书中,将阅读辅导的范围大体划为:辅导读者利用图书馆、辅导读者利用图书馆目录、辅导读者利用各种工具书、辅导读者使用二次文献和阅读指导,谈的都是辅导,即被动的辅助。而导读主要是主动地引导,即按照社会的需要,主动地利用各种手段去"干预"和"影响"读者的阅读兴趣和阅读行为,使其跟上社会发展的进程,并使馆藏文献得到充分地利用。

石新生同志——1991年,在《图书馆的思想政治教育职能与

194

导读工作》一文中谈到,导读工作即利用各种形式的活动引导读者,使读者的阅读动机、阅读兴趣及产生的阅读影响,自觉发生位移,趋近和达到图书馆既定目标的一种读者工作。

陈英杰同志——1992 年,在《论高校图书馆导读》一文中认为:导读是图书馆较高层次上的读者阅读导向服务工作。所谓"导",即引导、指导、辅导、启发、疏导、导向等意。导读,即根据社会的需要和现实任务的要求,通过各种行之有效的导读活动,积极主动地去吸引和诱导读者正确有效地使用文献和利用图书馆,从而更好地发挥图书馆的教育职能和情报职能,使馆藏文献发挥更大的效益。

基于上述诸家之言,笔者倾向于这样一种看法:导读是图书馆根据社会发展的要求,采取各种有力措施主动地吸引和诱导读者,使其产生阅读行为,并积极地干预和影响其阅读行为,以提高他们的阅读意识、阅读能力和阅读效益为目的的一种教育活动。导读是图书馆的服务方式之一。

第二节　导读原理

一、导读的必要性及其意义

阅读是社会精神生活的重要组成部分,是人们获取知识的主要途径。社会阅读活动的健康发展,有助于人们思想政治素质和科学文化素质的提高。

从宏观讲,当今世界各国综合国力的竞争,日益表现为以科技知识和信息资源为主要特征的竞争,随着我国改革开放的深入发展,完成现代化建设的宏伟大业,越来越需要先进的科学技术和高素质的建设人才。为适应社会发展的要求,人们越来越渴求知识,但是新技术革命浪潮的冲击,对人们的阅读活动提出了挑战:一是无限的文献对有限的阅读时间的挑战;二是呈几何级数增长的信息,对人们原有接受能力的挑战;三是大量的新知识对人们理解能力的挑战。因此,普及阅读活动和提高阅读能力已经成为现代社会发展对人们提出的起码要求。

从阅读活动本身讲,很多因素(社会环境、政治气候、教育导向、新闻媒介、读者本身的情况等)会影响阅读活动的开展。比如,处于一定社会环境中的人,其言行举止会对社会环境施加影响,因而个体读者的阅读活动将影响社会群体的阅读活动。又如,读者类型结构的不同,会导致阅读需求和治学能力的差异。再如,政治气候、教育导向等因素会导致种种读书热。如此等等,都提醒和告诫人们要优化阅读活动。

作为社会教育机构的图书馆,以其丰富的文献资源、先进的技术设备、不拘服务时间、年龄、职业等优势为人们提供了终生求知的场所和条件。为优化阅读活动,图书馆要积极主动地开展导读工作,要激发人们的求知欲,鼓励倡导阅读,并引导读者的阅读需求和阅读倾向与整个社会的政治、经济、科学文化、道德观念和价值取向同步发展。

导读工作开展的如何,对文献资源有效利用的深度和广度,对满足读者文献阅读的程度以及图书馆方针任务的贯彻执行都有着直接的关系。抓好导读,能沟通和密切图书馆与读者的关系,扩大图书馆的影响,使读者了解图书馆,利用图书馆,走向成才;抓好导读,能使读者沿着健康的方向进行阅读,不断吸取知识的营养,利于成才;抓好导读,能使读者掌握科学的治学方法,加速成才。

二、导读的功能与作用

导读是一种以传播文献知识为手段,以育人为目的的读者教育活动,是图书馆发挥教育职能的一项具体的读者服务工作。导读的最基本的功能是保证文献的充分和有效交流,其主要作用是提高读者的阅读修养和阅读效益。

通过导读,可促使潜在读者转化为现实读者,使更多的人将阅读需求转化为阅读行为。

通过导读,可提高读者的文献鉴赏能力,自觉吸取先进的思想政治营养,树立正确的世界观和高尚的道德情操。

通过导读,可使读者掌握一定的治学方法,取得较理想的阅读效果,从而形成良好的知识结构和丰富的知识储备。

总之,图书馆导读工作的开展,有助于更多的社会成员了解图书馆,接近图书馆,最大限度地利用图书馆,从而有助于提高人口素质,加快社会主义现代化建设的进程。

三、导读的特点与原则

(一)导读的特点　虽然导读是对读者开展的一种教育活动,但是这种教育与学校教育以及其它社会教育形式大不相同。

首先,这种教育既不像学校教育那样围绕固定的教科书,直接给读者系统地灌输知识,完成阶段性教育;也不像电影、电视、广播那样脱离文献,单纯利用声像进行教育。它是围绕开发馆藏文献,采取各种可行的方式方法吸引和指导读者阅读,解决终生教育。

其次,导读贯穿于图书馆的各个工作环节之中。从采购控制、编制书目到文献流通借阅乃至检索、咨询等,各个方面的工作无不需要开展导读工作。

第三,导读的方法手段灵活多样。由于读者结构、类型及层次的差异,决定了导读方式不能千篇一律,要视读者具体情况,采取相应的对策,才能收到理想的效果。

(二)导读的原则　导读的原则是开展导读工作应遵循的准则,它关系着导读的质量。

1.思想政治性原则　导读工作要把坚定正确的政治方向放在

首位。社会主义国家的图书馆是传播社会主义精神文明的机构，必须坚持为巩固社会主义政治制度和社会主义经济制度服务的方向，宣传马列主义、毛泽东思想，宣传党的路线、方针和政策，宣传共产主义思想。把读者引向观点正确、内容健康的书山学海，使读者从中吸取良好的精神营养，以科学的理论武装自己，以高尚的精神塑造自己，逐步树立起共产主义的人生观和科学的世界观。

2. 科学性原则　千篇一律的导读活动不能收到最佳的效果，因而，要遵循导读活动自身的规律，以科学的态度和方法来开展工作。首先要因人而异，在研究读者的基础上，针对不同读者的阅读兴趣、阅读需求、阅读能力等具体情况，来确定导读的内容和方法。其次是因时而异，因为一定时间阶段内的社会阅读活动，常表现出一定的特点和倾向，从而出现某阶段的某种阅读热。导读工作就要根据社会发展的总要求及现阶段的主要任务，对各种热潮进行辩证分析，支持积极的读书热，导正不良的阅读倾向，引导读者不盲目迎合热潮，不为热潮所左右。

3. 主动性原则　主动性原则是导读工作不可缺少的一项原则，不遵循这一原则，就不会有高质量的导读。导读的根本目的在于提高读者的阅读效果，没有积极主动的导读活动，就不会充分激发和提高人们的求知欲和阅读意识，使更多的人成为图书馆的读者；没有积极主动的导读活动，就不能普遍提高读者的治学能力，使读者在阅读中充分受益；没有积极主动的导读活动，就不能使不良的阅读倾向及时得到疏导和控制。因此，图书馆要改变坐等守摊的传统观念，主动了解和研究读者，制定导读方案，有目的、有计划、有组织地开展导读工作。

4. 双向性原则　导读工作是"导"和"读"的科学结合，是图书馆与读者之间的双向活动，只"导"不"读"或只"读"不"导"都不会取得理想的阅读效果。对图书馆工作者而言，要树立热爱读者、尊重读者的思想，重视并提倡与读者交往过程中的心理沟通，经常听取读者的各种反映,以明智的态度对待读者,而不是强硬地去约束读者。只有和读者保持理解、尊重、和谐与融洽的内在心理情感,才能使"导"效果好,使"读"收益大。

5. 整体性原则　对图书馆本身来说,导读工作虽然是一项具体的读者服务工作,但这一工作并非为导读部门所独有,而应寓于图书馆的各项工作之中。图书馆的各个部门都应把导读作为一项应有的工作内容,在工作中加以体现,并且各部门之间要相互配合与协调,以图书馆的整体优势来提高导读的水平;从整个社会来看,图书馆的导读是社会导读系统中的一个子系统,图书馆的阅读活动无时无刻不受社会环境的影响。因此,图书馆要主动与党政机关、科教部门、宣传舆论部门及各种社会团体密切协作与配合,借助社会力量来推动导读工作。

第三节　导读内容

关于导读的内容,已有不少论述。

沈继武、王启福、倪波等同志认为,导读的内容有以下几个方面:第一,指导、辅导、帮助读者利用图书馆;第二,辅导读者使用图书馆目录;第三,辅导读者利用各种工具书;第四,指导读者阅读书刊(读书指导)。

刘久昌、桑健等同志,以及北京大学图书馆学系与武汉大学图书馆学系合编的《图书馆学基础》中认为:除上述四方面的内容外,还有辅导读者使用文摘、索引等二次文献资料。

张厚涵同志认为:导读的内容包括辅导读者利用图书馆、阅读内容的辅导、阅读方法的辅导。

四川省图书馆学会主编的《读者工作概说》,将导读的内容概括为:查找资料方法的辅导、读书内容的辅导、读书方法的辅导、系统传授知识的辅导。

赵世良同志认为:导读的内容包括:提高阅读认识,扩大文献视野,普及检索方法,培养阅读技巧和提倡系统阅读,并认为这5项内容紧密联系且有一定的层次性。

蔡成瑛同志关于导读内容的阐述,与赵世良同志的意见基本一致,只是增加了"扭转不正确的阅读倾向,克服阅读中的盲目性"这一层内容。

综观诸家之见,导读的内容既有基本统一的方面,也有发展变化的趋势。随着图书馆事业的发展和读者工作的深入,导读的内容也发生着相应的变化。就目前情况来看,导读内容大致有以下几个方面:

一、提高阅读意识

优秀书刊是人类智慧的结晶。阅读活动就是从人类几千年来创造和积累起来的经验和智慧中,从一代又一代人所不断继承、丰富和发展起来的宝贵精神财富中,去获取、开发信息,掌握知识。阅读不但是人们获取信息、占有知识的重要手段,而且是开发人类智力潜能的有利工具,一个人知识贫乏,其智力活动就失去了内容、对象和源泉。

未来社会的发展,靠的是信息和知识,谁占有的信息、知识越多,越有用,谁就具有更大的潜力、活力和竞争力,成功的机率也就越大。因此,导读的首要内容就是要培养和提高人们的阅读意识。阅读意识就是对阅读这一社会行为的实践活动和心理过程的认识程度,这种认识越高,产生的阅读行为就越理想,收到的阅读效果就越好。人们的阅读意识高低差异很大,有的人几乎没有阅读意识,这就需要向他们宣传阅读活动的意义、作用及其对个人与社会的功能。首先,从阅读对社会的作用来看,让人们认识到阅读是保证社会进步,推动社会主义物质文明和精神文明建设的必要条件和手段;其次,从阅读对个人的作用来看,让人们认识到阅读是提高人的素质的重要手段和途径。可以用古今中外名人利用图书馆的成功经验来启迪读者,还可以帮助读者总结自己的读书经验,从自身的体验中来提高阅读意识,增强阅读的主动性。

二、培养阅读技巧

谈起读书,有人认为"此乃雕虫小技也",谁人不知,谁人不会? 其实不然,"读书不知要领,劳而无功"(张之洞言),如果不懂一点读书方法,即使花费不少时间苦读,收效却不会令人满意。

读书方法的范围很广,从宏观上考虑,怎样制定读书计划,怎样选定阅读目标,怎样做读书笔记,怎样做学习总结等都属于阅读方法问题;从微观上讲,怎样寻找最佳思考方式,怎样增强记忆,怎样利用时间等,也都属于阅读方法问题。

读书方法,古已有之。我国是世界文明古国之一,对阅读的研究有悠久的历史和丰富的研究成果,积累了数百种读书方法,如概读法、精读法、泛读法、略读法等。近代学者的研究认为:孔子的阅读理论奠定了中国阅读方法的基础,孔子的阅读理论有十个要点:好学乐学,由博返约,学而时习,学思结合,学行结合,温故知新,述而不作,默而识之,一以贯之,举一反三,这些都是掌握阅读方法有价值的参考意见。阅读方法虽然很多,但并不是每种方法对每个人都适用,也不是适用于某读书的方法时时都合适。而读者在选择阅读方法时,往往带有一定的盲目性和随意性,这就需要图书馆有目的地给予指导和帮助,如推荐一些有关阅读方法的书刊,或请专家学者现身说法介绍成功的读书经验,或针对特定的读者群讲授一些具体的读书方法。同时还要辅导读者学会灵活运用各种读书方法,比如,求学阶段的读者与处于研究阶段的读者,读书方法应有不同,管理人员与工程技术人员读书方法也不一样,即使同一个人,为着不同的阅读需求。采用的阅读方法也不尽相同。采用什么样的阅读方法,要因人而异、因时而异、因地而异、因工作而异、因目标而异,要在"活"字上下功夫,有时一种方法可解决问题,但更多的情况则需要几种方法结合使用,才能加强效果。总之,即要向读者介绍一些通用的读书方法,又要辅导读者根据客观条件和自身特点,摸索出适合自己的阅读方法。

三、辅导阅读内容

阅读内容关系到读者精神素质和智能素质的塑造,对读者阅读内容进行辅导,是导读的核心内容。在"开卷有益"、"博览群书"鼓励人们多读书的同时,必须注意以科学、健康的读物来供应读者。许多中外名人非常重视对书的选择,他们认为:"书籍犹如朋友,必须慎重选择"(黑德斯言)、"阅读一本不适合自己阅读的书,比不阅读还要坏"(别林斯基言)、"一本书选得不合适,耽误自己的宝贵时光,无益于自己的事业;而书选得合适,则受益非浅,也就会在治学的道路上踏上捷径"(张广厚言)。因此,帮助读者选择合适的读物,是导读工作者的重要职责。

由于社会大气候和单位小环境等因素的影响,常常导致读者阅读内容和文化消费倾向形成一个个热潮,诸如武侠小说热、言情小说热、西方哲学热、传统文化探讨热、科技实用知识热、英语热、法制热、经济热、学马列主义热,等等。图书馆不仅要对大的阅读倾向进行导读,还要根据读者的不同情况进行辅导。首先是思想性导向,好书能唤起人们对真、善、美的向往,要选择推荐思想健康、积极向上的优秀书刊。应首选马列著作、毛泽东著作,这是指导我们思想的理论基础,是树立共产主义理想的科学依据,是认识世界、改造世界的锐利思想武器。此外要推荐一些思想性强的政治读物。特别是在当前改革开放大潮的推动下,人们需要抓紧学习古今中外文化,导读工作者要辅导读者提高鉴别能力,以科学的态度取其精华、去其糟粕。第二、从满足知识积累来说,要帮助读者选好各学科、各专业中有代表性的基础著作,这些书多是某学科、某专业奠基的经典著作或某学派的代表作,是其它绝大部分图书的基础。从这类书入门掌握某方面的知识,可以收到抓住核心、提纲挈领、触类旁通的效果。只有将这些必读的基础书推荐给读者,才能使读者在有限的读书时间内,从无限增长的书山中找到自己应该读的书,从捷径获得某一方面的知识。第三,从获取信息的要求来说,要体现一个"新"字,要及时把新思想、新方法、新探索、新技术、新动向、新进展、新成果等新的知识、信息提供给读者,让他们及时了解并迅速进入科学的前沿,以利于进行新的突破。

四、端正读书目的

读书目的是阅读活动所要达到的预期结果,它萌发阅读动机,引导阅读方向,关系着阅读的效果。读书目的包括两个层次:一是伦理观目的,解决为谁读书的问题,是制约读书全过程的长期的、根本的目的;二是功利观目的,解决为什么而读书的问题,是针对读某本书或某类书而确立的近期的、具体的目的。

阅读不但是一种个人行为,而且也是一种社会行为。通过阅读获得知识,充实提高劳动者素质,而获得知识的劳动者为谁服务,是育人的方向问题。社会主义国家的图书馆,是培养社会主义建设者的重要阵地,面向现代化,面向世界,面向未来,培养有理想、有道德、有文化、有纪律的新型人才是办馆的根本宗旨。图书馆导读,首先要帮助读者确立正确的伦理观读书目的,教育读者把人类的前途、祖国的未来看成自己至高无上的价值,为建设四化、振兴中华而努力读书。但是,长期以来读书学习时常夹杂着"书中自有千钟粟、书中自有黄金屋,书中自有颜如玉"的不良读书目的,表现为种种以个人主义为核心而进行阅读。这就要求图书馆工作人员,随时注意观察读者的阅读倾向和阅读行为,及时端正读者的读书目的。

阅读的功利观目的表现为各种不同的类型,如求知型、修养型、研究型、装潢型、消遣型等。人类求知的目的在于认识世界和改造世界,包括改造主观世界和客观世界,因此,求知型、修养型和研究型的目的都是可取的;装潢型的目的是为了哗众取宠、自诩博学,是不可取的;消遣型的目的有两重性,紧张的工作劳动之余,读一点文艺作品以及知识性、趣味性普及读物,不仅能缓解紧张的情绪,丰富精神生活,有益于身心健康。同时,阅读材料本身也富有知识性和趣味性,给人以艺术的熏陶和美的感受,这是一种高尚的生活情趣。但绝不能沉醉于这类读物之中,特别是对于正在集中系统求知的学生,消遣型的读书目的是不可取的。

导读工作的任务在于把两个层次的目的结合起来,读书活动才能既有压力又有动力。

五、规范阅读行为

阅读行为是读者的最基本特征,阅读行为的主体是读者,阅读行为的客体是文献,其实质是文献的内容。读者个人的阅读行为是构成社会阅读活动的基础,其阅读行为的优劣直接影响着社会阅读活动的效益。

每位有志于事业的读者都希望能在图书馆内和谐而安静地治学修业,顺利而不受干扰地求得所需要的知识。但是,由于个别读者的不良阅读行为,往往使得多数读者的合理需求成为泡影,如有的读者借书逾期不还,影响图书流通;有的在书上随意圈划、撕页、开天窗、甚至整书据为己有,破坏了藏书的完整性和系统性,严重影响了他人使用;有的不注意维持良好的阅览环境,吸烟、谈天、吹哨、吐痰等,干扰他人阅读。鉴于这些不良现象,图书馆工作者要时时注意引导读者自觉遵守图书馆的规章制度,规范读者的阅读行为,大家共同努力,创造一个优良的学习环境。

第四节　导读方式方法

长期以来,图书馆开展了多种形式的导读活动,积累了不少成功的经验。

一、语言性导读

这是一种借助语言来传播导读信息的导读方式,是通过导读工作者对读者直接讲话或双方互相对话来完成导读活动。常用的方法有:

(一)交谈　交谈是图书馆普遍采用的一种最直接、最方便、最灵活的传统导读方法,这种方法最适于对个别读者。读者在利用图书馆时,会经常遇到一些自己难以解决的问题,图书馆各个部门应当主动地给予帮助,有意识地指导他们的阅读活动。通过和读者交谈,还能及时了解读者的反馈信息,及时满足他们的各种需求。

(二)讲座　根据既定的导读目的,举办一次性或系列性讲座,是导读常用的一种方法,这种方法适于批量读者。讲座一般多围绕某特定的专题来进行,如"怎样读书"、"怎样记忆英语单词"、"怎样鉴赏文艺作品"等等。利用讲座进行导读,比交谈影响面大,传授的知识系统完整。但要求对讲座的资料内容和组织筹备工作做充分的准备。

(三)座谈讨论会　配合各种读书活动,召集读者参加座谈讨论会,共同探讨阅读内容,分析阅读的热点问题,交流学习心得。不仅与会者可自由发言,相互启发,而且导读人员可根据讨论的热点及时进行启发、诱导。

此外,围绕导读活动举办专题报告会、交艺性集会、书评会等也是常用的语言性导读方法。

二、文字性导读

运用文字材料传递导读信息,具有内容准确、作用广泛、时效长远等优点,也是广为采用的一种导读方式。

导读用的文字材料内容丰富,形式多样。

(一)按材料的内容和使用目的来分,有宣传简介类、科学普及类、研究探讨类、检索指南类等书面材料。

1.宣传简介类　主要指通过一些标语、通告、服务区域布局示意图等文字材料,向读者简要介绍利用图书馆的一些最基本的常识。

2.科普类　为指导阅读而撰写一些普及性材料,如怎样读书、怎样选择文献、怎样积累知识。

3.研讨类　主要是为导正阅读倾向而撰写的一些较高层次的文章,如书刊评介、文献综述、阅读征文稿、读书心得体会。

4.检索类　主要指各种类型的导读书目,如专题书目、新书通报、专题题录、专题摘要。

(二)按导读材料的运用方式分,可分为展示性材料和传递性材料。

1.展示性材料　这类材料一般短小精练,常展现在图书馆内读者容易看到的地方。如墙报、宣传栏、服务设施的指引说明。

2.传递性材料　根据导读的目的和内容编印各种资料,以单页、小册子或专书来直接传递到读者手中。也可以将导读材料登载于其它报刊杂志上,以扩大传播范围。

三、实物性导读

实物性导读,是通过实物来引发读者的阅读需求,指导读者的阅读活动。如参观图书馆、举办书刊展览都是较好的实物性导读方法。组织读者参观图书馆,是让读者认识图书馆的基本方法之一,既可单独使用,也是对其它导读活动的补充。通过参观,使读者对图书馆的环境有一整体性认识,对图书馆的服务有一直观感受;举办书刊展览,能让读者直接翻阅了解书刊的具体内容,还能让读者直接地、集中地了解馆藏书刊概况,了解某专题书刊的出版情况和科技发展动态等。

四、声像性导读

随着现代化服务手段的发展,利用录音、录像设备(如幻灯、录像、录音、电视、电影)传播导读内容的视听资料,是对传统导读服务手段的补充,是导读方法的发展与提高。

五、综合性导读

图书馆在开展导读活动中,常将各种方式方法综合运用。特别是随着近年来各种读书热的不断升温,相继出现了以学校、工厂、村落、家庭等为单位的读书组织,开展了各种读书活动。如红领巾读书活动、大学生读书活动、职工读书活动、农民读书活动、家庭读书活动。配合读书活动,图书馆采用各种方法开展导读工作,如举办讲座、组织读书报告会、开展书评活动、编制导读书目、评选最佳读者等。

此外,近年来图书馆一年一度的服务宣传周活动,也是图书馆进行自我宣传和开展导读活动的有效形式。在这一活动中,图书馆利用宣传展板、书展、信息发布会、讲座、专题资料等多种形式,广泛宣传图书馆,宣传图书资料,让更多的社会成员了解、认识图书馆,热爱、支持图书馆,充分利用图书馆。

第五节　导读的区别对待

区别对待是教育学的一个理论问题,在教育工作中要根据教育对象的不同特点,进行因材施教。导读活动是图书馆对读者进行的一种教育活动,也应针对读者的年龄、职业、文化层次、阅读目的等不同情况,有侧重地进行导读。

一、儿童读者的导读

儿童期大致相当于小学教育阶段。儿童天真,活泼好动,可塑性强,最容易受到环境和教育的影响。儿童期也是本能地缺乏辨别是非能力、容易不加思索地模仿的时期。

在阅读活动中,儿童读者没有明确的阅读目的,受好奇心的支配比较明显。在阅读兴趣方面没有选择性和分化性,对阅读材料的选择没有明确的指向和个性特征。在阅读行为方面,除受老师、家长的控制外,还受到同伴群体的影响,看到别的儿童读什么书,自己也往往模仿去读。儿童读者还不具备根据课程要求来进行课外阅读的意识。

导读工作要根据儿童的特点来进行。在书刊选择方面,首先要选择浅显易懂的反映马列主义、毛泽东思想内容的政治读物,以及英雄人物事迹、名人传记、格言等读物,使儿童从小就接受共产主义思想教育和革命人生观教育。其次,要选择与课本知识有联系的读物,扩大儿童的知识视野,巩固课堂所学知识。第三,童话、故事、通俗科普及图文并茂的连环画是儿童喜爱的读物;在导读形式上,围绕儿童的读书活动,可举办儿童读物展览、故事会、演讲会、读书游艺会以及知识竞赛活动,有条件的图书馆可以利用视听资料和声像资料。在导读活动过程中,要主动吸引小读者自愿参加,不要把他们限制的过严过死,这样有利于儿童兴趣爱好和个性特长发展,有利于增长知识和开发智力。

二、少年读者的导读

少年期大致相当于初中教育阶段,是长身体、长知识的关键时期。他们爱读书又爱活动,求知欲强而学习的有效时间短;阅读内容广泛而又通俗浅显;阅读的自觉性、选择性和理解能力逐渐增强;阅读有了一定的目的性,已经懂得根据课程要求进行课外阅读。但是少年读者鉴赏能力较低,自控能力缺乏,在课外阅读中往往出现阅读过量、过滥、过急的情况,如一本感兴趣的小说在手,往往一气读完,影响课内学习和休息;对阅读材料缺乏区分良莠的意识和能力,容易受不良读物的腐蚀;为巩固课堂知识,常准备大量参考书,不分主次和层次,广泛涉猎,造成消化不良。

导读时,首先要支持他们搞好课外阅读,鼓励他们读好书、多读书。要配合政治思想教育和文化知识教育,推荐介绍适合他们阅读口味的优秀读物,并通过各种读书活动,提高他们分辨是非的能力。同时还要加强读书方法和读书卫生知识的辅导,使他们进行合理、有效阅读。

三、大学生读者的导读

进入青年时期,人的生理和心理方面都发生了巨大变化,使阅读活动具有鲜明的特点。青年人的阅读范围在扩大,理解能力在深入,对文献的品种和内容都有较高的要求。但是,由于青年读者在文化程度上存在着较大差异,因而,对文献需求也有较大的区别。又因为青年读者可纳入其他读者群,故不单独述及青年读者的导读。

大学生读者是青年读者的一部分,具有学生读者和青年读者的双重身份,因而大学生读者的阅读活动具有其自身的特点。由于社会发展对人才的培养提出了更高的要求,使大学生的发展趋势由知识型人才向智能型、创造型及综合通用型的方向发展,这种要求使大学教育与中学阶段有很大不同,中学阶段主攻基础文化课,教师主宰着学生的学习生活,学生课外自由支配时间少。大学阶段学科划分较细,专业性强,教师授课的时间相对较少,学生学习自主权大,自学时间多。大学生深深懂得,现代教育观和人才观的要求,仅靠课堂的学习已远远不够,因而大多数大学生对课外阅读有较强的目的性和自觉性。在阅读物的选择方面,大都注意结合教学内容和专业性质阅读专业书籍,以及与专业有关的其它学科的著作和参考书;能根据个人的志趣发展,广泛涉猎大量的课外读物;注意吸收外来文化,对外国的学术著作、文学作品、国际知识及外国文化较感兴趣。重视外语的学习,是外语读物的积极阅读者。但是,大学生读者涉世不深,缺乏实践知识和社会经验,政治上不成熟,世界观没有完全确立,辨别是非的能力有限。

导读时,首先是坚持思想政治性导向。改革开放以来,大学生关注的热点渐次经历了求知热、文凭热、高学位热、从政热、出国热、经商热等变化,阅读倾向也随之发生位移。这六种热点前三种表现为求知型,后三种表现为功利型,由追求知识到追求功利,反映了大学生思想倾向和价值观念的变迁。这些启示我们:导读工作必须把正确的政治方向放在首位,要配合学校的思想政治工作,推荐优秀政治读物,引导大学生从社会的现实出发,从国家建设的前途出发,从明天的社会需要出发来思考、设计和塑造自我;第二,配合专业教育,编制推荐导读书目,做好新书通报工作。使学生在有限的在校时间内,打好坚固的专业功底,构建合理的知识结构;第三,培养读书的自觉性,传授科学的治学方法,使他们爱学、会学;第四,导正阅读方向。随着对外开放的发展,在外国先进技术、知识传入我国的同时,难免带进"苍蝇、蚊子",这就需要导读工作者及时了解、分析各种阅读倾向,正确对待各种阅读热点,积极引导大学生沿着健康的轨道阅读。

四、其他读者的导读

除上述三类读者外,还有许多读者类群,这些读者基本上是从事社会主义建设的各行各业的劳动大军,他们数量大,职业范围广。仅从受教育的程度、阅读目的和阅读需求几方面来将他们分为两个层次。

(一)初级读者的导读 这类读者主要指广大的工人和农民,他们文化水平较低,阅读的主动性较差,阅读目的以学习和充实业余文化生活为主。从学习的角度来看,由于文化水平的原因,他们一般不阅读内容专深的理论著作和学术著作,而侧重于一般普及性读物,选择文献有明显的职业特征,与本职业无关的专业文献一般不感兴趣。随着社会发展对劳动者素质要求的提高,工人读者日趋注重文化补习读物和业务技术文献的阅读,自学成才成为青年工人读者的重要阅读动机。农民读者则越来越意识到科学技术的重要性,对农业实用科普读物特别有兴趣;从丰富业余文化生活来看,初级读者是消遣读物的主要读者对象,小说、文学杂志、通俗文学读物很受他们欢迎。

对这类读者导读时,一是培养他们的阅读意识,将更多的潜在读者转化为现实读者;二是针对阅读需求,推荐对口读物,特别是对自学青年,要尽力创造有利条件,促进成才;三是对以消遣为目的的阅读活动,侧重阅读内容的引导。

(二)高级读者的导读 这类读者主要指受过专业教育(包括高等教育、中等教育和在职教育)的知识分子,他们文化水平较高,有一定的阅读修养和阅读经验。阅读的目的是为了知识更新和了解科学的前沿,阅读的范围多长期固定在某一学科范围和一定的专业领域,需求文献内容专深,学术水平较高,对新的知识、信息感兴趣,对高水平的文学著作、哲学、艺术、方法论和外文资料也有很大需求。但是知识分子读者分布广泛,工作性质多样,所以,他们的阅读需求差异较大。因此,对高级读者的导读应着重于对口推荐文献,以及及时提供科技发展的新动向、新知识、新成果和新信息。当然,对高级读者的导读也有阅读导向的任务。

第十三章　读者教育

　　读者教育,即图书馆和其它文献信息机构开展的培养、提高读者(包括潜在读者)利用文献信息能力的教育。读者教育是现代社会文献激增和文献信息需求日益增强且呈多样化趋势的产物,是图书馆开发利用文献资源和实现其教育职能而开展的一项重要工作。

第一节　图书馆的教育职能与读者教育

一、图书馆教育职能的产生与发展

　　图书馆的职能经历了漫长的历史发展过程,它由弱到强,由简单到复杂,由不完善到较完善,由低级到较高级,不断向前发展。

　　就图书馆教育职能的发展来看,在古代,一是由于社会生产力低下,经济、文化落后,因而藏书量少。二是社会成员绝大部分没有机会接受教育,从而不具备利用图书馆资源的能力。三是小农经济的影响,劳动者满足于依靠自身经验和乞求老天"恩赐"来耕种过活,很少与社会取得联系,对图书馆的文献需求欲极低。因此,古代的图书馆被称为"藏书楼",无论宫廷、官府,还是私家书院藏书,都是以保存和收藏文献为主,其教育职能较之保存职能是微不足道的。

1840 年鸦片战争爆发以后,外国资本主义入侵,封建文化日趋没落,促使封闭的藏书楼开始解体。在这一时期,不仅兴建了一批图书馆,而且不少官府和私家藏书开始为公众所用。自此,人们逐渐把图书馆作为一种教育机构来看待,图书馆通过接纳读者进行自身阅读,配合了读者的专业学习,普及了国民教育,宣传了革命思想。这一时期的图书馆除了具有保存文献的职能外,教育职能大大加强。

建国以后,我国社会生产力、社会经济和科学文化迅速发展。不仅对文化教育事业提出了更高的要求,同时也为其发展提供了物质保障。图书馆事业有了长足的发展,文献大量增长,文献类型增多,导致图书馆藏书量增加;公民受教育程度提高,导致读者范围和数量扩大和增长;社会发展的需要,使读者对文献的需求迅速增长。这一时期的图书馆,教育职能进一步扩大,教育形式丰富,教育自觉程度增强。图书馆通过主动开展图书宣传、阅读辅导等多种形式的活动,使教育职能的发挥更具主动性、实用性和高效性,初步改变了过去由读者自觉阅读获得知识的被动状况。

二、新技术革命对图书馆教育职能的影响

当代科学技术的重大突破,知识的急剧增长和急剧更新,信息已成为资本,并且是决定性的资本,智力劳动者急剧地增加,标志着新技术革命的到来。

(一)新技术革命的挑战 新技术革命的兴起,冲击着社会的各个方面,对社会的各个部分提出了新的要求和挑战。

1.对教育的挑战 传统的教育思想认为,教育就是传授知识,把学校仅局限为一个传授知识的场所,教学成了学校唯一的功能和目的。现代的教育思想认为,仅仅给学生传授知识已经不能适应现代社会的需要;传统教育对人才培养的规格要求,注重的是知识的积累。现代教育注重的是能力培养,不仅要教给学生一些现有的知识,还要教给他们一些获取知识的方法;传统的教学方法,以课堂、书本和老师为中心。现代教育要求教育者研究教法,研究如何进一步快出人才,出好人才。

2. 对科研的挑战　任何科研活动,都是站在科学巨人的肩膀上。继续向新的高峰攀登的过程。前人的科研成果大量地存贮于文献之中,因而后人的科学研究必须善于检索和利用文献。通过文献,人们可以认识过去,了解当前,展望未来。通过文献,人们可以吸取经验与教训,了解动态的趋势,确定前进的目标,增长创造才干。

但是,由于新技术革命的冲击,科学技术迅速发展,一方面导致了文献数量增长快、类型多,语种增加,老化加速的"情报爆炸"局面;一方面又使现代科学技术呈现出高度分化和高度综合的趋势,导致科研课题越来越多学科交叉,要进行科学的探索就必须大量涉猎文献,从更广泛的信息源中获取情报。"情报爆炸"的现状和科研人员必须广泛检索利用文献的需求,无不给科研人员利用图书馆资源带来困难。

3. 对经济建设的挑战　当今世界面临着一场科技发展的新变革,发达国家在到达高度工业化以后,要进入信息化社会,整个人类社会都将随之信息化。在信息化社会里,决定经济成败的关键因素是知识和信息,谁先占有最新信息,谁就捷足先登,优先获得经济效益。

随着我国经济体制改革、开放的深入,人们越来越认识到:"经济建设必须依靠科学技术,科学技术必须面向经济建设"战略方针的重要性,原有的超稳态的情报需求结构日益被新的情报需求结构所更替:农民在致富的道路上切身体会到知识和信息的重要,从而导致8亿农民崛起成为新的图书馆用户群;我国经济体制正在向社会主义市场经济转轨,促使企业情报需求跃上新台阶;决策方式的改变,大大增强了决策对情报的需求。

(二)新技术革命对图书馆教育职能的影响 新技术革命对社会各方面的冲击,增强了人们对信息需求的依赖的程度。而要获取信息图书馆是不可缺少的场所,图书馆的教育职能不但不能削弱,而是对其提出了更高的要求。

1.图书馆是学校教育的重要组成部分 新技术革命对传统教育提出了挑战,促使教育不断改革,并形成了全新的教育观和人才观。古代教育是以师带徒为主的教育方式,师傅是教育的主体;近代教育以培养同一水平的固定模式人才为特征,教师是教育的主体;现代教育是以培养适应社会发展多方面需要的人才、适应未来社会需要的人才为特点和目标,提倡通才教育,强调人才的自我更新改造能力,学生是教育的主体。

现代教育的实施,越来越依赖于图书馆事业的建设和发展,图书馆将成为课堂教学的组成部分和教学中心,首先,现代教育要求培养出更富有想象力、创造力的人才。创造能力的形成受多种因素的影响,如基础理论的雄厚程度、知识的通晓程度、对科学前沿的动向及相关学科的了解程度等等。这便要求改变传统的"填鸭式"单纯灌输知识的教学方式,改变完全依赖教材学知识的方法,培养学生的自学能力,教给学生一些获取知识的方法,使学生在掌握了最基础的理论和方法之后,能从各类教学参考书中学习、巩固和扩展自己的知识范围。在这种情况下,如果没有图书馆收藏的大量文献,是不能很好地完成教学任务的。其次,新技术革命的出现,促进了科学的分化与综合。宇宙本是一个统一的整体,只是由于人类认识能力的局限,才将其分成一个个独立的学科,而随着人类认识能力的提高,又不断填补着原有学科之间的空白,加强了学科之间的联系。因此,未来人才的培养目标要由专才向通才方向发展,搞文的要有基本的自然科学知识,搞理的要有起码的文学修养,要普及计算机知识和全面提高外文水平,如果只具有专深而不具有广博的知识,便不能适应科学技术发展的需要。学生合理知识结构的形成,必须借助于图书馆,这是由于学校教育受学制、课时的限制,不能开全应有的课程,学生进行教学以外的读书学习,必将大量使用图书馆丰富的文献。可以这样认为,没有图书馆,就没有完善的现代教育,实施现代教育,必将强化图书馆的教育职能。

2. 图书馆是终身教育的有利场所 由于科学技术迅速发展,促使科学技术更新的周期缩短,旧的观点、理论、材料、方法、工艺等迅速被新的代替,从而带来文献的频繁更迭,知识老化加速。这些便决定了现代教育是全时空教育,即全民的终身教育。特别是校后继续教育,受教育的主要场所是图书馆,没有作为"社会教育机构"的各类图书馆,校后教育便成为无源之水。图书馆实施全民教育,具有优越的条件,它拥有各知识门类的文献资料,可以为各类型的读者提供自学深造的机会,是人们进行终身教育的重要场所。

三、图书馆教育职能与读者教育的关系

开展读者教育活动,是发挥图书馆教育职能的重要催化剂。图书馆拥有丰富的馆藏,从横向看,包括各种学科专业的知识;从纵向看,包括各种水平的读物。能满足各种读者的需要,有广阔的教育范围。图书馆对公民进行教育是通过读者利用文献来实现的,可见,读者数量和读者利用文献的程度,是衡量图书馆发挥教育职能的重要尺度。如何增加读者数量? 如何提高读者利用文献的程度? 一条行之有效的途径是开展读者教育工作。通过读者教育活动,可以使更多的潜在读者转化为现实读者。通过读者教育活动,可以提高读者利用文献的能力,进而更好地实现图书馆的教育职能。

图书馆教育职能是图书馆本身应履行的一种职能,而读者教

育工作可以使读者更好、更快、更有效地利用图书馆,从而使图书馆更好地履行教育职能。所以二者有非常密切的关系。

第二节　读者教育的原理

一、读者教育的意义

由于人的"一次性教育"已经跟不上知识的飞速发展,已经不适应知识的日益老化,已经满足不了现代化建设对人才的要求,因而进行终身教育成为一种新兴的国际性教育活动。

图书馆是人们完成职前教育和进行终身教育的有利场所,读者通过利用文献来获得知识,充实自我。而利用文献首要的是应当具有一定的信息意识指导下的情报需求,这是利用文献的动力,其次是应当懂得利用文献的意义与方法,这是利用文献的手段。图书馆不仅要把自身建设好以满足读者的需求,而且,应当把自身所具备的手段与方法主动介绍给读者,使读者能从必然进入自由。这种介绍即对读者的教育培训是图书馆事业发展的必然,也是时代发展之必需。

二、读者教育的目标和目的

读者教育的目标,是读者教育所要达到的总的意图。读者教育的目的,是与总目标一致的、特定的短期的意图。开展读者教育,有必要确定其教育的目标和目的。因为,读者教育的目标和目的是读者教育实践活动的起点,它指导和支配着整个教育过程,在设计课程的教学内容、安排教学时数、选择教学方法等一切活动中都要围绕教学目标来进行。同时,读者教育的目标又是最终评价这一工作的基本依据。

国外对读者教育的目标和目的从理论和实践方面进行了相当广泛的研究,认为图书馆读者教育的目标和目的,基本上属于认识性和感情性的范畴。认识性目标和目的是指对各种概念的理解;感情性的目标和目的涉及到感情,比如读者是否愿意使他们的行为方式,符合教育上的各种要求,并且以后确实是这样去做的。就认识性范畴来说,当读者按要求去使用图书馆时,应知道怎样去使用。就感情性范畴来说,指读者根据其信息需求,将有信心利用所需要的图书馆资源。关于读者教育的目标和目的的实例,各国有不少阐述。

英国对于读者教育的目标综述如下:

(一)保证读者能充分地开发图书馆资源,并能满足他们的需要。

(二)要在学校所授予的科目和可利用的图书馆资源之间建立一个联系的环节。

(三)使读者能最大限度地利用当地和国家图书馆系统的资源。

(四)培养读者对使用图书馆的信心和对图书馆人员的信任。

(五)给学生以使用文献的实际经验。

(六)使学生能独立地进行信息检索。

美国仅高校就有很多读者教育目标的实例,如得克萨斯大学图书馆是这样规定的:

(一)加强读者把图书馆视为信息的基本来源的意识;使读者把图书馆看作是能满足信息需求的机构。

(二)使读者熟悉图书馆的设施。

(三)帮助读者最大限度地利用图书馆资源,以满足他们的信息需求。

为实现总的教育目标,又分别详细规定出其短期教育目的。当评价读者教育的效果时,基本上是要衡量预定的目标和目的的实现情况。

我国关于读者教育目标和目的地研究远远不如国外那样深入和广泛。就目前情况来看,我国读者教育的目标大致倾向于:增强读者的信息意识,使读者具有检索文献的技能和分析加工、评述利用文献的能力,从而培养读者的自学能力和创造才能。但是,在确定具体的教育目标和目的时,要注意不同地区,不同类型图书馆的特性,既要体现同一性,又要反映多样性,在实践中逐步建成一个多侧面的目标体系。

三、读者教育的作用

开展读者教育工作,对读者、对图书馆信息部门以及对整个社会都有积极地促进作用。

(一)通过读者教育,将促进文献信息的有效利用,推动科学技术和经济建设的发展,产生巨大的经济效益和社会效益,从而扩大图书馆的社会影响,吸引更多的人利用图书馆。

(二)通过读者教育,将培养强化读者的信息意识,提高他们表达文献信息需求的能力,逐步形成敏锐的信息注意力。

(三)通过读者教育,提高读者检索文献的能力,使他们能顺利地索取到所需要的文献。这样,一可避免由检索人员转手造成的情报失真和遗漏,二可缩短信息流通时间和周转期,三可减少图书信息人员的工作负担,使他们把更多的时间和精力用于其它工作和研究。

(四)通过读者教育,提高读者利用文献信息的能力,促进信息交流活动的开展。

(五)通过读者教育,提高读者的自学能力和研究能力,开发智力资源,促进全民族人口素质的提高。

(六)通过读者教育,提高读者直接参与信息活动的能力,有助于推进信息化社会的进程。

（七）通过读者教育，一方面图书馆有机会更广泛地接触各类读者，及时了解他们的需求，改进服务水平。另一方面读者信息意识和情报素质的提高，反过来会对图书信息工作提出更高的要求，从而促进图书信息工作的不断改革，加速其自身发展。

四、读者教育的原则

读者教育的原则即进行读者教育的过程中所必须遵循的准则，只有遵循这些原则，才能使读者教育活动取得预期的效果。

（一）计划性原则　读者教育是一项长期的连续教育过程，应根据国家、地区或本单位的实际条件。根据不同的读者对象制定出相应的长远规划和近期计划，按计划的目标有步骤地来实施。

（二）广泛性原则　图书馆属于社会教育机构，其教育职能的发挥在于提高全民的人口素质水平。因此，图书馆开展读者教育的范畴应该是全体公民。图书馆不仅要对现实读者进行教育，而且要吸引更多的潜在读者接受教育。

（三）针对性原则　读者教育的内容以及方式方法，不仅受一定时期内科技发展水平的制约，而且也受个人因素如教育水平、职业经验、外语水平、情报行为等的影响。理想的读者教育内容及方法手段应该是按个人水平来组织，但限于经济条件和图书馆的承受能力，这种理想模式是难以实现的。因此，应将读者划分为一定的类群，根据需求基本一致的读者群确定教育内容和组织教育活动，力求取得最佳效果。

（四）灵活性原则　读者教育的方式方法很多，如个别辅导教育、集中培训教育、口头讲述教育、书面材料教育等。采用什么样的教育方式方法，取决于读者的数量、读者接受图书馆教育的方便程度以及读者的水平层次等因素，有时可用一种方法，而更多的时候是几种方式方法并用，以强化教育效果。

（五）系统性与循序渐进性原则　系统性与循序渐进性原则，

反映了科学的整体性及其逻辑体系和人类认识活动规律的辩证统一关系。系统性是由科学本身的特点所决定的,任何科学知识都有严密的逻辑体系。因此。安排读者教育内容时,应以相应的学科体系为基础,使读者获得系统的知识和技能。在教学方法上要考虑循序渐进的要求,从已知到未知、从简单到复杂、由浅入深,由易到难,从而逐步深化。

第三节　读者教育的内容

一、为实现读者教育的目标,读者教育主要有以下几方面的内容

（一）图书信息单位基本情况的教育　　这是进行读者教育应首要介绍的一个重要内容,目的是让读者了解本地区主要的图书信息单位的分布及馆藏文献的特点、范围和服务项目,使读者能尽早利用这些单位的文献。

（二）文献信息基础理论、基本知识和作用的教育　　我国信息资源的开发利用水平与国外相比是很低的,究其原因除了我国信息服务体系不够健全、信息服务部门的人力财力水平相对缺乏以外,最重要的是全民信息意识过于淡漠。因此,提高全民信息意识是开发利用信息资源的关键,也是加速我国经济发展的一项重要任务。为此,要对读者进行文献信息基础理论、基本知识和作用的教育,使读者破除对信息的神秘感,认识到信息是存在于科研、生产、工作、生活等各个方面的一种普通社会现象,与科技发展和经济建设之间存在着相互联系、相互促进、相互依存的关系,对科研活动及个人知识的增殖起着重要的作用。这一部分内容的教育目的在于激发读者的信息需求,增强读者的信息意识。

（三）文献信息检索原理、方法和技能的教育　人们获取信息的途径很多，但现阶段我国大多数科技工作者最常用、最主要的途径是从文献中获取信息，这便要求人们掌握一定的获取文献的方法和技能。因此，要向读者介绍文献检索的基本原理和基本技能，介绍常用检索工具与参考工具书的使用方法，介绍数据库及计算机检索的基本知识，使读者能顺利地获取所需要的文献信息。

（四）文献信息利用教育　人们利用文献，为的是交流其中所含有的信息，所含信息一旦被人们吸收，并与他们认识，改造社会和自然界的事业相结合，便可得出新的认识，创造出新的成果。因而人们获取文献仅仅是利用文献的前提，而利用文献则是获取文献的目的。如何利用文献，也是读者教育的重要内容之一，要向读者介绍治学方法，介绍信息资料的选择、收集、积累和整理方法，介绍信息资料的分析研究和科技写作等知识。

二、读者教育是一种连续的、多层次的教育体系

从宏观讲，可分为学前读者教育、在校读者教育、校后读者教育三个层次。每一层次还可细分为更小的层次，如在校读者教育又可分为小学、中学和大学读者教育。每一教育层次的教育内容既有同一性，也有特殊的方面，下面介绍部分层次读者群的教育内容。

（一）大学生读者的教育内容　对大学生读者的教育，可以分三个阶段来进行。

1. 初级阶段的教育内容　教育对象主要是一年级大学生。主要介绍图书馆的基本情况和图书信息基本知识，目的在于诱发、培养和强化读者的信息意识，获得最基本的利用图书馆的能力。内容包括：

（1）图书馆基本情况。介绍图书馆的性质、职能和作用，说明教育、科研、科技发展及个人成才与图书馆的关系；介绍具体图书

馆的历史沿革、藏书状况、人员情况、机构设置及职能、服务项目及方法手段、建筑概况及服务布局等基本情况。

（2）图书馆目录体系。简要介绍一些图书分类及分类法基本知识，重点介绍本馆使用的分类法如《中图法》的体系结构、标记制度，以及与教育对象有关的常用类目；介绍目录的形式、种类、功能及组织方法，并结合本馆的目录体系，讲述中外文分类目录、书名目录、著者目录及主题目录的编排特点和利用方法。

（3）文献基本知识。包括文献、情报、知识和信息的概念；文献产生的现状和特点；文献源的类型、结构特征和情报功能；本专业文献的概况及本馆收藏情况等。

（4）常用参考工具书。主要是中文参考工具书，包括工具书的概念、类型、特点和功用。并结合课堂专业学习，介绍常用的若干种主要的综合性和专业性参考工具书的编排体例、收录范围、用途和使用方法。

2. 中级阶段的教育内容　教育对象主要是二三年级大学生。中级阶段的读者教育是在接受了初级阶段教育的基础上所进行的进一步较系统的教育，内容包括：

（1）信息意识教育。人类发展有三个里程碑：第一是利用客观物质导致产生人造物质，第二是利用能量，第三是利用信息，人们已经把信息、材料、能源称为现代化社会的三大支柱。信息在现代社会中的地位日益重要，信息的开发利用对人们在科学试验和生产活动中避免重复劳动、节省人力物力、缩短时间、加速发展都起着十分重要的作用。信息意识是人们对信息活动的能动反映形式，其强弱高低直接影响读者利用文献的行为和效果。因此要结合典型实例向读者介绍信息的重要作用，培养读者对信息的敏感性，提高捕捉、分析、判断和吸收信息的自觉程度。

（2）文献学知识。包括文献的内在结构和一般规律，学科文献的分布情况和核心文献源的选择，文献情报源的分析与利用的一般方法。

（3）进一步介绍参考工具书。主要是外文工具书，尤其侧重西文工具书。

（4）文献检索基本原理和基本技能。基本原理包括文献检索的意义和作用；文献检索的类型、程序和方法；检索语言的类型、特点、功能与排检法。基本技能教育主要介绍与专业有关的若干种基本的综合性和专业性中外检索工具（书目、索引、文摘等），介绍其内容特点、结构、著录格式和检索途径。

（5）现代化检索手段的教育。介绍数据库和计算机检索的基本知识的方法技术，包括数据库的记录形式及文档结构、计算机检索系统的检索功能、数据库的选择、检索策略的制订、检索结果的分析等。

3. 高级阶段的教育内容　教育对象主要是即将毕业的大学生和研究生。教育的内容主要是文献利用的知识。包括：

（1）文献利用的意义、特点与方法。

（2）资料积累。个人信息资料的积累是文献利用的准备阶段。可介绍资料积累的意义、收集的原则和方法、资料的选择标准和整理方法等。

（3）情报分析研究。情报分析研究是文献利用的较高级活动，可结合具体的科研课题，讲授情报研究的特点、方法和步骤，以及研究报告的写作等。

（4）论文写作。论文写作是总结、积累科学技术信息，并进行交流、传播的一种重要手段，它标志着文献利用的完成。可介绍常用文体的类型和结构特点，写作步骤和要求，以及写作中文献利用的注意事项等。

（二）中小学生的读者教育内容　目前，人们逐渐认识到获得图书信息必备的知识与技能越早越好，因而对中小学生的读者教育日益受到重视。教育内容为：

225

1. 利用图书馆意识教育　介绍学习、成才与利用图书馆的关系,激发中小学生利用图书馆的意识。

2. 利用图书馆知识和技能教育　介绍图书馆的基本情况及目录知识,使中小学生能顺利利用所需要的图书馆文献。

3. 读书方法教育　包括介绍阅读方法,安排读书计划,做好读书笔记,以及合理利用时间和精力等。

4. 文献内容导向教育　包括思想政治导向和专业知识导向,介绍推荐思想健康的优秀读物,陶冶情操,树立正确的人生观;配合课堂教学,推荐相应层次的参考读物,巩固课堂所学知识。

（三）在职人员的读者教育内容

1. 科研人员的教育内容　对科研人员的读者教育,可基本仿效大学生读者教育的内容,也分三个阶段来进行。

2. 工程技术人员的教育内容　对工程技术人员的读者教育,可分两个层次来进行。对查找文献资料和利用情报信息有困难的技术人员,可进行普及教育,教育内容主要包括:图书馆各种服务的利用、文献检索基本知识与方法;对高级工程技术人员和有一定文献利用能力的普通工程技术人员,可进行提高教育,其内容主要包括:文献信息基础知识、专利文献知识、标准文献知识、信息研究与技术预测、信息检索系统与利用。

3. 从事职业劳动活动的读者教育内容　从事职业劳动活动的读者类型很多,但为数最多的是工人、农民。这类读者应以普及教育为主,内容主要为:利用文献信息意识、利用图书馆知识和技能、文献内容导向等方面。

读者教育的内容不是一成不变的,它会随着读者素质水平的变化、图书信息事业的发展、图书信息新技术的产生而不断发展变化。

第四节　读者教育的方式方法

图书馆在开展读者教育的实践活动中,摸索出多种可行的方式方法,常用的有下列几种:

一、个别辅导

这是图书馆最早采用的传统教育方式,能及时解决少量读者在利用图书馆过程中遇到的困难,具有较强的针对性。但这种形式缺乏系统性,不能让读者获得较完整的知识。

二、群体参观

这种形式主要是针对图书馆的新读者群,如入学新生。目的是让读者尽快地熟悉图书馆,包括图书馆的环境、文献分布情况、目录设置情况、服务项目、规章制度等。参观过程中,读者有机会认识图书馆工作人员,促进他们积极主动地寻求图书馆工作人员的帮助。但是这种形式主要是给读者一感性认识,既不便于详细系统介绍读者教育的内容,也不便于解决读者个人随时遇到的专门问题。

三、举办讲座

这是图书馆常用的读者教育形式,可以针对不同的短期教育目的,举办各种内容的讲座。通过讲座能在较短的时间内,较详细地系统地介绍某特定方面的知识,如图书馆利用知识、参考工具书知识、科技写作知识等。读者可做笔记,可与图书馆工作人员有一定交流。但这种形式不便使读者接受系列化教育。

四、印发资料

这是一种书面教育形式,适用于不能集中参加培训的读者,也可作为参观图书馆或参加讲座形式的补充。材料的内容可浅可深,可专题、可系统。提供书面材料能很快地对大量读者进行教育,读者可自行安排时间,按自己的需要进行,不受集体活动的限制。但是这种材料一般性强,不能顾及每位读者的不同特点,而且这种方式依赖于读者本身的积极性和阅读能力等,极易因读者的某种原因及材料的设计不当而收不到理想的效果。

五、正规授课

80年代,高校图书馆兴起了一种独特的读者教育形式——由图书馆给学生开设"文献检索与利用"课,这是读者教育的最正规化形式。以原教育部(84)教高一字004号文件为标志,高校读者教育被正式列入学校的教学计划,根据现有条件,有的高校馆开设了选修课、有的列入必修课,而且发展的趋势将由选修课向必修课过渡。以课程形式对读者进行教育,可以在教学计划、教学大纲的指导下,按照一定的教材内容,有组织、有计划、有步骤地对读者进行系列化教育,是最高效的读者教育形式。接受过文检课教育的读者,其信息意识和吸收、利用文献信息的能力都较其他读者强。但这种形式要求条件高,要有专门的师资队伍、教材和实习条件等。

六、其它形式

随着教学手段的提高,不少图书馆在读者教育过程中还采用了声相教学方式,通过听录音、看录像、放幻灯等对读者进行教育。

总之,读者教育活动的方式方法很多,每种方式方法都有一定的优越性,也都有一定的局限,单纯采用某一方式方法不易收到最佳的教育效果。因此,要积极创造条件,争取早开文献检索课,并与其它形式结合运用。

第五节　我国读者教育概况

我国的读者教育活动大体经历了 4 个时期。30 年代到解放为萌芽时期。这一时期只有个别高校给大学生开设过参考工具书和专业文献利用课程;1949～1966 年为酝酿时期。这一时期有一些图书馆参照前苏联的经验开展图书馆学、目录学知识的宣传,少数高校开设过某些专业文献的讲座或课程。但 10 年浩劫,使刚起步的读者教育活动又全部停顿;1976～1983 年为起步时期。这一时期有更多的图书信息部门举办文献检索培训班,文检课在更多的高校,特别是在设有图书馆学系或专业的院校开设出来;1984 年以来为发展时期。1984 年教育部、1985 年国家教委先后发出两个文件,规定全日制普通高校图书馆要为本校学生开设"文献检索与利用"课程,这是对高校读者教育的开拓。与此同时,一些成人高校、中等专业学校、中学也开设了课程或讲座,许多公共图书馆、科研、厂矿、企事业单位的图书信息部门也通过举办培训班、讲座等方式进行读者教育,取得了良好的效果。

我国的读者教育工作与国外相比起步比较晚,但发展很快,尤其是高校的读者教育工作取得了可喜的成就。从开课情况看,到 1990 年 6 月,约有 70% 的高校开设了"文献检索与利用"必修课、选修课或讲座,有些学校兼有上述两种或三种课程形式;从培训人数看,仅从 1984～1988 年就约有 130 万大学生接受了不同程度的文献课教育,而且接受教育的人数呈逐年增长的趋势;从师资力量看,已初步形成了一支具有一定规模的专、兼职教师队伍;从教材建设看,大体经历了 1978～1982 年,各院校自编教材阶段、1983～

1986 年成书正式出版阶段、1987 年以后发展为系列教材阶段。到 1990 年 5 月底以前,已出版各类教材 200 余种,学科专业涉及社会科学和自然科学的各个专业领域;从研究成果看,自建国以来至 1989 年末,国内期刊、报纸、文集上发表的有关读者教育的论文、消息、译文共 900 余篇,其中 1966 年以前仅有 4 篇,1967~1979 年为空白,从 1980 年惠世荣、葛冠雄发文呼吁高校开展读者教育以来,这类文章逐年增多,特别是 1988 年发文高达 200 余篇。研究水平经历了呼吁、经验介绍到专题研究的发展层次,总体水平接近于发达国家的水平。

目前,我国的读者教育工作正处于兴旺发达的时期,但与发达国家相比,无论深度和广度方面都有一定的差距,与时代发展对人才的培养要求还不相称。主要表现在:第一,读者教育在我国图书信息界基本上没有形成专门的科目,其研究的重视程度有待进一步提高。第二,全国的读者教育没有形成完整的教育体系,在总体上存在着"断层"现象,即没有学前和中小学读者教育层次,在职人员的读者教育比较薄弱,高校的读者教育没有形成明显的教育层次或阶段,开课率和听课率有待进一步提高。第三,读者教育的目标和目的,理论上研究不够,实践上下功夫较少。第四,师资力量不足,经费无保障。第五,读者教育的评价工作还没有引起应有的重视。

第十四章　读者统计分析

　　对研究对象的数据资料进行搜集、整理、分析和解释,据以揭示研究对象的真相和规律,是统计学的基本内容。从统计学的角度来观察,图书馆统计学是统计学的一门边缘科学,是统计学的分支,而读者统计分析则是图书馆统计学的一个组成部分。它是一种部门统计。

第一节　读者统计分析的意义和作用

一、读者统计分析的任务

　　读者统计分析是对图书馆读者工作实行计量化管理的主要途径和手段。它的重要性和其它学科中统计发挥的作用一样是十分重要的。因为研究图书馆读者工作各进程质量的时候,没有统计的引用是不能说明问题的。当然仅对研究对象做量的分析,则只能了解读者工作量的变化,还必须对读者的现象进行质的分析,这样才能了解读者各种现象并进行质与量的分析。

　　读者统计是作为认识读者工作的发生,发展情况的根据。它的基本任务是对读者工作进行调查、统计和分析,提供统计资料,制定数量指标,实行统计监督,研究读者工作方法,对图书馆各项工作进行评价。图书馆读者统计有其特定的目的,它是为了把图书馆的藏书与读者结合起来,提供所需的文献资料。

二、读者统计分析的意义和作用

(一)制定工作计划和改进工作的依据 读者统计不仅可以掌握读者的总人数,同时还可以了解它的构成及其到馆数量方面发展变化的程度与规律。一个图书馆的读者有多少? 本馆文献资料流通情况如何? 本馆藏书和设备条件是否能满足读者的需要等等,通过各种统计可以得到确切的回答。

读者统计在研究读者构成情况时,包含两个方面,一是研究一定时期内读者总的人数和构成的各类型读者;二是研究一定时期内这些读者到馆总人次及其构成的各类型读者人次到馆借阅变化情况,通过静态动态研究统计,得出解决读者需求的意见和办法。

(二)为图书馆各级领导科学决策提供依据 读者工作要实现科学管理,必须用数据和大量的日常读者统计工作为基础。因此,要确定馆内接待读者计划,检查计划,并通过它提供充分可靠的统计数据,使读者工作逐步走向科学管理,做到心中有数,为科学地进行管理创造条件。

(三)为提高读者阅读率提供依据 对读者阅读倾向的分析,可以了解到读者对哪些书,哪些问题特别有兴趣,从而为辅导工作提供了依据,也可以了解读者关心什么,不关心什么,为推荐文献资料提供了线索。

总之,图书馆的读者统计作用是很大的,也是多方面的,并且,在图书馆统计中占有相当重要的位置。通过它提供的资料不仅可以掌握读者总人数,读者构成情况及变化规律;而且同馆藏统计、借阅统计等有关指标数值结合起来,可以研究和分析许多问题,掌握许多情况。使图书馆读者工作者有的放矢地为读者服务。因此,读者统计具有非常重大的意义和作用,只要我们能够重视它,认真开展这项工作,就一定会发挥读者统计的作用,取得良好的效益。

第二节 读者统计分析的内容

一、读者统计种类

(一)读者到馆情况的统计分析 主要统计读者到馆的情况,如每日总入馆人数,各阅览室入馆读者分布。其中可按职业、年龄、文化程度区别各种类型读者。这种统计对阅览室的布局和阅览室座位的调整,以及阅览室文献资料的调整均有实际意义。该统计由读者登记来体现。

读者到馆率主要是指本馆全部读者平均全年到馆的次数。计算方法是,全年到馆读者数与读者总数的比率,即读者全年平均到馆次数。其公式为:

$$读者到馆率 = \frac{全年到馆读者数(人次)}{读者总数} \times 100\%$$

一般说来,提高读者到馆率能促使其它比率相应提高。但随着现代化技术的发展,读者到馆率可能逐步降低,而文献利用率却会不断提高。

(二)读者借阅情况的统计分析 主要是外借统计,也有综合统计和分类统计之别,如自然科学、社会科学、文艺小说的读者各占多少。这是按学科分类,也可按职业、年龄、文化程度分。这种统计对于了解馆藏利用情况,了解读者阅读倾向,了解读者需求,补充藏书等都有实际作用。

1. 文献流通率 文献流通数(实际被读者借阅、利用的文献数)与馆藏中提供流通的文献数的比率。其公式为:

$$文献流通率 = \frac{文献流通数（册次）}{馆藏中提供流通的文献数（册）} \times 100\%$$

文献流通率反映图书馆馆藏文献的利用情况和读者的阅读需求程度，是衡量馆藏文献质量和流通工作的重要尺度，也是研究读者的重要素材。提高文献流通率的重要途径是：①积极采取主动的服务方式；增加文献流通量，这涉及到馆内各项工作，包括文献收集、文献宣传、文献阅读指导和流通方式等。②使馆藏文献成为有效基数，即不断调整馆藏文献的结构，提高馆藏质量，加强文献剔旧工作等。

2. 文献利用率　文献流通数（借阅、复制等）与馆藏文献总数的比率，即馆藏中被利用过的数量占全部馆藏的百分比。其公式为：

$$文献利用率 = \frac{文献流通数（册次）}{馆藏文献总数（册）} \times 100\%$$

文献利用率是衡量图书馆工作效果的主要尺度，从中不但可以看出读者工作服务质量的高低，也可看出馆藏质量的高低。不注意文献利用率往往会助长单纯追求藏书数量，不重视藏书质量和服务质量的倾向。文献利用率低的主要原因是：馆藏质量低，内容不适合读者需要；目录不完善，读者不易全面了解馆藏；馆藏复本率高；未经常开展剔旧工作；对读者借阅文献限制过严等。提高利用率有赖于提高图书馆各工作环节的质量，在读者服务方面，应针对上述原因采取措施提高文献流通率，降低拒借率。

3. 读者借阅率　全年借阅文献数与借阅读者人数的比率，即每个读者全年平均借阅文献数。其公式为：

$$读者借阅率 = \frac{全年借阅文献数（册次）}{借阅读者人数} \times 100\%$$

4. 读者满足率　读者已借到文献数与读者合理借书要求总数的比率，即读者在一定时期内已借到文献数占全部合理借书要求总数的百分比。其公式为：

$$读者满足率 = \frac{读者已借到文献数}{读者合理借书要求总数} = \times 100\%$$

5. 文献保障率　图书馆提供读者使用的文献数与图书馆拥有的读者数的比率,即图书馆正式读者平均占有的馆藏文献数。其公式为:

$$文献保障率 = \frac{馆藏文献数(册)}{读者数} \times 100\%$$

对一个国家来说,文献保障率可反映出图书馆事业的状况和人民的文化生活水平;对一个图书馆来说,文献保障率可反映其规模和满足其读者需求的潜在能力。在计算文献保障率时应考虑到:(1)不同类型、不同性质的图书馆具有不同的标准和不同的要求。(2)必须以馆藏质量为基础,不应计入不适应读者要求的无价值文献,形成虚假的保障现象。

(三)读者拒借情况的统计分析　凡在借书台前,读者提出要求而没有把书借给读者时,就应认为是拒借。拒借率指标对图书馆工作质量水平的检测和反馈作用,是任何其它统计所取代不了的,因而它应逐步作为图书馆的基本统计,以进一步提高图书馆的科学管理水平。

文献拒借率指读者未能借到的文献数与读者合理要求借阅的文献数的比率,即索书条拒借数占索书条总数的百分比。其公式为:

$$文献拒借率 = \frac{索书条拒借数(册次)}{索书条总数(册)} \times 100\%$$

文献拒借率是检验图书馆文献收集、分编工作和文献管理的重要尺度,也是研究读者的重要素材。降低拒借率的主要途径在于增加重要文献的复本,加快文献的周转,加强内部管理,积极开展馆际互借等。

(四)咨询情况的统计分析　这是统计来馆读者要求咨询和解决特定问题的次数。对这种统计的积累,可以了解和分析出,本馆读者都提了哪些问题需要图书馆解决,了解图书馆为科研,教学解决了哪些问题,解决到什么程度和水平,往往代表一个图书馆的实际学术水平。日本公共图书馆有种即席咨询,是指在 5min 做出回答的咨询,这种咨询不必记录和统计。但超过 5min 答复的咨询,所谓调查性咨询应坚持全年统计,它可以全面反映馆内读者向图书馆提出需要咨询问题的广度和深度,而且也是反映本馆咨询能力的重要依据,当然从中也可以看出图书馆在教学科研工作中所直接起到的作用。

二、读者统计工作的一般概念

(一)平均数   平均数是分析数据常用的不可少的统计指标,当对性质相同的数据进行分析归纳的时候必须计算平均数。平均数是群性质相同的数值的总和除以数值个数所得的商。它既是单个数据的代表值,又是总体数据的代表值,所以它能反映一组观察值的平均水平或集中趋势。读者统计中常用的平均数有算术平均数、几何平均数、中位数,有时还用众数和调和平均数。

1.算术平均数   算术平均数是平均数中最基本的一种,在统计学中应用最广泛。它有两种形式,即算术平均数和加权平均数,通常都用 x 表示。若有 n 个性质相同的数值 $X_1, X_2, \cdots, X_n$,则简单算术平均数为:

$$\overline{X} = \frac{X_1 + X_2 + \cdots + X_n}{n} = \frac{\sum\limits_{i=1}^{n} x_i}{n} \tag{1}$$

样本算术平均数的符号 $\overline{X}$,读做"X 杠"或"杠 X"。其中 $\sum$ 是求和的符号,n 为样本含量。$i=1$ 是相加数的下限,表示从 X_1 开始相加。$\sum$ 符号上的 n 是相加数的上限,表示一直加到 x_n。

求和符号经常用到,三个简单的运算法则如下:

$$\sum_{i=1}^{n} c = nc \qquad 或 \sum_{i=a}^{b} c = (b - a + c)c \tag{2}$$

236

$$\sum_{1=a}^{b} cx_1 = c\sum_{i=a}^{b} x_i \tag{3}$$

$$\sum_{i=a}^{b} (x_i \pm y_i) = \sum_{i=a}^{b} x_i \pm \sum_{i=a}^{b} y_i \tag{4}$$

（c 为常数）

算术平均数有以下几个基本特征：

（1）算术平均数的计算与样本内的每个值都有关，它的大小受每个值的影响。

（2）如果每个 x_i 都乘以相同的数 K，则平均数亦应乘以 K。

（3）如果每个 x_i 都加上相同的数 A，则平均数应加上 A。

（4）如果 $\overline{X}_1$ 是 n_1 个数的平均数，$\overline{X}_2$ 是 n_2 个数的平均，那么全部 $n_1 + n_2$ 个数的算术平均数加权平均数：

$$\overline{X} = \frac{n_1 x_1 + n_2 x_2}{n_1 + n_2}$$

（5）平均数在理论上和在抽样实践中，还有更多的特性，主要表现在样本与总体的关系上。

2. 中位数　所谓中位数是指有序列的中点上的数。具体计算方法是：将样本中的 n 个数字从小到大，或从大到小排列好，位于中间位置上的那个数即为中位数。n 为奇数时，很容易从数列中找出中间位置的数。但当 n 为偶数时，就需将中间的两个数作为中位数。

中位数有许多特性。算术平均数的第 2，第 3 条性质中位数也具备。但是第一条性质却不同，中位数直接与 n 的数目有关，而不是与具体的某个数有关。只要中间数值不改变，排列顺序不改变，两翼数字任意改变也不会影响中位数值。中位数不存在算术平均数的第四条特性，中位数也没有那么多的抽样特性。

例如，我们假设：在一次只包含 11 次的观察中，11 名读者借书被耽误的时间（min）可能是：

2，3，4，5，6，40，41，42，43，44，45 在这种情况下，中位数

为 40，即中位时间是 40min.

3. 众数　众数是反映数据的平均或集中情况的指标。它侧重于考虑次数分配中发生次数最多的数据，借以测定整个分配的次数最大的集中值。众数作为平均数的意义在于：它是出现次数最多的那个变量的值。但是众数并不能完全准确地代表所有的观察值。当然众数容易寻找，而且在有些情况下能够成为非常合适的平均数。比方说，如果不同的图书馆在取书时耽误的时间有类似的规律，那就可以用众数作为估计值，对有关图书馆的取书时间进行比较。假定两个图书馆取书耽误的时间分别为：

甲图书馆：2 20 30 40 40 40 40 40 40 40 42 min

乙图书馆：2 4 7 10 10 10 10 10 10 10 15 min

我们可以肯定地说，乙图书馆比甲图书馆好，因为乙图书馆的众数耽误时间是 10min，而甲图书馆的众数耽娱时间是 40min。

总之，平均数应用于读者工作中，个体平均数能说明读者现象的一般典型，特征属性；总体平均数则能提供关于现象典型的概念。

相对数是平均数的"孪生"数，二者关系十分密切。平均数可以看作是某一总体指标对这一总体数之比。如平均借阅率是全部借阅量对读者总数之比，这两个指标之比所得的平均数，表现为同一总体的两个指标之比的相对数。平均数和相对数都很重要。在进行数据分析时，仅有绝对数无法进行比较。例如有两所学校图书馆，A 馆年借阅量 10 000 册，B 馆年借阅量 8 000 册，从绝对数看 A 馆比 B 馆的借阅量多 2 000 册，但不能根据这两个数值说 A 馆的工作效率高些或书刊利用率高些，所以要深入地分析就要考虑到主要相关因素。比如 A 馆的读者为 500 人，B 馆为 300 人，求出两馆的借阅量，这样的相对数就更能反映实际而便于对比分析。把 A，B 两馆的借阅量和读者人次计算借阅的相对数：

A 馆　$\dfrac{10000}{500} \times 100\% = 20.00$ 册

B 馆　$\dfrac{8000}{300} \times 100\% = 26.66$ 册

显而易见,从绝对借阅率来看 B 馆不如 A 馆,而按读者平均借阅率 A 馆则少于 B 馆。

(二)标准差　平均数对性质相同的测量数据进行归纳分析计算该数据时是不可少的。它能反映测量数据的平均水平,但这是不够的,还要用一些指标如极差、方差、标准差和标准误来反映其变异程度的大小。

1. 极差　是指一组观察值中最大值与最小值的差。它考虑的只是资料的最大值与最小值,而并不考虑其它的数值,因此有一定的局限。

2. 方差　方差要考虑每一个观察值,但由于每一观察值与平均数之差的总和,即 $(X - \overline{X})$ 离均差总和,由于正负抵消,离均差总和如等于 0,即 $(X - \overline{X}) = 0$ 时,便不能表示变异程度的大小,为了克服这一缺点可进一步采用把每个 $(X - \overline{X})$ 平方后再相加即离均差平方和,用公式表示为 $\sum (X - \overline{X})^2$,避免正负抵消的问题,可是仍然有个观察值个数的问题需解决,要解决这一问题,需要求其均数即方差,一般方差用 S^2 来表示。

$$S^2 = \dfrac{\sum (X - \overline{X})^2}{n} \tag{6}$$

但又因用样本资料算得的方差,往往比总体方差偏小,所以根据数理统计研究的结果,又将分母中的 n 减去 1,以求得总体方差的较好估计值。

3. 标准差　是最常用的表示变异程度大小的指标,它是性质相同数值各与其平均数相减之差的平方和,除以数值个数减去 1所得之商的平方根,即是把方差开方的结果。它是度量一群性质

239

相同数值变动范围大小的指标。用公式表示为：

$$S = \sqrt{\frac{\sum(X - \overline{X})^2}{n - 1}} \qquad (7)$$

$$S = \sqrt{\frac{\sum X^2 - \frac{(\sum X)^2}{n}}{n - 1}} \qquad (8)$$

这样计算标准差 S 不必先求 $\overline{X}$ 计算较简便。而且可知标准差和观察值程度成正比。标准差愈大，说明变异程度愈大；标准差愈小，说明变异程度愈小。

例如，有 5 个图书馆借阅文献量分别为：4400，4500，4600，4700 和 4800 册次，这 5 个图书馆的借阅文献量平均数则为：

$(440 + 4500 + 4600 + 4700 + 4800) \div 5 = 4600$ 册次

这 5 个图书馆借阅文献的标准差则为：

$$\{[(4400 - 4600)^2 + (4500 - 4600)^2 + (4600 - 4600)^2$$
$$+ (4700 - 4600)^2 + (4800 - 4600)^2] \div (5 - 1)\}^{\frac{1}{2}}$$
$$= \sqrt{25000} = 158.1（册次）$$

又有 5 个图书馆的文献借阅量分别为 4200，4400，4600，4800 和 5000 册次，这 5 个图书馆的借阅文献量的平均数则为 4 600 册次，与前例相同，但其标准差则增长了一倍为 316.2 册次。

所以前 5 个馆文献借阅量最大值与最小值之差与后 5 个馆文献借阅量最大值与最小值之差显有差异，前者之差为 4800 - 4400 = 400 册次，后者之差则为 5000 - 4200 = 800 册次。这说明了后 5 个图书馆的文献借阅量变动范围比前 5 个图书馆的文献借阅量大，也就是说前 5 个馆的文献借阅量变动范围比后 5 个小。

4. 标准误　是许多性质相同平均数的标准差。是度量一群性质相同平均数变动范围大小的指标。它的最大作用就在于当有了一群性质相同的平均数和标准误之后，把二者结合起来，就可以推断或估计真正平均数（总体平均数）落在什么范围之内的可能性

（机率）有多大。如前 5 个图书馆借阅文献量的标准误和后五个图书馆借阅文献量的标准误分别为：

及
$$158.1 \div \sqrt{5} = 70.7(册)$$
$$316.2 \div \sqrt{5} = 141.4(册)$$

第三节　读者统计分析的方法

一、数据的搜集

要完成读者统计分析的任务,必须有丰富的、真实或接近真实的统计数据。要得到这些数据,首先要进行调查。调查是读者统计工作的基础。统计调查获得的数据称为原始数据。

读者统计数据的搜集是依据读者统计的任务来确定的,所以有计划有组织的科学调查工作,应根据统计目的和要求不同,采用全面调查、重点调查、典型调查和抽样调查中的一种或几种形式。

全面调查是对对象的全体进行调查。这样获得的数据代表性强,可靠性高。

重点调查和典型调查都是对部分对象进行的调查。被调查部分是人为确定的,调查者根据统计目的确定调查对象。典型调查要求被调查对象能代表总体的一般水平,重点调查对象则可以高于或低于一般水平。

抽样调查也是对部分对象进行调查。广义的抽样调查包括重点调查和典型调查,此处抽样调查指随机抽样调查。随机抽样是指总体中的每一个单位都有同样的机会被当成样本抽出,以至实验者不能预言哪个总体单位将包括在样本中。

随机抽样的方法有两种,一种是抽签,若总体很小就把总体中各单位写在签上随机抽出;如果总体很大则给每个单位编上号,然后抽签。另一种方法是利用随机数表(又名乱数表),表中无规则地排列着一些阿拉伯数字,供使用者确定随机样本。

由于随机样本完全排除了人为因素,从理论上讲,它可以在一定程度上正确反映总体。通过随机调查获得统计数据,一般是在总体数量过大,对精确度要求不高时使用。

二、数据的整理

(一)频数分布　频数分布是把数字研究资料定出有结构的等级和顺序的手段,数据整理之前称为原始数据。使用频数分布时,往往把原始数据按照它们的数值,以分组方式排列和组织,整理和分析这些数据的特性和变化规律。

1.连续型数据和离散型数据　读者统计中经常遇到的数据有两种类型:一种是连续型数据,一种是离散型数据。

与某种标准做比较所得到的数据称为连续型数据。又称度量数据,例如,长度、时间和重量。对连续型数据分析的方法称为变量的方法。由记录不同类别个体的数目所得到的数据称为离散型数据。离散型数据的分析方法称为属性的方法。

在判断数据的类型之后,就要进一步研究数据的变化规律。描述数据变化规律的最简单方法是将这些数据列成频数表或绘成频数图,根据频数分布进行研究。

2.频数表　在判断数据类型之后,就要进一步研究数据的变化规律。

频数分布的正规方式是,这种排序由最小的观察值到最大的观察值,不过也可以把数据按数值以降序排列如表 14.1。

表 14.1　　50 本选定书的流通天数

18	26	15	13	24	21	5	17	10	20
31	4	7	9	14	8	10	20	13	11
22	19	13	16	9	12	35	13	29	21
12	6	9	12	11	6	9	28	16	17
38	19	27	15	12	16	6	31	26	21

　　从表 14.1 中可以看出,书的最长流通期是 38 天,最短流通期为 4 天,故其极差是 34 天。三个最短流通期是 4, 5, 6 三个最长流通期的值是 31, 35, 38。我们可以继续进行任意个类似的观察。不过表 14.1 的原始数据按数字顺序排列,显然更容易分析。在表 14.2 中,把从表 14.1 拿来的数据排成一个数组。

　　我们看到,表 14.2 的数据分成 12 个方便的组(3~5,6~8,9~11 等),这样能进行更容易的直观分析。每个组的组距有三天。这种分组数据为记录数字数据提供了有效的结构,能做出简单的统计计算。即使有些值确实没有表示出来,分布并未中断。这种把多次观察值按照值域划分的压缩分布方法称为分组。按照这个方式组织起来的数据称为分组数据。把数据分成组,就能准确地判断有多少观察数据落入组频数之内。当数据按组和组频数在表 14.3 内表达时,其结果称为频数分布。

表 14.2　50 本选定书的流通天数

组区间(天数)	流通天数
36～38	38
33～35	35
30～32	31,31
27～29	27,28,29
24～26	24,26,26
21～23	21,21,21,22
18～20	18,19,19,20,20
15～17	15,15,16,16,16,17,17
12～14	12,12,12,12,13,13,13,13,14
9～11	9,9,9,9,10,10,11,11
6～8	6,6,6,7,8
3～5	4,5

　　再回头看一下表 14.2 的数组,按流通天数的多少能容易地判断出 10 本阅读量高的书具有以下值:38, 35, 31, 28, 27, 29,24,26,21,22。同样,10 本阅读量低的书的值分别是流通 4,5,6, 7, 8, 9, 10, 11, 12, 13 天,从表 14.2 还可以看出:

　　(1) 24 本书(几乎占总数的一半)流通 14 天或不足 14 天。

　　(2)仅有 4 本书流通在 30 天以上。

　　(3)没有书流通 3, 23, 25, 30, 33, 34, 36,37 天。

　　频数分布对原始数据的表达,消除了观察数据一些原有的细节。例如 6～8 这一组包含着准确的观察数据 6,6,6,7,8。这个情况在表 14.3 中反映不出来。这个表仅表明在这个组里有 5 个观察数据。一般情况下,以表 14.3 那样的频数分布形式加以概括的数据不过多考虑它们原来的形式。因为频数分布中数据的表达结果要丢失些资料,按分组数据进行统计不如原始数据统计准确,另一方面,把数据分组后形成的频数分布,能较准确地看出数据之间的相互关系,并进行定量分析。

表 14.3　50 本选定书的流通天数的频数分布

天数	频数
36 ~ 38	1
33 ~ 35	1
20 ~ 32	2
27 ~ 29	3
24 ~ 26	3
21 ~ 23	4
18 ~ 20	5
15 ~ 17	7
12 ~ 14	9
9 ~ 11	8
6 ~ 8	5
3 ~ 5	2
	50（N = 50）

3. 频数图

（1）直方图　读者统计数据可以用图的形式来表达。用图来表示数据的一般方法是画一个线条图或直方图。直方图是在横轴上标明各组的组界,纵轴标明频数。然后以每一组的组界为一个边,相应的频数为另一个边,作矩形,构成直方图。见图 14.1。若纵坐标改为频率,则得到频率直方图。频率直方图与频数直方图的图形完全一样。例如图 14.1 是表 14.3 的流通数据直方图。从图中看出,直方图能使数据按组频数来表达,每个组的观察值的数目可以更清楚。

（2）频数（多边形）图　有时还可以用直线图或频数多边形图示数据。频数多边形的画法如下:

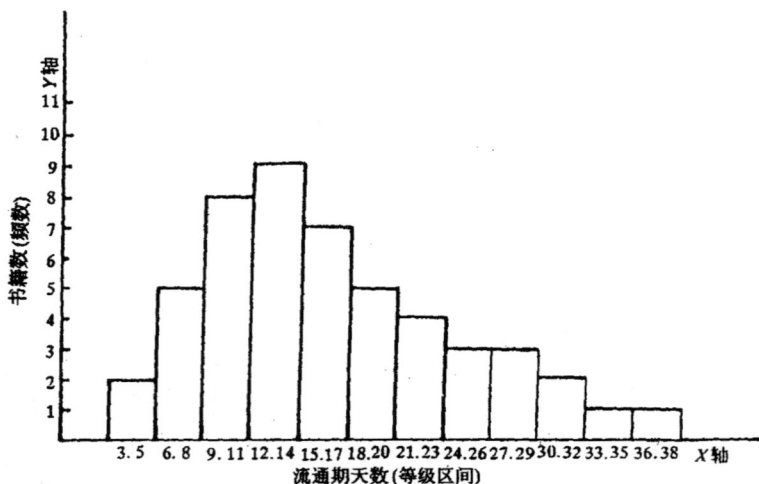

图 14.1 流通数据直方图

在横轴上标出各组的中值,纵轴上标出频数(率),在坐标平面内,标出相应的每个点。然后连接各点。并且最低一组非零频数的点,应该直接与相邻的零频数中值点相连,最高一组非零频数点,亦应该与相邻的零频数中值点相连。最后得到一个频数多边形,见图 14.2。

图中表达了表 14.3 和图 14.1 中的同一组数据。(注意,在分布的开始和结束处都增添了一个组 0 ~ 2 与 39 ~ 41,组频数为 0)。

(3)累积频数图   经常使用的第三种频数图,称为累积频数图。累积频数分布显示每个有关组直到包括指定组的总频数。表 14.4 是表 14.3 所显示的数据的累积频数。累积频数也可以用总频数的百分比来表示。例如 15 ~ 17 这个组的累积数是 7 + 9 + 8 + 5 + 2 = 31。因为总频数是 50,所以这个组的累积百分比数是 31/50 = 0.62 = 62.0%。

246

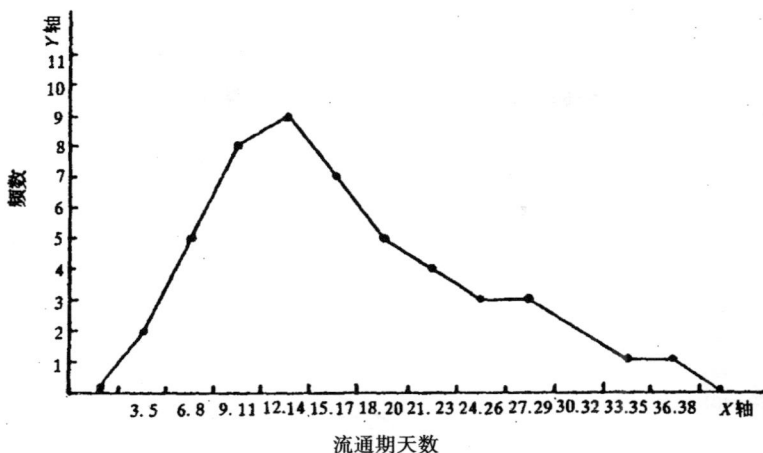

图 14.2　流通数据的频数多边形

表 14.4　50 本选定书流通天数的累积频数表

天　　数	频　　数	累积频数	累积百分比数
3 ~ 5	2	2	4
6 ~ 8	5	7	14
9 ~ 11	8	15	30
12 ~ 14	9	24	48
15 ~ 17	7	31	62
18 ~ 20	5	36	72
21 ~ 23	4	40	80
24 ~ 26	3	43	86
27 ~ 29	3	46	92
30 ~ 32	2	48	96
33 ~ 35	1	49	98
36 ~ 38	1	50	100

要确定累积频数,先从最低组计算频数,然后把每个组频数加

到这个值上,在每一步获得一个部分和。继续进行下去,向上移动累积频数栏,直达到最高组。累积频数作图法如下:首先根据表14.3制成累积频数分布表(表14.4)。在横轴上标上各组中值,纵轴上标上累积频数(率)。在坐标平面内标上对应的点。连接各点从而得到累积频数(率)图。见图14.3。

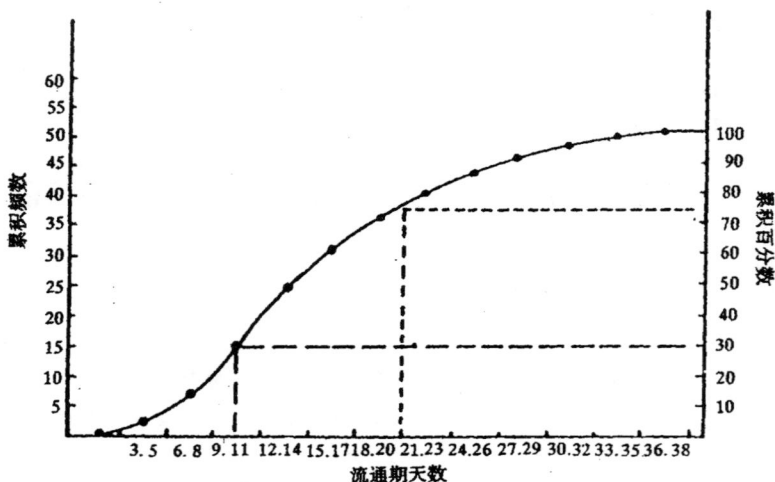

图 14.3　累积频数多边形与百分数卵形线

　累积频数分布和百分数分布的图示分别称为累积频数多边形和百分数卵形线,这两者均见图 14.3。百分数卵形线的主要好处是易于阅读百分数。图中虚线与点线表示 30% 和 75% 这两个数分别近似对应于 10 与 20.5。这表明,所有外借书的 30% 流通天数不超过 10 天,而 70% 流通 20 天或少于 20 天。

　(二)研究频数分布的意义　根据编绘的频数表或频数图,可以明显地看出数据的三个重要特征。

　首先,根据频数(率)分布,可以看出数据的集中情况。一般来说,不论是离散型数据,还是连续型数据都有聚集于某一范围内的趋势,常常用平均值表示全部数据的集中点。使用最广泛的平均是算术平均数,其次是中位数和众数。算术平均数是一群数据的重心所在。第二种是中位数,它是在累积频数图中 1/2 总频数位置上的数值。第三种平均是众数。离散型数据的众数是频数图中最高的数。连续型数据的众数是频数图中最高的中值。

其次,从频数表和频数图中,可以直观地看出数据的变异情况:这群数据是集中在平均数附近,还是分散在平均数的两侧。如果数据大部分集中在平均数附近,远离平均数的两侧数据比较少,则这样的数据是比较整齐的;若分布在平均数附近的数据与分布,在远离平均数的两侧数据相差无几。则这样的数据是比较分散的。

第三,从频数分布图中,还可以看出曲线的形状。例如,有些分布从零频数开始平稳地上升,直到最高频数,然后平稳地下降直到零频数。结果得到一个对称的直方图或多边形图。而另一些分布,在上升阶段可能要经过很多步,到达最高频数后,突然下降;或者相反,上升很快,下降很慢。

此外,频数表或频数图还可以显示一些不规则的情况。例如,在一个分布中,出现一个或几个频数突然高出正常频数的情况,这是一种异常分布,可能是由于条件不一致,或由于统计时的失误造成的。当出现这样一些不规则情况时,需要认真研究,尽可能找出原因。

三、X^2 检验

在许多图书馆的年末总结中,可以看到大量同当年有关的统计数字,其中有:读者总人数,文献借阅量等等。为了便于比较,报告中还经常列举一些上一年的有关数字,这就要用 X^2 检验。例如,在某大学图书馆,晚间文献的阅读量为:

晚间文献阅读量	1987/1988 年度	1988/1989 年度
	1456	1656

晚上文献阅读量的增加令人满意吗？学生们是否在晚上比以前更用功了？

X^2 检验就是用来对这种离散型数据进行估计的,它能够确定两组数据之间存在的差异是显著的,还是仅仅由偶然原因造成的。

第一步是假设,即:除偶然因素外,两个年度的文献阅读量之间不存在差异。对立假设是:两个年度的晚间阅读量之间存在着差异,而这种差异不能用偶然原因来解释。

如果假设是正确的,我们可以认为,两年的总阅读量可在两年之间平均划分。这样可以预期 1987/1988 年和 1988/1989 年度的阅读量是:

$$\frac{1456 + 1656}{2} = 1556$$

上述内容可表述为:实际数据的记录(称为实际频数——f_o)也有了假设,如果是正确的(称为理论频数——f_e)。因此:

	1987/1988 年度	1988/1989 年度
实际频数(f_o)	1456	1656
理论频数(f_e)	1556	1556

实际频数与理论频数之差(称离差)是:

	1987/1988 年度	1988/1989 年度
离差($f_o - f_e$)	-100	+100

现在可以用下列公式表示来计算该个问题的 X^2:

$$X^2 = \sum \frac{(f_o - f_e)^2}{f_e}$$

即:

$$X^2 = \frac{(-100)^2}{1556} + \frac{(+100)^2}{1556} = 6.427 + 6.427 = 12.854$$

我们用统计检验的方法,将求得的 X^2 值同 X^2 的抽样分布作比较。这是双尾检验,其内容是:在一批图书中,我们所感兴趣的是两类图书——内容提要字数大大多于平均字数的书和内容提要字数大大少于平均字数的书。由于两个概率都要,所以 5% 具有显著特点的观察值,被平均地分配在这个分布的两个尾部。因为我们感兴趣的是:1988/1989 年度的晚间阅读量是否显著地大于或小于 1987/1988 年度的晚间阅读量。

自由度的度数等于观察种类数减 1。在这个例子中,自由度为 1。

从 X^2 分布表中查到,自由度等于 1 的双尾检验,0.05 显著性水平的值为 3.841;0.01 显著性水平的值是 6.635。由于计算求得的 X^2 值(12.854)比这两个值都大,因此 X^2 的显著性程度很高,拟定假设应该否定。事实上,1988/1989 年度的晚间阅读量明显高于 1987/1988 年度的阅读量。

第十五章　读者工作者的自身建设

第一节　读者工作者自身建设的意义与作用

一、读者工作者

读者工作者是指那些直接接触读者的工作人员。如流通、阅览等部门的工作人员。

办好一个图书馆主要靠什么？靠藏书建设吗？不是,藏书虽然是办好图书馆的物质基础,但是它不是主要条件。一些藏书号称数百万册的图书馆的整个利用率却很低,而一个被称为"第三世界"的中专图书馆,虽然藏书不足 10 万册。但其藏书利用率却比前者利用率高的多,得到读者好评。这就是说,藏书量大而利用率低的图书馆不是一个好图书馆。

靠馆舍吗？不是,馆舍虽然是图书馆的一个构成要素,但是它还不是办好图书馆的决定因素。有的馆舍虽先进但利用率差,而有的馆以教室作为馆舍但读者到馆率高,"座无虚席"。我们认为,前者不是一个好图书馆。

靠经费吗？也不是,虽然经费是办好图书馆的坚强支柱,但是,它仍然不是办好图书馆的决定性因素。有的馆经费充足,而且有世界银行贷款,为了突击花钱竟买进许多原版复本书,而有的馆虽经费有限但细打细算,保证了本馆读者的基本要求。我们认为,

252

钱多、书多、但低效书、失效书甚至无效书也多的图书馆也不是一个好图书馆。

靠设备吗？不是，设备是办好图书馆的一个必要条件，但它不是主要条件。有的馆设备齐全、精良，但"备而不用"，而有的馆虽设备不全、不新，但却得到充分利用。我们认为前者也不是一个好图书馆。

人们不禁要问：为什么藏书多而利用率低？为什么设备先进而营运效益差呢？为什么花钱买进不符合读者需要的图书？归根到底，问题不是出在馆舍、设备、藏书、经费上面，而是出在工作人员身上。

无数事实反复证明，要办好一个图书馆，需要许许多多的条件，但是，在诸多条件中，人是最主要的，特别是读者工作者是第一个主要条件。列宁曾经深刻地指出：图书馆员是读者工作的灵魂。为什么呢？因为读者工作者"是图书馆活动的管理者，是使藏书与读者发生关系的枢纽，是使藏书由潜在价值变为现实价值的关键。图书馆工作的好坏，图书馆社会作用的大小，都取决于图书馆的干部。尤其是从事读者工作的同志们"。英国图书馆学专家哈里森说："如果说，图书馆的成功与否完全依赖于工作人员的质量与专长，这一点也不夸张"，"即便是世界上第一流的图书馆，如果没有能够充分挖掘馆藏优势的、讲究效率的和训练有素的工作人员，也难以提供广泛而有效的读者服务。"我们看到，所谓图书馆学落后，根本的和主要的是图书馆人员的落后，技术、设备上的落后是次要的。正如印度图书馆学之父——阮冈纳赞所指出的那样："不管图书馆坐落在什么地方，开馆时间和设备情况怎么样，也不论看管图书的方法怎么样，一个图书馆成败的关键还是在于图书馆读者工作者"。另一位印度图书馆学家沙而马也说："如果没有合适的人员去管理图书馆，那么最好的图书馆也是等于名存实亡和毫无用处。"

二、从读者工作者的地位与作用来认识读者 工作者的自身建设

(一)读者工作者工作的好坏直接体现了图书馆的性质、职能、方针、任务。图书馆的性质、职能、方针、任务,虽然体现在整个工作中,但主要通过读者工作者来体现。

(二)读者工作者的工作好坏,直接反映了图书馆的社会效果,是衡量图书馆工作质量的尺度,读者工作者的工作成效,表现在满足读者需要,为读者解决实际问题。从而反映了图书馆对社会经济、政治、科学技术、文化教育的广泛效果,体现着图书馆对社会生产的影响,也体现着图书馆在社会中的地位和作用。图书馆的每一种书刊资料,从选择、订购、验收、登记、分类、编目、入库、排架等,一直到流通,经过十几道工序,花费许多人的辛勤劳动,这些劳动成果,究竟利用了多少? 能否为社会作出有益的贡献,只有通过读者工作者的辛勤劳动得以证实,读者工作者工作认真,效益会高,否则反之。

(三)读者工作者位居一线,面向社会,广泛接触各种类型、各种成分的读者群,是联系图书馆与读者的纽带。

读者工作者工作在图书馆服务的前沿,为读者服务和依靠读者办馆,来完成图书馆读者工作管理系统的信息反馈过程。是促进图书馆各项工作协调发展的原动力。

(四)读者工作者自身建设的好坏,关系到全馆工作的重心如何,也直接影响整个图书工作的发展水平。

从事藏书与目录工作的工作者,和从事读者工作的人员,在图书馆工作中的地位不尽相同,始终存在着谁是工作重心的问题,随着时代的推移,显然对从事读者工作的同志要求越来越高,要想使读者工作得到一定程度的发展,对从事读者工作的人员要求当然要严,只有这样,读者工作才能逐渐发展成为全馆工作的重心,并

对馆藏与目录工作起着带动与制约的作用。图书馆的业务机构，一般都设置采编、保管、流通三大部门，其中，前两个部门的业务范围比较固定。流通部门则不然，随着社会需要的广泛深入，一般从事读者工作的人员。如果不顺乎潮流，不断从各方面提高自己，就跟不上时代的发展。要想做到有针对性地满足各种读者需要，那么服务工作能否有较大的发展，服务工作能否开辟新领域，服务活动的广度、深度、速度如何，是代表图书馆工作条件、能力和发展水平的重要标志，这就需要从事读者工作的同志加倍努力，才能实现。

综合上述，一是从人才学角度；一是从图书馆读者工作者的作用，面对当前复杂多变的读者需求，读者工作者必须不断的加强自身建设，提高各方面素质，全心全意为读者服务。才能显示出整个图书馆工作，具有旺盛的生命力和它的服务水平及其社会价值。

第二节　读者工作者自身建设的内容

一、提高读者工作者的政治素养

（一）牢固树立坚持四项基本原则的观念　热爱祖国，献身图书馆事业。热爱祖国是对全国人民共同的基本道德要求。遵循这一道德要求，对于图书馆读者工作者来说显得更为重要。这是由图书馆读者工作者基本职业所决定的，要满腔热情地为广大读者、用户服务，自己必须具有热爱祖国、热爱中国共产党、热爱社会主义、热爱马列主义、毛泽东思想的炽热的道德情感，坚定不移地坚持四项基本原则的道德情感。

热爱祖国是献身图书馆读者工作的强大动力和基础，而献身读者工作又是热爱祖国的集中表现和实际行动，两者互相联系成为图书馆读者工作者首要的和基本的要求,也就是说只有热爱祖国,热爱党,坚持四项基本原则和坚定的共产主义信念,才能献身图书馆读者工作事业之中。才能自觉履行其它道德要求,为图书信息事业做出应有的贡献。

具备以上基本素质,才能有勤勤恳恳,埋头苦干,不断进取,敢于开拓创新的动力。

图书馆读者工作是最富有创造性的工作之一,历代优秀的革命家、政治家、科学家都认为,图书信息工作不仅仅是服务行业,而且是有很高学问的学术事业。因此,立志献身图书馆读者工作的同志们,不能只做一个单纯的"服务员",应该成为自己事业的创造者,成为读者工作专家,具有创造性和进取精神。"人"之可贵在于创造性的思维(华罗庚语)。人有对创造性劳动的追求,能满足这种追求,是读者工作者最崇高的品德。在当前改革开放中,要与陈腐的传统图书信息思想决裂,做改革的促进派,尤其要正确对待社会职业的分工。读者工作者要自尊、自爱、自重、自强,不要为某些客观影响所左右。这就需要树立识大体,顾大局,服从事业和工作需要的思想。这样,就可以解决那种认为图书信息工作,特别是读者工作低人一等的思想,又可解决那些不愿做流通出纳等读者工作的错误认识。如果每个读者工作者都具有热爱祖国、热爱党、坚持四项基本原则,以及健康的思想品德,图书信息事业就会顺利发展,图书信息的职能就可以充分地发挥出来,从而每个读者工作者就可各显神通,大展宏图,建功立业。

(二)坚持全心全意为人民服务的宗旨 全心全意为人民服务,是每个读者工作者应具备的基本品德。全心全意为人民服务就是热爱人民,关心人民,爱护人民,同人民站在一起,毫不利己,专门利人,对人民极端热忱,视人民的利益高于一切,具有为共产主义事业奋斗终身,同一切危害人民,背叛人民的行为作斗争的精神;在必要的时候,为了人民的利益,牺牲自己。这就是说,一是要忠于人民,关心人民和爱护人民,为人民的利益英勇奋斗;二是人民的利益高于一切,个人利益服从人民的整体利益,为了人民的利益不惜牺牲自己的生命。

历史唯物主义告诉我们:人民群众是社会物质财富和精神财富的创造者,是社会前进的根本动力。历史是人民群众的历史,人类社会历史就是劳动群众创造财富,推动社会不断前进的历史。因此,把为人民服务作为衡量图书馆读者工作者的思想准则,是符合历史发展的客观规律的。全心全意为人民服务作为基本准则,还在于它符合无产阶级的根本利益,就是实现共产主义,解放全人类。

全心全意为人民服务作为基本规范,也是人生观和道德修养的根本要求。我们所以要树立革命人生观和进行道德修养,就是要做到自觉地全心全意为人民服务,做人民所需要的人。为了人民的利益和事业而奋斗,而牺牲,才是最高尚的、最道德的;反对人民、欺压人民,就是渺小的、不道德的。所以,全心全意为人民服务是衡量和评价人们行为的基本标准。

要做到全心全意为人民服务就必须关心人民的物质利益和精神文化的需要,努力提高人民的生活水平,使人民群众都过上幸福的生活;就必须关心同志,帮助同志,正确处理同志之间的关系;就必须保护人民的利益,同危害人民利益的思想和行为做坚决的斗争。为人民服务,是图书馆读者工作者必须具备的政治素养之一。

二、加强读者工作的职业道德修养

(一)养成良好的思想作风,树立和培养职业荣誉感,自觉履行职责 养成良好的思想作风具体体现了图书馆读者工作者的职业道德。是图书馆读者工作者职业道德最起码的要求。良好的思想作风包括共产主义理想、热爱本职工作,以及主人翁精神。我们必须树立共产主义思想。热爱本职工作,增强主人翁责任感,才能养成良好的思想作风。

图书信息机构是保存和传播人类文化知识的重要阵地,肩负着宣传马列主义、毛泽东思想、建设社会主义的物质文明和精神文的重要任务。远大的共产主义理想,是图书馆读者工作者职业道德的最高信念。只有树立远大理想,才能热爱自己的事业。才能有高度的责任感。才能发挥自己的创造力。读者工作者虽然处在一个比较平凡的工作岗位,但他们与社会各部门、各行业都发生着千丝万缕的联系,要勇于在平凡的岗位上做出不平凡的成绩,在工作中努力钻研专业知识,探索新知,脚踏实地的干好工作。做到了这些,就能说明思想作风比较过硬。

树立和培养职业荣誉感是具备图书馆读者工作者职业道德的先决条件。当一个人在他的工作岗位上感到光荣、自豪,他就会在工作中做出成绩。当前有些人看不起图书馆读者工作,有些领导也不重视读者工作。读者工作者只有自己看重自己,树立和培养职业荣誉感,在社会主义建设中发挥自己的作用,就会受到应有的重视和尊重。在现代社会中,随着科学技术的发展和受教育水平的提高,几乎是一切团体,一切部门,以及每一个人,不论是老,还是年轻,不论是男人还是女人,都要与图书馆的流通、阅览部门打交道。当今图书信息事业愈来愈成为一项巨大的社会事业,它肩负着开发智力的作用。文献是人类知识的物质载体,这些载体通过图书馆工作人员的辛勤劳动,变成了人类可以利用的巨大的精神财富。从广义上来看,两个文明建设都离不开图书信息部门。在教学工作中,如果图书馆读者工作者能为教师经常提供最新的,对口专业需要的各种文献,就会使教师有条件写出好讲义,教出好水平。在生产建设方面也是一样,图书馆读者工作者如果能密切结合生产实际需要,经常提供一些有用的资料,通过技术人员利用,就会很快转化成现实的生产力,创造出的物质价值。

从上述内容中我们可以充分认识到,图书馆的读者工作者守着人类知识资源这座宝库,该是担当了多么重大的责任和多么光荣的任务。

自觉履行职责是在有了良好的思想作风和树立了职业荣誉感基础上才能做到的。思想作风和荣誉感是认识方面的,而履行职责则是将认识落实到行动上的表现。

的确,如果一个人具有良好的思想作风和树立了职业责任感,那么,在他的行动上就会有所体现。他会在自己的岗位上,全心全意尽自己的职责,而不计较个人得失;他会和同志们团结一致,友爱相助,而不计较个人恩怨;他会急读者所急,想读者所想,从不计较个人的名利;他会严肃认真地对待自己的工作,而不是马马虎虎;他会努力钻研业务,而不是当一天和尚撞一天钟;他会把自己的工作当做一项事业而努力奋斗,而不会作为谋生的手段去消极对待工作任务。总之,有了良好的思想作风,树立了职业荣誉感,图书馆的读者工作者就能自觉履行职责,而不会感到是被迫的。良好的思想作风和职业荣誉感,以及履行职责,有着必然的内在联系,共同构成了图书馆读者工作者自身建设的第一基本要求。

(二)养成良好的工作作风,树立和培养职业责任感,努力提高职业技术　各行各业的从业人员都必须具有良好的工作作风。图书馆读者工作者的工作作风根据职业特点,有着本行业所需要的内容。

图书馆读者工作部门的服务对象,对读者或用户要有认真对待,主动热情服务的作风。

读者工作是一种学术性、技术性、创造性都很强的工作,同时也是一种复杂、细微而繁琐、体脑结合的艰苦工作。如搬书上架,如果不动脑筋,像搬石头那样只使力气,就可能把科学排列的图书排乱了次序,以致使某一本书成为死书,而失去了被读者充分利用的可能性。把书排在架上,要一本一本的往里插,使图书进入自己应在的位置。

读者或用户往往是因为工作或学习需要来图书馆的。即便是来借文艺小说，也是与精神文明建设有关系的。所以当读者来到图书馆，读者工作者一定要认真对待、主动热情。使读者或用户感到图书馆机构与自己的工作和生活有密切联系，能解决自己的问题。这样，图书馆的读者工作部门就有社会存在的价值。如果做读者工作的同志没有良好的工作作风，对读者采取推诿敷衍的态度，会使读者或用户在利用图书馆的时候，产生心理障碍，不愿意与之打交道。这样，图书信息工作者就不能实现自我价值，变成不被需要的群体接待读者或用户时，读者工作者的态度和责任心以及良好的工作作风事关重大，所以，读者工作者非常需要认真负责的工作态度，严谨细致的作风和埋头苦干的精神。

树立和培养职业责任感是图书馆读者工作者应具备的重要条件。有了责任感，就会把事情办好，就会以主人翁的态度对待工作。责任感能使人努力改进工作，责任感能使人认真解答读者询问，责任感能充分体现出一个图书馆读者工作者的职业道德。

努力提高职业技术水平是为了发扬良好的工作作风和更好的体现职业责任感。图书馆读者工作者良好的自身素质的培养和业务技术训练紧密相关。随着现代科学技术的发展，人们的求知面越来越宽，知识的专业化越来越强，读者对图书馆的要求越来越高。如果图书馆读者工作者业务水平不高，有书提不出，有资料查不到，有疑难问题解答不了，有先进设备不会使用，即使有为读者服务的良好愿望和条件，对读者说话很客气，接待读者很有礼貌，顶多给读者一个"可亲"的印象，而得不到读者"可信"的评语，再好的工作作风，再强的职业责任感也不能很好的体现出来。所以说养成良好的工作作风，树立和培养职业责任感。靠努力提高职业技术来表现。目的是为了把图书馆读者工作搞好，为社会主义建设做贡献。养成良好的工作作风，树立和培养职业责任感，努力提高职业技术是图书馆读者工作者自身建设的第二个基本要求。

（三）养成良好的生活作风,自觉遵守职业纪律　图书馆读者工作人员具有良好的生活作风,是遵守职业纪律的保证。读者工作人员所在的岗位是面对广大读者或用户的岗位。服务的时间以及各种规章制度,需要图书馆读者工作者养成良好的生活作风和道德习惯。

自觉遵守职业纪律是读者工作者自身建设的重要组成部分,每位图书馆读者工作者都应做到自觉遵守职业纪律。毛泽东同志在革命战争年代曾经说过:"纪律是革命胜利的保证"。在社会主义建设时期,纪律仍是做好各项工作的保证。图书馆读者工作者如能自觉遵守职业纪律,就能保证读者工作顺利进行,保证为教学科研提供较好的服务。而自觉遵守职业纪律是以良好的生活作风和职业幸福感为前提的。因此,在职业道德教育过程中,把养成良好的生活作风,树立和培养职业幸福感,自觉遵守职业纪律列为图书馆读者工作者自身建设的第三个基本要求。

三、优化读者工作者的知识结构

图书馆读者工作是一项学术性、技术性和创造性很强的工作。图书馆是知识的宝库,这座宝库中的知识资源是否能有效地开发出来,与图书馆工作者的知识素养关系极大。事实证明,一个初中文化的同志,在图书馆里也可以做一些工作,比如按号取书、上架之类;但有博士学位的同志到图书馆里工作,如欧美等国家图书馆那样,同样大有用武之地。国外许多大学图书馆的读者工作者以及其它部门的工作人员大多是博士学位者担任的。他们可以为不同的读者解决大量的疑难问题,为专业读者进行专业辅导和咨询等。而这些,无疑是目前各类图书馆中最缺少而又是广大读者最需要的图书馆专门人才。我国图书馆工作人员的人才结构,由于历史的原因,一直没有按照图书馆事业的客观需要合理解决。这也是我国目前图书馆事业不能很好适应四化建设需要的根本原因,这个问题的解决,将要经过长期的努力,目前各工业先进国家图书馆工作者人才结构,如美国、日本、前西德等都有很好的先例。

根据我国目前的实际情况,对我国图书馆工作者特别是读者工作人员在知识结构上提出一些起码的要求,是非常必要的,那么,读者工作者应具备哪些基本知识结构呢?

(一)语文知识 图书馆是搞图书、文献工作的,而图书文献是文字的载体。与其说他们每天同图书打交道,不如说他们每天是同文字打交道。这些文字,汉字有古文、今文、又有繁体、简体之分;外文有英、日、俄、德、法等文。如果一个图书馆工作者,对古今文字没有一定水平,对各种外文一无所知,在图书馆里无异于一个文盲。自然也就不可能把读者工作做好。因此,图书馆读者工作者需要的知识素养、首要的基本功应当是文字方面的基本功。既要了解现代汉语,又要熟悉一些古代汉语;既要通晓常用外文,又要熟悉一些稀用的文字。这样,图书馆工作中的许多作用,就会由于读者工作者的文字的理解能力和运用能力,而得到充分的发挥。这方面的基础愈好,语种范围愈广,他们发挥的作用就愈大。

(二)图书信息学专业知识 图书馆专业知识包括:基本理论知识和基本工作方法、技能。这些知识,实际上是一种管理工作的方法和技术。这些技术和方法大多是一些实践中形成的东西,因而并非高深莫测,经过一定时期的系统学习是完全可以掌握的。图书馆工作中的基本技能的技术,比较主要的有图书的流通、采访、登录、分类等。这些环节作为从事读者工作的人员一定要掌握。其它工作的环节不一一细说,这里只着重叙述一下读者工作的基本理论和方法,主要指借阅、辅导等的具体要求、原则和方法。这些工作都不是简单的搬一搬书的问题。他需要工作人员全面系统地掌握馆藏全部文献的现状、各种藏书的分布、各类藏书的数量比例和等级水平;要掌握文献的入库保管和保护技术;要熟悉入藏、借阅、流通的环节和过程;掌握借阅流通的统计和分析方法;掌握阅读的指导方法;掌握专题资料的搜集、整理及编译报道的方法;书目、题录、文摘、索引的编制原理和检索方法等。所有上述这些,对一个图书馆读者工作者来说,是必须掌握的。

(三)学科专业知识　现在,图书馆的信息传递职能日益增强,要做好信息性服务,没有学科专业基础是根本不能胜任的。因此,当代图书馆读者工作者的知识结构,必须包括这种知识。有了这种学科专业知识,图书馆里的各种学科的专业文献,才有可能得到充分有效的开发利用。馆藏利用率才能真正有可能大大提高。

(四)相关知识　所谓相关知识主要是指其它有关的科学技术知识和文史方面的知识。当然也可以把自然科学、社会科学和哲学三大知识门类及一些交叉学科的知识都列为图书馆读者工作者的相关的知识范围。一个综合性图书馆就可能包括上至天文、下至地理。人类的一切知识领域。一个专业图书馆,面虽窄些,但却会很专,很深。如果图书馆工作者不了解藏书的知识内容,根本谈不上有水平的服务。作为一个图书馆读者工作者,什么都要懂一些,但可以不必深;而专业图书馆读者工作者,则应当对本专业尽可能做到专深一些。只有具备了这样条件的图书馆读者工作者,才能去驾驭这些知识财富,才能理解这些知识财富的真正社会价值,也才有可能通过他们的辛勤劳动充分发挥出每一本书的作用。

上面所谈图书馆工作者的知识结构,只是一些基本方面,作为图书馆的读者工作者还要做到以下几方面的知识技能:

1. 熟悉掌握分类法和目录体系,它是读者工作者开展服务工作的基础　掌握分类法是图书馆读者工作者最起码的业务知识要求。目录是打开图书馆大门的"钥匙",因此,读者工作者应对本馆目录体系的编制原则,排检方法及它们之间的相互关系等予以掌握,并引导读者自如地运用图书馆目录,以达到更好地为教学科研服务的目的。

2. **熟悉馆藏** 是指读者工作者首先了解本馆所藏书刊情况，各类书刊的分布、种类、册数等等，要熟悉藏有哪些学科及这些学科的代表作，一些是名家的著作，各学科有哪些参考书、书刊的类别、重要和常用书刊的索书号。至于对一些参考价值大，出借率高的书刊名称更应记熟。这样，即便一些读者不查阅目录，只说出书名或某个著者的书，经过稍许思索，就能很快找出来，工作起来就会得心应手。

3. **熟悉和研究书刊** 读者工作者只掌握馆藏有哪些书刊及它的索书号、架位还是远远不够的，还必须掌握一些书刊知识和了解一些书刊内容。诸如："同书异名"、"同名异书"、"一书多名"，各种"全集"、"选集"、"单行本"之间的内在关系，以及同类书刊的版本和它们之间的优劣、差异，以至一些主要著作的大致内容、基本概念。要能够做到，当读者借书刊时，即使没有原书供其借阅，也能够推荐一些与之相关或近似的书刊提供选用，使读者乘兴而来，满意而归。

4. **拓宽知识面** 其它与图书馆学比较密切的许多知识，如信息论、控制论、经济学、心理学、法学、逻辑学、语言学等知识，也需要掌握，尤其是为了适应社会主义市场经济的需要，应学点经济学知识。知识和学问是没有止境的，不可能一步登天，总是要在原有基础上持之以恒，坚韧不拔地进行积累。当有了坚实的基础知识以后，就可以在某一方面发挥个人的优势，变得更专深一些，在特定的情况下，就会发挥出特殊的作用。

5. **熟悉和使用工具书** 首先要清楚馆藏工具书有哪些，哪些优，哪些劣，以及它们的主要类型，编排体例。主要用途；其次应掌握各类工具书中主要常用工具书的性质、内容、范围、编排特点和使用方法等。以便为不同读者的不同需求有针对性的服务。

四、读者工作者应具备的新意识

美国著名社会学家亚历克斯·英克尔斯在《走向现代化》一书中写到:"先进的现代化制度要获得成功,取得预期的效果,必须依赖于它们的现代化人格、现代品质。无论哪个国家只要有它的人们从心上相互配合,这个国家的现代化才能够真正得以实现"。社会的现代化,关键在于人自身的现代化。因此,图书馆现代化起决定作用的是人的现代化,即读者工作者的现代化意识。

1.时间观念和效率观念 当今社会是信息社会,价值的增长是通过知识信息来实现的。"时间就是金钱;效率就是生命"已成为现代化图书馆的口号。它要求现代化馆员必须有强烈的时间观念。现代化读者工作者,才能迅速、准确地向读者提供文献资料,使其得到充分利用。

2.开放搞活观念 现代化图书馆的发展是图书馆之间要形成一个系统、整体结构,馆际之间应该相互配合、互相联系。现代化读者工作者要适应这种发展的需要,具有开放搞活观念,开展多种多样的服务方式,更好地挖掘文献资源,使其能够得到藏为所用。

3.敏锐的信息观念 现代化图书馆发展的一个主要特征就是图书信息的职能日益得到加强。现代化图书馆这种发展特征,要求现代化读者工作者要有敏锐的信息观念,只有不断强化信息意识,不断提高获取信息的能力,才能够为读者提供最佳的信息服务。

4.现代化读者工作者要有较强的创新意识和开拓精神 社会要向前发展,人类要向前进步,必须要靠人的创新和开拓。同样,图书馆读者工作要取得发展,也要靠读者工作者的创新和开拓。

5.现代化图书馆读者工作者要有较强的社会交际能力 现代化图书馆的发展方向是面向社会,这就要求读者工作者要广泛地接触读者,接触社会。因此,现代化读者工作者要有较强的社会交际能力。

总之，在这个信息时代的社会里，不断的学习才是读者工作者最崇高的品质。

第三节　读者工作者自身建设的途径与方法

读者工作者的自身建设主要通过实践，根据实际情况的需要与可能，采取行之有效的途径与方法。

一、领导重视

从领导来说，要有战略眼光，要重视对图书馆读者工作者的培养。目前，我国图书馆读者工作者的人员素质偏低。特别是公共系统图书馆的读者工作者，大专以上文化程度的工作人员比例偏低；二是图书馆专业的读者工作者比例偏低；三是人员知识面窄。对于这一现状，我们必须从战略上加以认真研究，并有计划地进行建设。培养、培训要有目的、有要求、讲实效，各级图书馆的领导一定要重视读者工作者的人才建设问题。

二、把好进人关

对图书馆进人的问题，凡新进图书馆的读者工作者，必须具有大专学历，必须热爱图书馆读者工作。那种进人问题上"照顾"、"走后门"、"凑合"等都是不利于读者工作建设的。

三、在岗继续教育

（一）进修是为了进一步提高从事实际工作人员的工作能力（知识、技能、态度等），而进行教育的措施。其内容不单纯是以学得知识、技术为目的，而是考虑人们的全面成长，以一生应受教育

266

为目标开始学习的。总之进修是一切职业必然的附带条件,图书馆读者工作者也不例外。根据读者工作者的工作需要和个别人的素质,选派部分同志分期分批到有关单位进行业务进修或接受学历教育,提高读者工作者的业务素质和工作技能。在我国,党的十一届三中全会以来,随着我国政治的稳定,经济的持续发展以及教育、科学事业的前进,继续教育发展速度之快,规模之大是前所未有的。各行各业为了满足在职专业人员的需要,纷纷举办了各种进修班、培训中心等。全国高校图工委委托七所高校专门培训大专以上非图书馆专业毕业生,每年招生 300 余人。还有两所高校设馆长进修班,其它各省市办的培训班大都侧重于初级工作人员的培训,这对吸收其它专业人才参加图书馆工作,是十分必要的。但是,对图书馆专业毕业生的继续教育却尚未引起足够的重视,特别是全国各图书馆去进修的人员中,从事读者工作的人员参加进修的为数甚少,单位领导考虑全馆进修计划时,也很少考虑到图书馆的读者工作者们,这种状况对我国图书馆事业的发展是极不利的,也是不应该的。今后应改变这种不合理状况,各级领导应创造条件让从事读者工作者的人员进修学习。

1. 进修形式　进修的形式是各种各样的,就进修的场所来讲,可分为馆内进修、通过日常工作在职进修或脱产在馆外进修。就主办者可分为公办的进修和个人或团体按照自己计划主办的进修。也可分为个人进行的自修和团体进行进修。就进修的内容对读者工作来讲,当然要以读者工作者的内容为宗旨,为了提高读者工作者的全面素质,也可对图书馆其它工作的内容进行学习。如:图书馆学、语言学等。进修的对象可根据工作需要,灵活掌握。

2. 进修方法

(1)讲习会　这是由馆内胜任者和馆外的专家主讲,也可大家都讲,按一定的计划以口头传授知识的方法,有时也可用课堂讨论、实习参观、提出调查报告、考试等方式。这种方法能向多数参加者传授同一内容的知识,但在指导个人特殊性问题方面有弱点,容易形成听教师方面的讲解,忽视现场经验方面的一些具体问题。

（2）演讲会（报告会）　请馆外图书馆读者工作者专家、知名人士做报告,就特定的主题自由讲解的方法。因演讲的内容重要,而所聘请的演讲者又具有远见卓识的人物,所以影响较大。也能答少数人的质疑。

（3）交流会　就共同感兴趣的问题搜集多数参加者的工作经验和研究成果,在专家们的指导下共同研究讨论的方法。适用于参加者多的大型研究团体的集会,有时也可根据规模分为几个分科会,讨论的方法有分组讨论会,不同意见代表讨论会,专题讨论会等。形式较多。

（4）研究会（圆桌会议）　是全体与会者就共同感兴趣的问题互相提意见,在自由舒畅的气氛中进行研究讨论的方法。如有水平高的主持者指导时是非常有成效的,与会者最好在 20 人以下,适用于小型研究团体的集会和岗位业务碰头会。有时也穿插发表个人或成员共同研究的成果及共同调查报告等,或者聘请馆外专家讲话。所谓学习会近似读书会、轮流讲谈会等。

（5）汇报会　外出进修学习的人员回来后汇报学习上的主要内容,以起到知识资源共享的作用,也弥补了因资金短缺进修人员少的不足。

（6）讨论会　是在领导者的指导下,由较少数的与会者在和谐的气氛中,就特定的问题通过相互判断进行研究,是一种最充实的进修形式。另外,不仅是学术交流,也有益于领导者和与会者直接接触。

（7）其它　除以上的集体进修方法外,个人进修的方法有参观、留学、函授、读书、翻译、调查研究、撰写论文、书面发言、岗位上的个人指导等,另外也有在国内外和其它图书馆定期工作进行实地研究的实例。

（二）自学、自我修养　　自学是图书馆读者工作者自发的，主要在业余时进行的个人学习，这里边也包括团体主办的共同学习。个人自学是进修中最基本的方法，自学是进修的起点，也是终点。如果没有自学，其它一切进修也就失去了生命力而成为有名无实。人们认为，有否自学的可能性，是判断专业化程度的基准。关于自学的重要性，不仅图书馆读者工作者已承认，而图书馆其它部门的工作人员也是公认了的。

读者工作者自学要坚持"六勤"，才能收到成效。

1.耳勤　就是勤于听，善于听。听，能使人吸取信息，开拓视野，了解新形势、新任务。如通过广播、电视报道，了解我国和世界政治经济形势和文化教育状况；参加有关会议，听取有关报告、领导讲话以及读者意见和要求，就有利于明确工作的方向，改进本职工作，从而提高工作质量。

2.眼勤　就是勤观察，善于观察。图书馆读者工作人员应养成阅读有关书刊资料，钻研本职工作的良好习惯，从图书资料中吸取真知灼见。不仅要学习图书馆理论和业务技术知识，而且要学习政治、经济、文化和国家政策、方针、路线等文献，以充实自己的知识领域，从中吸取精神营养。

3.脑勤　就是勤于分析，善于思考。要树立干一行，爱一行，学一行，钻一行；干到老，学到老的思想。会用脑、勤动脑、多动脑。这是做好读者工作，提高自身素质的关键。要把听到的，看到的，进行分析、思考、加工、吸收消化处理，去粗取精，去伪存真，系统地加以理解，达到有所创新。

4.嘴勤　就是勤问、会问。在耳闻目睹综合分析理解的过程中，常遇到不清楚的事情，这就要求我们勤问、会问。"三人行必有我师"。来馆读者中，都是各有所长的人，只要甘当小学生，不懂就问，日积月累，必然能学到很多、很有用的知识。

5.腿勤　就是努力提高工作效率的能力。读者工作者经常与读者打交道,为人找书,为书找人;并且要深入服务部门进行调查研究,加强与有关单位的联系,了解读者对图书资料的需求,以便提高借阅率,减少拒借率,从而做到广、快、精、准地提高服务质量。

6.手勤　就是勤记、勤写。坚持写工作日记和工作总结,把所见、所闻、所作所为,心得体会和感受及时地记录下来,从中找出规律,通过以上"六勤",不断积累经验,就能不断提高读者工作者的素质。

(三)建立图书馆读者工作者业务档案　建立图书馆读者工作者业务档案,是完全必要的。是实现上述的有利措施和手段。是考察图书馆读者工作者的主要根据之一。有没有大不一样。所谓图书馆读者工作者的业务档案,主要是指图书馆读者工作者在业务与学习活动中,所形成的本人的工作成就、业务能力、学术与技术水平的材料。其内容包括4个方面:一为本人简历,二为业务与学术上的成就和贡献;三为各种考核奖励记录;四为其它记录情况。建立这样的图书馆读者工作者的业务档案,有很大的现实意义和作用,它既是考查出勤、成绩和学术水平的根据,也是调动图书馆读者工作者的积极性、不断提高业务水平的有利手段。因此,图书馆领导者应重视这一必不可缺少的工作手段,以加强管理,制定业务档案管理的规章制度,保证存档材料真实可信,力求完整,决不能弄虚作假。

第十六章　信息时代的读者学

第一节　信息时代的特征

随着社会的不断发展,信息产业的不断增长,现代化技术的不断进步,人们经常谈论的一个话题就是"信息时代。"

什么是信息时代？信息时代就是以信息的生产为中心,使社会和经济都发展起来的时代。就是智力密集型结构的社会,是一个知识化的时代。信息成为比物质或能源更为重要的资源,对信息的生产、储存、加工、传递、处理将成为重要的产业。科学技术很快更新,大多数人从事信息处理和传播工作,成为社会的主要劳动者。

（一）信息时代将以智力和知识为基础,将实现马克思所预言的"直接劳动本身不再是生产的基础。"

知识和技术作为劳动产品,在国民经济总产值中所占的比例越来越大。知识工业也称信息经济,是国外出现的一个新兴生产部门。有人认为,教育部门、宣传部门、图书情报部门及各种研究机构都属于知识工业的范畴,随着知识工业的出现,一门崭新的边缘学科——知识工程也就应运而生。知识工程顾名思义就是生产和提供知识的工程。它是在电子计算机迅速发展和普及的过程中逐步形成的。以往人们只有掌握知识以后才有可能去利用知识,在电子计算机发展与普及之后,情况就会有所不同。知识只要被制成"智能软件",不甚熟悉这门知识的人,往往也可以利用这门知识。例如:电子计算机一旦配上相应的软件,一个不太了解工程技术的人,也可以利用电子计算机来解决工程问题。

(二)在信息时代,其经济将要围绕知识来组织,知识信息业,将成为整个经济的主导。

在欧美,谈到信息时代,大体是以 5% 以上的劳动力从事信息工作为标志的。信息产业一般包括:通讯、报刊、出版、广播影视、图书馆、档案馆、信息咨询服务、金融等业。西方国家常将电报、电话、卫星通讯、汽车的无线通讯、邮政、无线电广播、电视(包括装置和播放)、电子元器件、报刊、图书出版、广告、计算机系统、软件服务、经纪人、银行、保险和其它财政业务、商业知识、政府中的情报、治安、农业顾问、法律服务等 13 种行业划为信息产业。

1956 年,在美国历史上出现从事技术、管理和事务工作的白领工人数超过了蓝领工人。即从事信息工作的人数,超过了从事体力劳动工人数。因此,有很多论点认为美国信息社会始于 1956 年和 1957 年。他们认为:这预示着一个新技术时代的诞生。因为从这时起,大多数人从事处理信息工作,而不是生产产品。

(三)在信息社会,知识信息资源,作为一种可再生产的资源,将成为国家和社会最珍贵的财富。有效地开发和利用知识信息资源,创造知识将成为社会和社会成员的第一需要。美国著名企业学者彼得·德鲁克说:"知识已成为最重要的工业。这个工业向经济提供生产所需要的重要核心资源。"

享有盛名的美国英特尔公司,1968 年,以 250 万美元资本起家,借助于财金资源背后的智力,取得了技术上的突破,到 1980 年,该公司的年销售额已达 8. 5 亿美元。创办人诺斯成为集成电路的发明人之一,而该公司也以发明微型计算机著称。诺斯说:"这个行业一开始就是智力密集工业,而不是资本密集工业。"

(四)有效的收集、处理、存贮、控制与传递知识信息资源,使之不至于失散、淹没和泛滥成灾。将是社会国家的首要任务。

在当今世界上,"知识爆炸"已成为人们所关注的课题,知识的激增,正是科学技术高度发展的反映。怎样才能以最快的速度广泛地、全面地交流和传播科学情报,是知识工程的主要研究课题。丹尼尔·贝尔在《信息社会的社会结构》一书中说:"美国"科学情报是国家每年在研究开发领域投资 350 亿美元的成果,而且广义的信息几乎占国民生产总值的一半。

微电子技术出现后,电路集成度大为提高,大规模集成电路成品率和集成度的提高,带来了电子计算机的革新。电子计算机与通信的结合,产生了计算机电信工业,扩大了信息储存量,大大加快了信息传播。通信卫星网络的建立又把世界联成一整体。

(五)以新兴技术的突破为标志的社会生产力的高度发展,将使经济结构发生变化,并带来人们生活方式和社会面貌的变化。社会并向多样化、分散化、小型化发展。

从技术开发来看,信息社会就是"三 C"、"四 A"社会。所谓"三 C"系指通信化(Communication)、计算机化(Computer)和自动控制化(Control)。所谓"四 A",系指工厂自动化(Factory automation)、农业自动化(Agriculture automation)、办公自动化(Oiffice automation),家庭自动化(Housel automation)。"四 A"是信息能量的延伸。工厂自动化,主要是在工厂推行以微电子技术为中心的柔性加工系统;农业自动化将是以电子技术和新材料为标志的理化技术革命,从而使农业成为一个知识高密度型产业;办公自动化将使文件的起草定稿、审核、分发、归档等各项琐细工作,由各路电子设备来代替;家庭自动化将使购货、清洁、炊事、洗衣等项家庭劳动由电子设备和机器人来代替。

(六)在信息社会里人们注意和关心的是未来。随着新的信息社会的来临,人们的时间观念也将发生变化。在农业社会,农民根据过去的经验去种地、安排农时,往往习惯于向过去看。在工业社会,人们的时间倾向性是注意现在。而信息社会人们的时间倾向性是将来。因此,必须注意现在,预测未来。如果能够做到这一点,就会了解趋势,主动进取。

第二节　信息时代对读者学的影响

一、信息时代各种先进技术对读者工作的影响

（一）光盘技术　亦称光贮存技术或光记录技术,是指利用光学手段(激光束)将信息或数据以模拟量的形式或数字化的形式记录在某种载体上,在需要时也用光学手段将信息或数据读出来。

光盘按功能和应用情况可分为只读光盘、简称 CD - ROM;读写光盘。读写光盘又分为一次写入光盘 WORM 和可擦写光盘。

只读光盘具有以下优点:

1.一块标准的 12cm 的只读光盘,约有 600Mbytes 的数据容量,相当于 400 张高密度软盘或 1500 张普通软盘,可贮存 25 万页 A_4 大小的文本的内容。

2.光盘与磁盘一样,采用的是随机检索的方式,尤其是关键词与布尔算子相结合的检索策略,为读者提供了很高的检索效能。

3.光盘系统一般都有十分友好的用户界面,读者无须经过专门培训,仅借助于菜单驱动和屏幕提示就可能使用。

4.光盘系统充分运用菜单、窗口、色彩、加亮等技术手段使屏幕变得格外生动。

5.当光盘系统联到计算机网络上后,就可以产生增值作用。并可使检索与获取原文献在一次操作过程中完成。

6.光盘有体积小价格便宜寿命长可邮寄的优点。光盘预测有 25～100 年的寿命。

图书馆界可利用光盘数据库开展下列服务：①编目与订购；②开展检索咨询，回溯检索及定题服务；③套录并建立专题数据库；④科研课题成果与专利申请前的查新工作；⑤计算机检索课的教学与实习；⑥国际联机检索前的预处理。

光盘与多媒体技术相结合，将起到改变图书馆现代化历程的作用。

（二）计算机网络　计算机网络是以能相互共享资源的方式连接，并且各自具备独立功能的计算机系统的集合。

广域网简称 WAN，又叫远程网，它作用的范围在几十到几千公里，相互联结的设备之间不受距离的限制。世界上第一个远程网 ARPANET（后称为 INTEREET）于 1969 年 12 月在美国开通，它的出现象征着现代电信时代的到来。

局域网简称 LAN，它是一种限定地区范围的网络，作用的范围一般限制在几公里的范围内。网络中采用高速通信线路，一旦图书馆局域网建立起来，它允许连到这个网络中的每一个用户，与图书馆工作人员与其它用户交换程序和数据文件，也允许一个用户把一个文件发送到另一台微机或连在网络上的打印机和硬盘机上。网络中的这种共享性，大大提高了藏书的利用率和图书馆读者工作效率，深化了信息服务工作。

1993 年，美国副总统宣布，美国即将实施美国"信息高速公路计划。"这就是在全国范围内，铺设光导纤维电缆，作为信息流通的主干线，通过光缆和多媒体，向全国提供教育、卫生、商业、金融、文化、娱乐等颇为广泛的服务。"信息高速公路"的出现，标志着全球信息革命中一个新时期的到来。

（三）电子图书馆　电子图书馆的概念是组织电子信息及其技术进入图书馆并提供有效服务。几乎图书馆所有信息均能从电子形式获得，包括所有联机采购、编目、公共查询；对各种信息资源的检索，通过网络组织读者访问外界电子图书馆和文献信息数据库系统如电子杂志、电子图书等；用计算机系统管理出纳、期刊等公共服务；还有财务、人事等行政事务；图书馆和校园的网络连接到教室、办公室、实验室、甚至家庭和宿舍，让人们很方便地共享资源。

此外，电子图书馆新发展还要对录音带、录像带、影视光盘等资源实行自动化管理，建有自动化视听资料公共查询系统，存贮视听资料和读者信息，当新的影视片到来后，读者能得到推荐并通过网络系统及时观赏影视节目；通过卫星地面站，接收世界各地节目，存贮于计算机中，并在图书馆影视室的大屏幕放映，进而提供在教室或家庭收看。

（四）电子出版物　电子出版物包括：存在于计算机中的电子图书、电子杂志、各种联机信息库、存贮在各类光盘里的索引、文摘、工具书和声音图像产品；电传视讯（Videoteu）和电传文本（Teletex）以及电子邮政和传真机传送的资料等。

电子出版物是以电子格式提供给读者使用的出版物。这种格式应该是机读的公共通讯格式，让各种类型的计算机、工作站都能接受，并在屏幕上提供给读者阅读或打印机输出所需的资料。

所谓"电子期刊"多是按照一定题目，在一定期限公布"出版"原始文献的机读型刊物。电子期刊从文章记述、审稿、修改到"出版"等均利用现代信息工具和电子计算机完成，并且读后马上可向读者提供索引、简介和文摘，近年，国外还出现了利用科技期刊的全文以电子形式提供咨询服务的趋势。

电子出版物的出现对读者产生很大影响。随着电子图书馆的发展，许多读者在家里或办公室里通过网络直接访问图书馆或外界的信息数据库，他们并不需要到图书馆来，所以对阅览室和书库的需求将发生变化，而对各种电子设备要求越来越高。

随着共享大量的外界图书馆的资源，随着印刷型图书的减少，电子格式的采用，出纳功能也会相应减弱。

在电子图书馆中,需要读者工作者进入各信息系统进行咨询,培训读者最有效地开拓电子数据源;还需要读者工作者用"人工干预"的方法,来帮助读者解决查找中的"难题",在联机上与读者"对话"。在电子时代,信息不是以静态的永久格式存在于图书馆内,读者工作者要经常关心它们的更新情况,分析和研究各类信息数据库的质量,注意新的信息系统的发展,才能当好读者的参谋,让他们能顺利访问各种类型的信息源。

同时图书馆必须与计算机中心或信息中心配合,联合起来共同成为信息中心。

(五)专家系统　专家系统是某一特定领域小范围的人工智能计算机系统,它汇集、编纂、整理人类专家的经验知识和推理解决问题的能力,使之计算机化、自动化。它通常用来解决某些专家才能解决的问题。

专家系统处理的对象是知识经验或事实依据。专家系统选定特定领域的知识,运用符号串来代表真实概念,用通过符号串进行相同模式匹配,以达到解决问题。专家系统采用启发式来解答问题的方法,是从某一专家解答问题的经验中,寻找出最简便最有效的手段来解答问题。它允许人们在某一特定的领域进行广泛的寻找解决问题的方法,专家系统数据库可以在不影响逻辑推理的状态下不断更新数据修改程序,或纠正错误。此外一些不同的数据库还可以在相同的逻辑推理器中运行。专家系统还能不断显示出解决问题的逻辑步骤,告诉读者它是如何解决这个问题的,这一点是普通计算机系统做不到的。

专家系统在图书馆和信息领域的应用趋势,将表现在以下三个方面。首先是一元化的图书馆自动化系统,其次是以微机为基础的参考咨询专家系统;其三是数据库的前端系统。

随着人工智能技术的发展,智能型信息通过将来的一元化自动化系统送到读者手中,工作站将会代替现行许多中小型计算机。

OCLC 和其它网络数据库中心都将要求读者采用更高效能的工作站作为终端。高效能工作站的使用,更会促进使用本地区的计算机系统。

最令人感到鼓舞的是即将出现的联机分布式专家系统,就像我们现在拨电话访问某一联机信息库一样,也能拨通并连接某一专家系统。这是完全可能的,将来一个以知识库为基础含有多个的专家系统网络会慢慢延伸,在广大区域使众多读者得到无法估计的效果。

与读者工作关系密切的还有参考咨询专家系统和情报检索专家系统。

所谓参考咨询专家系统,就是提供特定学科领域内的专家结论,包括解释、预测、诊断、设计、规划、监视、修理、指导和控制。

所谓情报检索专家系统,就是数据库系统贮存某学科大量事实的计算机系统。它可以回答读者提出的有关该学科文献、数据与事实检索中遇到的各种问题。

专家系统已经为所有图书馆工作人员,提供一种崭新的服务手段。知识工程在未来的 21 世纪,将会更广泛地运用在图书馆的各项读者工作中。

(六)机器编译   全世界科技文献中,英文占 60%,德、俄、法三种文字各占 10%,日文占 3%,余下的各种文种,包括中文在内只占 7%。至今我国科技工作人员中能阅读国外文献的为数不多,依靠翻译人员译成汉语文献的数量更为有限,发展机器翻译,能扩大读者信息交流的范围,这对我国读者来说显得尤为重要。

据不完全统计,国外约有 20 多个国家和地区的 100 多个机构,从事机器翻译的研究,共研制了约 200 个系统。现有 10 多个系统已达到实用化程度,但大多需要进行译前和译后的加工。

由机器产生的译文究竟可达到怎样水平,现举出其主要译文质量宏观评价:

1.可懂度　原文为99%;人工译文为98%;机器译文(无译后加工)为78%,经译后加工为93%。

2.机器译文(无译后加工)应占原文的93%。

3.读者阅读速度　原文为3700词/h;人工译文为5000词/h;机器译文(无译后加工)4300词/h。

预计机器翻译的性能达到几乎完全翻译,并为社会广泛接受,估计还需要15~20年的时间。

(七)超文本　超文本(HYPERTEXT)实质上是以计算机支持的协助思维活动和思想交流介质。它最明显的特征是以计算机作后援,实现参考项的追踪、重建或创新。

超文本的设计把一篇文献模块化,变成分门别类的结点,它可以把与文献中指定的参考项有关的思想或片断模块化;也可以把与组面切割逻辑相连的思想或片断模块化,这些模块化的结点有注释型、决策型、目标型、约束条件型等,结点分别用红蓝黄来表示。同时也可以把相关的知识单元聚集在一起合成一个结点。

超文本的基本原理,就是对文本实现高速度转移,根据文本中间结果来确定程序应取走向。

超文本具有最大的链接力和结点度。最大限度地把文本片断链接起来,允许读者任意查阅、建立、追踪参考项。它可以把文献"参考项"链接到文献本身、把读者的评论、注释链接到被评论、被注释的文章;可以建立文本两个或多个片断间的关系;建立书刊、目次与章节、段与段之间的关系;将表或图中的款目与较长的说明,或与其它的表或图联系在一起。超文本系统设有专门装置,用来建立新链路、删除改变已有的链路、或列举链路等。

超文本的主要功能有协助著述活动、阅读、检索、咨询有关专业内容;评论剪裁和重组知识的内容;交流思想、启迪思路、激发联想。将来读者使用超文本就像阅读普通文本一样容易。

(八)信息时代的教育改革　1991年,美国政府发表了《美国

2000年教育战略规划》。这次教育改革是将大量的先进技术、先进设施应用到教学实践中。在技术上广泛采用计算机网络、激光录像盘CD－ROM、多媒体和以微机为基础的实验设备。这些可以相互交流的技术和设备，使学生通过思考和努力来获得新的知识，以及解答自己产生的问题，而不是像以往那样。这次教育改革的特点是强调交互技术（多媒体计算机等交互技术）的应用，强调要充分调动学生的一切潜力，来参与整个教学过程，从而大大提高学生的知识水平和解决问题的能力。

一些专家们还预测，未来由于交互技术和其它先进技术的进一步发展和广泛应用，21世纪在美国也许将会出现"插入"式学校，这种插入式学校实际上是一种专门设施，它能起到传统学校"教"的功能。当你要学习某一方面知识时，只要和信息中心（图书馆）等类似单位联系，他们会给你送来有关的"软件包"。这种软件包是由科学家们精心设计和制作的，然后你只要将这专门设施插入电源，依靠交互技术你就可以在模拟的环境中学到你所想学的知识。如果这种设想实现的话，那么人们无论在什么地方都可以上插入式学校。

信息时代的课程定义是："课程是一个既概括了学习经验，又承认特定年龄组成员中个体差别的书面文体。"

信息时代计算机教学，起到使教学个别化的作用。学校对计算机的合理使用，将有助于培养学生的多种智能。

社会教育是图书馆事业发展的一个重要因素，社会教育与图书馆服务相辅相成。社会教育所形成的广泛的读者需求是促进图书馆读者工作发展的有利条件。

"信息高速公路"的出现，和信息时代教育改革的成功，将使信息时代图书馆的读者工作发生本质性的变化。

（九）多媒体技术　多媒体实际上是指人机交互的信息，从单纯视觉扩大到两个以上（如听觉与视觉）媒体信息。多媒体信息技术是以数字为基础、融合通信技术(电话、传真)、传播技术(广播、电视)和计算机技术为一体、能够交互处理、传送、贮存文字图形、图像、声音、视频等多种媒体信息的综合。多媒体可以看成是计算机实现图像和语言的全自动识别和传送的过渡。

未来的交流方式的变化我们可以举一些例子来说明:在得克萨斯州的一所高中,9年级的学生测试有关放射性物质的性质,并"操作"爆炸性物质(将金属钠注入湖中),整个过程均在一个模拟的环境中进行,他们带着极浓的兴趣,但又不会有任何危险。该年级的全部物理化学课程共160h的训练,全部含在交互式激光录像盘内。

交互式激光录像盘将电视节目和计算机的功能融合在一起,让学生在模拟的环境中学习各种知识,指导他们的实践。

交互技术的应用,激发了学生的兴趣,促使他们以极大的热情去探讨科学的奥秘,去学习和掌握数理化的基本原理。

凯思林·威尔逊在纽约班克教育学院进行一项应用多媒体和数字视频交互技术到教学中去的试验。在考古中,她让学生们通过考察古代遗迹来了解玛雅人的文化,学生们可以沿石阶一直"爬"到古代庙宇顶端,电视屏幕显示出逼真的彩色画面,犹如身临其境。他们可以选择不同的线路旅行,也可以随意改变方向和速度。假如他们想了解一个特别的庙宇或雕刻像,他们可以暂时中断旅行,从信息库中检索自己所需的信息。

多媒体技术改善了表示方式,使一个人去理解另外一个人头脑中的概念的途径变短。

过去不能让一种信息表示方法去满足每个个体的独特需求,而是使用一个信息贮存方式,迫使信息的表示尽可能为广大读者服务。这是因为旧的使用媒体限制了信息贮存的方式。计算机的使用,使信息的贮存由静态变为动态,多媒体提供的色彩、图形、动画、音响对人类有强有力的吸引力,多媒体利用色彩、动作和声音,以及利用一种足以区别常规情况，以期人们注意的方法来吸引读者。多媒体改变了进行叙述时平铺直叙的表示事物的方法，使读者能持久地、全神贯注地去理解这些材料。

多媒体压缩大量的信息，并用一种使之更有趣味更易理解的方式来贮存信息。

多媒体可以提供可供选择的各种辅助技术为满足读者的特殊需求，可以让读者在诸多凌乱方案中，选择一种适合自己独特需求的方案，它可以是静止图像，也可以是活动图像，可以是有声的，也可以是无声的，可以是视频的，也可以是非视频的等等多种选择。多媒体形式对青年人、老年人、新手和老手都同样适用。

信息时代是图书馆的新时期，将对读者提供更适合每一个个体特点的读者服务。

二、信息时代对读者学的影响

计算机技术、通信技术与光盘技术、多媒体技术等信息技术一起，构成图书馆自动化的基础，也是图书馆从传统模式走向现代化的动力与保证。它促使图书馆从手工业为主的工作方式转化为自动化管理的工作方式。促使图书馆从以文献服务为主的服务功能，转化为以信息服务为主的服务功能。促使图书馆读者工作从以中介人性质为主的比较被动的服务方式，转化为以参考咨询员性质为主的积极主动的服务方式。促使图书馆读者工作从比较集中、比较单一的形态，转化为比较分散、比较多元化的形态。在读者工作中，电子出版物、信息网、光盘文献与多媒体的应用，使参考咨询的分量大为加重。

为了研究的方便，我们把信息时代的图书馆分为现代化图书馆的过渡时期和信息时代图书馆的新时期。

在现代化图书馆的过渡时期，由于流通文档、开架借阅、馆际互借、文献复制、数据库与联机检索，使读者"找到一本书"的问题已得到解决,传统图书馆"人尽其书,书尽其人"的工作的主要目标已基本达到。这一时期读者工作中所要解决的问题是信息污染、信息爆炸的问题。这一时期读者咨询、读者辅导、读者教育将成为读者工作的主要内容。

由于信息技术的应用,使读者利用图书馆的技能变得比传统图书馆借一本书的行为更难了。这一时期图书馆读者教育的内容,由教会读者如何填索书单、如何借到书、如何手工检索,转变为要教会读者如何利用计算机检索系统,以及如何利用众多的数据库的知识。

在信息时代图书馆的新时期,整个社会水平已达到高标准的信息化阶段,传感技术、通信技术和计算机技术三者已融为一体连接成网覆盖成面。全国范围的"超级高速公路"加快把信息转化为知识和创造出财富的步伐。高速信息公路网把所有通信系统、信息数据库和电讯消费设施连接起来,每一个人都可以利用计算机和双向电视通过的电缆构成的"电子高速公路"实行电子通勤。人类社会由工业社会完全进入信息社会,通过信息反馈和交互行为使每一个人都融入全球社会成为一分子。通过电脑软件可以获取各种信息,在相关的数据库中检索参考数据和资料线索。信息社会发展总体条件的变化带来了信息社会图书馆的读者成分、读者构成,读者占全国人口的比例、读者利用图书馆的方式和使用频率的变化。首先是图书馆读者学中的读者概念发生了重大变化。凡是能利用信息工具参与信息社会活动的每一个成员,都是信息社会图书馆的成员。因为图书馆已成为信息网中的一部分,已成为整个信息社会的中心,因此每一个信息图书馆与计算机中心之间的相互作用相互影响,将给信息行业带来一系列发展。无论是图书馆还是计算机中心,都将成为信息的集散中心,都具有兼容性。同时也都允许读者在用户与读者的双重身份之下,进行多种形式的交互行为,因此,信息社会的成员都有机会访问图书馆,成为图书馆的读者,享受图书馆对他们提供的各种服务。

信息时代图书馆的读者结构也发生了变化。多媒体计算机的特点之一就是人机界面更为友好。人们通过口述、手摸屏幕等方式,可以方便地告诉计算机任何你想做的事情,因此不懂计算机的人,甚至不识字的人也可以操作计算机。多媒体综合利用多种信息媒介来进行信息的贮存、处理、传递、利用、使信息的表达变得更完整更清晰、更形象、更逼真。这些更优于电影、电视、卡拉 OK、电子游戏机的特点。利用多媒体制作一些更适合婴幼儿特点的生动形象活泼的智力开发软件、向婴幼儿和少年儿童开展寓教于乐的教育,对培养他们的审美观念和审美能力、发展想象力和创造思维;对促进他们的德智体美全面发展有特殊的作用。

历史上无论我国还是世界,已经出现过婴幼儿的早期教育。同时也因此出现过少数的一些神童。多媒体的出现,使婴幼儿的早期教育更为大众化、科学化和规范化,将会使整个时代的教育提前。信息时代的读者结构将会发生变化:读者将包括婴幼儿读者,一些有特殊生理特点的人,将由潜在读者变为现实读者,终身教育,将使图书馆的现实读者增加。

信息时代的读者,对信息时代图书馆读者工作将提出新的要求。

在信息时代图书馆,读者教育、导读工作、读者咨询、报道工作、读者心理学研究等变得更为重要。

在信息时代的图书馆里,信息资料的充分利用、快速传递、高度概括和浓缩早已不是读者工作的目标。读者工作将产生新的目标。

信息时代图书馆由传统图书馆转变为电子图书馆。无论是从信息源到存贮媒介,从传输系统到服务内容都发生了质的变化,因此,仅反映传统图书馆读者活动规律的读者学已远不能指导信息时代图书馆的读者工作。图书馆将要有新的读者学产生。

284

第三节　21 世纪的读者学

21 世纪的图书馆读者学,将随着 21 世纪图书馆读者工作的实践而产生。

一、21 世纪的图书馆读者学

21 世纪图书馆读者学的定义是:图书馆读者学是研究读者的活动规律,以及如何适应这种规律的一门学问。

21 世纪的图书馆读者学的研究对象是图书馆的读者的活动规律,以及如何适应这种规律的研究。亦即图书馆读者与信息载体之间的变化规律,和图书馆工作自身变化发展的规律的研究。

信息时代知识交流的方式与工业时代相比发生了形式上截然不同的变化。把图书馆读者学的研究放在社会知识交流这个大系统中去考察、去探索,有利于从宏观的理论上作理性的抽象概括,以促进科学的发展。

信息时代具有与工业社会不同的时代特征。图书馆读者工作有其与传统图书馆读者工作不同的特点。读者有其与传统图书馆的读者不同的特点与需求。社会知识交流的方式与工业时代相比发生了形式上的截然不同的变化。图书馆读者学研究对象的内涵,将较传统图书馆读者学研究对象的内涵有所扩大。

知识与图书馆、知识与读者、读者与图书馆、读者与读者工作,读者与读者服务等构成了传统图书馆学的理论基础知识交流论的五大要素。21 世纪图书馆读者学的理论基础交流论中,这五大要素依然存在。此外读者与知识载体作为知识交流论的第六要素,将出现在 21 世纪图书馆读者学研究的理论中。

21 世纪图书馆读者学的理论基础依然是知识交流论。知识交流论作为图书馆学的理论基础构成，不只有三个层次，除工业时代传统图书馆原有的三个层次不变外，信息载体不再像工业时代载体，使印刷在纸上的知识不能变换。信息在载体中，无论是在软件包上，在计算机上，在网络中，都无时不处在活动中，随时都有重新分解或重新组配、重新变化的可能。因此作为 21 世纪信息时代的图书馆，如何利用这种变化，找出读者在利用信息载体进行各种知识交流中的所特有规律，将是构成图书馆读者学理论基础知识交流论的第四层结构的内容。

传统图书馆读者工作中提倡的"一切为读者""为一切读者""满足读者的一切需要"依然是做好 21 世纪图书馆读者工作的指导思想，但 21 世纪读者工作认识的目标不再是"为人找书，为书找人"，而是"文献的知识信息，以及与人脑知识偶合的过程机制与功效。"

"信息高速公路"使人与人之间交流信息的距离变短，信息传递的速度变快，信息交流的数量增加；二三次文献的利用，使人要想找到一条有价值的信息变得相当容易。多媒体技术改善了表示方式，使一个人去理解另外一个人头脑中的概念的途径变短。超文本把人的大脑插入计算机之中，它的使用，对读者起到增智的作用。先进技术能使读者最大限度的获得知识，新的社会环境为读者工作达到一个更新目标提供了更加充分的有利条件，因此，21世纪读者工作新目标的产生是必然的，也是可以实现的。传统读者工作的目标是提高读者获取信息过程的质量，21 世纪的读者工作的目标是提高读者大脑吸收信息过程的质量。

二、21 世纪的读者服务

（一）21 世纪图书馆读者服务内容包括：

1. 对读者类型的识别将更加积极主动。这是今后为读者提供服务的首要点。

2.书目指导将集中在培训读者掌握关键性的思考技能,以使他们变成独立的检索者。

3.文献提交将更为快捷,并且可以有多种格式或版本。

4.电子化信息出版物与电子化信息提供将取代传统的馆际互借。

5.各种供终端读者使用的软件包将大量地被开发出来。

6.馆员将辅助教学科研人员设计其支持个人研究项目及教学内容的数据库。

7.馆员将作为科研过程的集成成员而被社会承认。

8.馆员将利用新的技术设备来执行新的读者任务(而我们今天利用技术所做的,还只是按传统的方式去执行传统的工作任务)。

(二)在对读者的服务上,采用下列方法加强对个体读者的服务功能:

1.帮助读者养成提问的习惯,通过计算机数据库得到扩展。

2.允许读者工作人员根据读者的成熟程度和能力水平为学习个体选择不同的软件包。

3.通过学校家庭信息中心网络的联合,给学校的学生增加课外的学习机会。

4.工作人员可以运用计算机,对读者个人的智力进行定期个人评估。

5.优于传统图书馆读者的重点服务,计算机还能为一些有天赋的学生读者,重要的科研人员读者提供在数量上和类型上更为丰富的信息。

6.计算机还能为那些能力差的读者提供适合其水平的个别材料,这样可以避免在阅读活动中读者失去阅读兴趣而终止阅读行为使他们避免压力和压抑感。

随着软件的改善和硬件的通用,阅读变得更具有针对性、读者的阅读机会也将会有所增加。

此外,各种适合不同阅读心理特点的不同信息传递方式的多媒体软件包,将代替统一的固定的一种形式的文本。在阅读风格上计算机具有使之个体化的潜力。随之而来的对读者的知识机能、阅读心理分析测试与评估也将是个体化的。

三、21 世纪的读者结构

21 世纪图书馆读者结构的划分,较之传统图书馆读者结构的划分,在体例上有了截然不同的变化。21 世纪图书馆读者结构不仅是按照读者的几个年龄段或按照读者职业来划分读者群。而是在这些读者群划分的基础上,再根据读者的智力差异,将读者群划分成更进一步的细小读者群。

21 世纪图书馆读者的年龄构成将由传统图书馆的四个年龄段,变为婴幼儿、少年、青年、中年、老年五个年龄段。最低年龄段下限由 6～11 岁儿童改为 6 岁以下的婴幼儿读者。同时在传统图书馆 6～15 岁少儿读者中,大部分是潜在读者,而 21 世纪这一年龄段的大部分潜在读者都将变为现实读者。

传统图书馆的读者结构是图书馆藏书的主要依据,21 世纪图书馆却有所不同。那时文献的收藏方法主要是信息数据库的信息存贮,其数据库的结构建设的依据不是读者结构。凡是能利用网络访问信息中心的人,都成为未来图书馆的读者。每一个读者都可以有自己的工作站用来存贮信息。读者工作者可以没有自己的实验室而是利用这些工作站编程序(21 世纪的网络有这种功能)。未来的信息社会是一个全球社会,无论在地球的任何地方,都能索取到图书馆(信息中心)的信息。反之,凡是对人类有价值的信息,都将可能成为图书馆(信息中心)数据库收藏的对象。它的数据库的划分是依据科学的门类而划分的,而数据库的容量将根据信息的多少而设置的。

21 世纪图书馆现实读者与潜在读者的比,将发生大的变化。采用先进的信息交流方法和技术,充分发挥了图书馆的交流功能,使传统图书馆中的大多数潜在读者变为现实读者。图书馆由传统图书馆只能为占人口比例不大的一部分人服务,变为为大部分人服务。读者工作不存在确定读者重点,不存在调整读者队伍和控制读者数量的问题。

21 世纪读者工作更注重对每一个个体读者的服务。图书馆将成为每一个个体读者提供他们所需要的信息和服务。

四、21 世纪的读者需求

21 世纪图书馆读者需求的理论,仍沿袭传统图书馆读者要求的理论,并在传统读者需求的理论基础上有所发展。

(一)读者需求的范围向社会扩大,读者要求得到的信息包括生活的各个方面。例如:寻医问药、订飞机票、娱乐、购物,以及各种商业、金融、统计方面的信息等等。

(二)读者需求的研究将更加细致深入。图书馆读者工作者根据读者智力的差别和特点所划分的新的读者群,来分析读者需求,并以此向读者提供更适合读者个性智力特点的服务。

(三)读者需求由单纯要求提供一本书,变为要求提供二三次文献资料,并在二三次文献的导向下,最后提取所需要的一次文献。

(四)读者教育、图书馆导读服务改变读者的需求,使他们的阅读行为更为优化。

(五)图书馆高层次的读者需求变得更为普遍。

由于专家智能计算机的使用、机器翻译的使用,使得读者对智能计算机提供的咨询、智能计算机提供人检索结果,以及机器翻译提供翻译文献的需求成为普遍需求。

(六)能够满足需求的读者范围扩大了,如上至没有文化的老人,下至出生不久的婴儿,还有具有特殊生理特征的读者,都因多媒体等交互技术的出现而能使需求得到满足。

（七）21世纪信息时代构成信息需求的意识概念,较之传统图书馆时期信息需求的意识概念,有了认识上的不同。把信息看作是一个过程,认为理解单个信息需求,比理解人类寻求信息的行为更为重要。

（八）21世纪读者对更适合读者个性特点的各种软件包的需求,将代替传统图书馆时代单一文本式图书的需求。

（九）21世纪读者的潜在需求,将会被智能计算机以人机对话的方式所提出的各种问题而启发和挖掘出来,成为实际需求。

五、21世纪图书馆读者工作人员的队伍建设

（一）21世纪理想的读者工作人员应具备下列素质:①掌握尖端技术;②具有较强的人际交往技能;③通晓信息政策及其对信息服务工作的影响;④具有较强的创业技能;⑤具有较强的策划技能,并能处理急剧变化环境中捉摸不定的实际难题。

（二）21世纪的读者工作人员将由一批专家组成,他们将承担着管理读者导读、读者咨询等图书馆的日常工作任务,其所修习的课程应能证明他们对图书馆的运行机制具有概括了解。读者工作者应该是能够承担多项专业工作任务的多面人才。他们对图书馆的现代化设备要有更深的了解,要有排除这些设备各种故障的能力,对世界各个数据库要有详细深入的了解,能够熟练地为读者指出他们所需要的数据库和查找方法。对各类学科知识要有普遍的了解,以应付读者提出的种种问题,能为读者策划更佳的检索途径。

（三）在21世纪里,由于对较多学科研究的增强,因而会产生新型的读者工作者队伍。新型的组合研究小组、新兴学科和多交叉学科的研究小组,将向读者工作人员提出新的要求与合作,并将

开发出更多的支持科学研究的数据库。教师也将与读者工作人员合作,开发出更多的支持教学的数据库。

(四)21世纪的图书馆将越来越多地依靠各种专家系统来辅助进行工作。工作人员将在一个宽松舒适的环境中利用、并进一步开发各种专业技术,其中计算机软件程序的利用与开发,将是读者工作人员一项必备的业务技能。此外,辅助教师开发教学软件,将是读者工作人员的一项需要经常进行的工作。

六、21世纪图书馆读者心理学方面的研究

过去不能让一种信息表示方法去满足每个个体读者的独特需求,而是使用一个信息贮存方式,迫使信息的表示尽可能为广大读者服务。这是旧的使用媒体限制了信息的贮存方式。多媒体可以满足读者的独特需求。

未来的图书馆工作的指导思想是挖掘读者的潜能,开发读者的智力,寻找每个个体读者在知识信息与人脑知识偶合过程中的最佳途径和最好的时机与方法。最大限度地提高读者的阅读水平和最大限度的满足读者的阅读需求。

智力是指人在认识和改造客观世界的活动中所表现出来的能力。而能力是指那些直接影响活动效率,使活动任务得以顺利完成的心理特征。读者的智力是指观察能力、注意能力、记忆能力、想象能力、表达能力、思维能力、创造能力、操作能力等各种能力的总体。它指人的认识和行动所达到的水平。人的能力无论在量的方面,还是在质的方面都存在着差异。人的能力类型的个体差异主要表现在认识过程的那些稳定的心理品质。如知觉、记忆、言语和思维等方面。

由于人的能力不同,读者在信息接收上存在着差异。未来的读者心理学研究的主要内容是研究不同读者在知觉、观察、兴趣、动机、注意、记忆上的各种差异。研究读者在信息交流中的思维活

动、想象、创造以及气质性格及能力上的各种差异；研究不同读者不同的阅读兴趣和阅读动机的激化过程；研究不同读者在信息交流中不同的心理规律；对不同的读者进行心理分析；指导不同读者的阅读行为；满足不同读者的阅读需求。

揭示大脑和意识的奥秘是未来心理学面临的紧迫任务，同时也是对未来读者心理学的最大挑战。

人们可望从根本上解决大脑与意识的问题。目前关于大脑与意识理论的新构思已经出现，这无疑为人脑机制与计算机偶合开辟出一条新路。

新理论认为：从其工作原理上大脑与计算机是完全相同的，它们都是通过程序的方式来工作的。意识是为解决程序的数量增加和复杂化程度的提高而产生的。大脑意识是以概念程序为基本单元的，并通过各种概念的连接形成完全的意识。对大脑来说意识的产生和出现的过程，也就是意识有概念程序运行的过程。概念在头脑中的映现过程，也就是概念程序在大脑中启动运行的过程。

人类产生了语言，使人类产生了知识交流。有了雕版印刷，使知识得以流传。有了活字印刷，使文字广泛流传并使知识能快速增加。知识信息的快速增加，又迫使人们去寻找一条解决"信息爆炸"的出路。未来的心理学就是要在心理规律和先进的交互技术之间，为人类寻找出一条使人能够快速吸取知识的捷径和方法。

人的大脑简化程序的方法分两种：一种是合并类似程序减少程序数量；一种是将程序符号化。概念在大脑中是以程序的方式存在，它是原有程序的附加程序，是一个外在的程序。计算机数据库使大量概念存在于大脑以外，超文本使人在调动这些概念（信息）时，像在人脑中调动概念一样灵活。

超文本是人们建立体外大脑的尝试，是人们借助计算机实现非形式化思维活动的第一步。超文本的技术路线与人工智能不同，它不是把人的思维活动实现最大的形式化，而是把人的大脑插入计算机中,使计算机处理的数据变成人们直接感知的实体。人机完全融合在一起,超文本采用各种窗口系统和追踪装置,使读者能够按照自己的意志操纵,实现增智作用。未来的超文本有可能成为完善的协助人们进行创造思维的有力工具。

语言文字是人的概念和意识产生存在的先决条件,意识和思维过程也就是概念的运动过程。即一个概念走向另外一个概念的过程。如果人们能够较快、较透彻地理解一些新概念,他们完成智力性任务的能力得到加强。因此对任何人来说,具有较好的理解力就等于掌握了概念和信息的丰富积累。多媒体技术改善了表示方式,使一个人去理解另外一个人头脑的概念的途径变短。

未来心理学就是要研究不同人的不同心理规律,并为不同的读者在众多的多媒体表示方式中,选择一种适合他们心理规律的表示方式来。

数学能够赋予科学知识以逻辑的严密性和结论的可靠性。未来图书馆读者心理学将成为数学大显身手的领域。

21世纪,用于心理学研究的专家智能软件,将对每一个读者进行各种不同的测试和研究,并得出各种不同的结论,提供各种不同的咨询。用于读者研究的智能软件,将在读者的阅读过程、检索过程、咨询过程进行记录、积累、分析形成资料。这些资料将成为心理学研究的依据。

由于未来的计算机系统为读者的心理学研究提供的信息数量充足,系统、全面、完整、有序,因此读者心理学的研究将会有重大的突破。

由于读者心理学研究的范围广泛和内容繁多,未来读者心理学研究将会有众多读者心理学分支出现。

七、21世纪图书馆的统计工作

21世纪图书馆的统计工作将由电子计算机来完成,而这时电子计算机的速度已发展到 10 亿次/s,是分子运动的 10 倍。所以这一时期以往传统图书馆工作人员手工不能完成的统计工作,完全由电子计算机完成。并使读者学研究得以开展起来。

随着社会的发展、科学技术的进步,以及数学自身的不断成长,数学文化的地位和作用显得越来越重要。它已愈来愈成为衡量成就的主要标志。未来 21 世纪图书馆的读者研究工作,将成为数学大显身手的领域。随着图书馆各种科研项目的开展,图书馆各种内部的新的统计项目将会出现。

21 世纪图书馆读者统计将上升到一个更高的水平,读者统计工作的内容将发生新的变化。由于电子图书馆读者信息交流的方式是利用计算机提取信息数据,而不再是借一本书,因此这一时期借书率、拒借率将不再是图书馆研究、统计、考察的主要内容。这一时期读者个体引用文献的统计数字,与向读者个体提供文献的统计数字之间的变化的比较,将成为研究个体读者阅读活动规律的主要统计依据。

由于使用电子计算机,统计工作将变得更加轻松。电了杂志的文献资料通过网络输入到各个数据库和计算机终端;各种引文数据也通过网络输入到数据库和计算机终端;读者提取信息的数据也通过网络输送到各数据库和终端;所以图书馆的各种统计将变得非常完整。图书馆(信息中心)只要安装一个软件包,对所有访问图书馆(信息中心)的读者在提供信息服务之外,再多增加一个记录服务过程的程序,即可完成对每一个访问者的记录、统计、分析、研究工作。这一点具有人工智能和高速运转的计算机完全能够胜任在 Kountz John 的"图书馆中有什么?图书馆藏和被服务读者的比较"一文中叙述了由美国加州大学所开发的一种统计方法。该方法是对图书馆馆藏是否符合用户的需求进行比较分析研究。上述研究分析的结果,可以确定图书馆工作和优先服务对象。此方法以确定一系列定量指标为依据,利用磁带追溯文档(具有从每一图书馆向联机计算机图书馆中心服务部的周转记录）作为原始基础。对图书的提问按照学科的分类标引加以系统化，而这类标引与具体图书馆的分类标引相关；为具体图书馆的藏书建立了类似的系统数据档，而后，这两种文档就题目是否相符加以比较（将馆藏中的书名数，按一定标题分成按此标题的提问数即可比较）。将"市场"认为一视同仁的用户群体，以在市场上循环的"商品"（文献）和增长特性的观点加以研究。这项研究的价值在于所得的结果，并不是只能用于校正具体图书馆的馆藏是否符合读者的需求。他进一步说明了，拥有现代化自动网络的图书馆，对文献提问进行相当广泛的研究成为可能，而且这种方法也可以用于优化一切出版部门的工作。

以上方法将在下列领域发挥作用：

（一）对个别读者需求的研究。

（二）对总体读者需求的研究。

（三）对个别读者群的读者需求的研究。

（四）对数据库使用效率的研究。

（五）对某些信息开发（如软件包的开发）效果的研究。

（六）由于电子期刊出版的特点（查电子期刊的介绍的原文），这种方法也可以用于优化电子出版物部门的工作。

由于计算机的高功能，使统计工作变得更为容易，这种方法对21世纪所将要产生的新的更先进的方法来说，它具有特殊的历史意义。

八、21 世纪图书馆的文献检索

信息时代的文献检索技术，本书第十章图书馆现代化技术一节已有详细介绍。在这里介绍的是 21 世纪环境对检索的影响，以及专家系统对检索的影响。

21 世纪，电子出版业将直接影响着数据库的建设，因为它提供电子文献,并且由此而创制出以新技术为基础的新产品。随着印刷型文献转换成机读文档,扫描技术的不断完善,计算机的情报源将日益增多。这种文献情报源,即可用为大型联机检索系统的主数据库,也可作为光盘存贮于检索系统的数据源。人工智能在图书馆情报检索的应用,有的高级系统已经实现了全文自由检索提问,能够自动识别与特定情报需求相匹配的全部切题文献。

未来信息高速公路的畅通,为文献信息传递新的方式和途径。在通过远程读者终端获取所需信息的同时,光盘系统将是数据库发展的一大趋势。在大型情报检索系统的主数据系统运行的同时,随着光盘系统日臻完善,光盘数据库将越来越受到人们的关注,它不仅具有现代信息系统的最新信息的迅速可取性的优点,而且具有信息存贮的分散性、易收藏性和易更新性的优点。

21 世纪,信息检索已发展到利用专家系统进行检索的程度。

所谓信息检索专家系统就是数据库系统贮存某学科大量事实计算机系统,它可回答读者提出的有关该学科文献数据与事实检索中遇到的各种问题。

在检索中,读者主机接口问题提问,已从一般人机对话发展到人机智能接口。70 年代开始研究的接口软件,不仅可帮助实际检索过程,而且是智能前终端。只要读者在检索键盘上敲几下,通过通讯网络连接其它主机,就可使用,并挑选各种数据库,帮助拟订检索策略,还能转换读者指令,方便脱机检索。从而提高检索效率。这种软件已达到商品化,市场上可以买到。如:伦敦 Tome 协会开发的 Tome 查找者软件也是智能前终端。IANT（Nordic 情报智能检索系统）可检索北欧数据库,还能和 Dialog STN、ESA 相连接,帮助读者选择或指导选择各种数据库,使用普通自然语言查找。RUBRIC 系统,使用加权、等级标题脱机询问式。萨巴蒂尔大学开发的 EURISKO 系统,能将指引读者查找和 Tome 查找结合,产生一个 IMIS 新系统,读者可检索国内外和欧洲的联机情报检索系统数据库,以自然语言作为用户接口,并提供智能帮助。Pollitt 开发了三个智能前终端系统,(CANSEARCH、GENSEARCH 和 Me-nVSE),可查找医学数据库。其中 CANSEARCH 专家系统,指导读者正确控制 MeSH 词表标题,菜单列出 MeSH 中的标题,读者通过扫描挑选概念,并进行组配,以达到最好的检索效果,尽可能满足读者的查找需求。

在检索中对于专家智能所解决的一些问题,可由图书馆的读者工作人员去解决。此外,图书馆导读也有利于引导读者的优化检索行为。

九、报道是 21 世纪读者工作的主要内容

对于报道的定义、特点、内容和要求,我们可以参看传统图书馆报道服务一章。21 世纪报道工作除了继承了传统图书馆时期的全部理论和全部内容外,由于多媒体等交互技术的出现,还使信息报道工作变得更加完美。从地位上说,信息报道已从传统图书馆读者工作中的难以显赫的小角落的位置,改变为信息时代读者赖以获得信息的主要方式的重要地位。报道已成为信息时代信息交流的生命线。通过报道,读者才能了解整序后的文献信息,从而完成检索工作。

二次文献的报道,使众多的信息有了与读者见面的机会,三次、四次文献的报道简化了读者了解信息动态的复杂过程。报道与检索有机的结合,将是信息时代图书馆读者工作的一大特点。只有报道工作做得好,检索工作才能顺利完成;只有检索工作的支持,报道工作的完成才能够有意义。信息时代先进的交互技术的应用,实现了传统图书馆报道工作一直努力争取想要达到的目标。而其先进的报道形式则表现的比以往任何时候更为优化。

(一)传统图书馆采用的口头报道、文字报道、直观传播报道的报道形式,已被多媒体技术所代替。多媒体的报道在发挥了以

上各种报道形式的优点的同时,还可以按照以上几种报道形式,根据需要交替在多媒体上分别进行报道。

(二)传统图书馆报道服务所一直达到的"广、快、精、准"的报道目标,由于信息高速公路和多媒体交互技术的运用,使其在21世纪得以完全实现,有时报道可达到实时的程度。

(三)传统图书馆时期的报道刊物,都是印刷型的刊物,分一次文献报道、二次文献报道、三次文献报道。在21世纪报道以电子出版物的形式出现。21世纪的电子刊物大体也以检索类、报道类、研究类三种类型出现。题录、文摘、索引已成为最常见的文献形式。题录、文摘、索引与全文同时存在,使文献数据库的形式变得更加完整。报道类刊物,消息、快报、译报变成了信息传播的轻骑兵。它们是一种具有较强的科学性、浓缩性、预测性和针对性的战略报道。21世纪刊物的出版是以电子格式,通过各种类型的计算机、工作站在屏幕上提供给读者阅读和打印输出的。它们按照一定题目、一定期限公布出版。

(四)由于21世纪机器翻译被广大读者普遍使用,而述评性刊物的内容既具体又有相当深度,通常多以报告的形式定期出版,具有含信息量较大的优点,因此,它将普遍被信息界所采用,述评性刊物可以起到充当读者机器翻译先头兵的作用。

十、21世纪图书馆的编译工作

由于人工翻译的局限性,传统图书馆只能对一些相对来说更有价值的文章进行翻译,并编译成册出版;同时图书馆只能满足少数个别读者的翻译要求,向他们提供翻译服务。21世纪由于计算机机器翻译的普及,使以往这一高层次的读者服务变得更为大众化。图书馆由于有了翻译机可以翻译更多的文章,可以将这些译文组成译文数据库供读者使用。图书馆读者服务可以满足任何一个读者向它提出的翻译要求。为读者翻译文章,将成为信息时代图书馆极为普遍的读者服务项目。

21 世纪由于翻译工作已完全由计算机来代替,使人类阅读完全摆脱了语言障碍,使那些不懂外语的人,也能阅读国外任何地区的数据库的资料。因此不懂外语的读者需求也将发生变化。同时,传统图书馆的编译工作将完全由计算机所代替。图书馆工作人员的工作是向这些读者作好导读工作,指导他们利用计算机编译即可。

由于机器翻译的性能能够达到几乎完全翻译,并为社会广泛接受可能还需要 15～20 年的时间。在 21 世纪的最初 10 年,翻译工作还会遇到计算机不能完成的个别问题(当计算机翻译中出现专家系统所能解决的问题之外的一些问题时),读者工作中应有一批这样的高级翻译,他们能解决这些问题,而是把文章翻译的尽善尽美。具体说,信息时代初期机器翻译能完成 93%。人工翻译能完全成 97%。读者工作者要解决这 97% 和 93% 以外的翻译难题。

21 世纪的读者翻译服务可分两种形式进行。一种是由图书馆进行机器翻译和编写成译文书刊资料由电子出版物发行。一种是由图书馆向读者提供外文资料的一次,二次,三次文献,由读者自己计算机工作站中的机器翻译系统来直译,并且,由电子屏幕显示或打印机输出的。

十一、21 世纪的读者咨询服务

21 世纪读者咨询工作将发生哪些变化,将会有哪些特色,将采用哪些手法,解决哪些问题,这些都是 21 世纪读者学所要讨论的问题。

21 世纪读者获得信息的手段主要是通过联机检索查找所需要的信息。当读者在联机查找中遇到问题时,读者工作者能进行干预,为读者解决问题。读者通过计算机对话的方式与图书馆工作人员取得联系。

　　未来读者咨询服务将大部分由人工智能计算机来完成。参考咨询专家系统向用户提供特定科学领域的专家结论,包括解释、预测、诊断、设计、规划、监视、修理、指导和控制。

　　专家智能系统在参考咨询方面的应用重点,将是为读者提主题参考咨询,特别是揭示本馆特藏方面的应用;有的专家系统与OPACS;CD－ROM 文档以及外界数据库连接。

　　联机分布式的专家系统就像我们现在拨电话访问某一联机数据库一样,也能拨通连接的某一专家系统。专家系统之间的对话技术得到发展,将来一个以知识库为基础含有多个专家系统的网络会慢慢延伸。

　　专家系统已经为所有图书馆咨询人员提供一种崭新的服务手段。这些参考咨询专家系统包括:

　　(一)各种专业的参考顾问系统。

　　(二)各种顾问专家系统。

　　(三)政府文献顾问系统。

　　(四)能为读者选书的参考咨询系统。如:"DANEBASE"是图书馆读者挑选小说的实验性系统。

　　(五)有代为图书馆读者工作专家解答问题的系统。如德雷克塞尔大学的 ESGLR 是一般图书馆参考专家系统。此系统使用EASY 结构,有 144 种指令,能反复查找情报资料。美国农业图书馆 Waters 开发的 Answerman 系统推荐 3 个学科领域的资源,每种资源又有 3 种类型参考书,并且准确指出每种资料的出处(如页码等)。

　　(六)可提供专门学科的信息资料目录的系统,如 Infomation Machine 系统。

　　(七)能面向信息数据库的系统。这个系统有自然语言接口,方便读者直接使用。如 The Technical Writing Assitant 系统。

（八）有可帮助读者查找专利文献的 Material Librarian 系统。

（九）有能帮助读者挑选联机数据库的 Chemref 系统。

（十）有为学生学习收集资料而设计的系统，如 DISIREFF 系统。

十二、21 世纪图书馆的导读工作

导读是 21 世纪图书馆的重要的服务方式，是图书馆根据读者的个体智力特点，按照社会发展的要求，采取各种有力措施，主动地去吸引和诱导读者产生阅读行为，以提高读者的信息交流意识、信息交流技能和信息交流效果为目的的一种宣传教育活动。

21 世纪图书馆的导读活动，在读者服务中的地位将变得更为重要。由于信息时代读者依靠网络获取信息，信息载体随时处于活动状态，知识爆炸骤增等特点，要想使读者得到更好的阅读效果，要想使信息的价值得到更好的实现，导读将成为最有效的服务方法之一。

信息时代读者的阅读活动，较之工业时代从技巧上要更高一筹。无论是对整个信息网络体系、无论是对数据库体系、无论是对各种光盘还是各种软件包等等，读者都要有一些系统的了解。面对如此庞大的信息系统，如此众多的知识载体，读者怎样才能选择更适合自己特点和需要的信息内容；如何有针对性地选择适合自己需要的软件包；如何掌握交流知识收集信息的技巧；以及怎样选择最佳的学习方案等，都需要导读活动的支持与帮助。

未来图书馆的导读工作，更注重读者的个性特点，更注重发挥读者的潜能，满足和改变读者的阅读需求，引导读者向更高的阅读层次进步。未来的图书馆导读工作，最主要的任务是提高读者阅读行为的质量和引导读者寻找一条更适应自己的阅读方法和途径。通过导读活动，图书馆（信息中心）将更高水平地发挥作用，读者将更高水平的接收和交流知识信息。

未来的导读活动中的书目指导,将集中在培训读者掌握关键性的思考技能,以使他们变成独立的检索者。

与传统图书馆不同,信息时代图书馆的读者工作者没有与读者面对面接触的机会,一切导读活动都将通过网络和计算机进行。图书馆的导读活动可通过多种的书目、题录、索引、文摘等二次文献以及综述、述评、建议等三次文献的制作过程来体现。也可以通过咨询和读者教育的过程来进行。工作人员可以利用一切与读者对话交流信息的机会,采取不同的交流方式来完成导读活动。可以是辅导,也可以是讲座,可以是释疑,也可以是排忧解难;可以是文字对话,也可以是生动活泼的各种多媒体"节目"。图书馆可制成各种内容丰富、趣味横生的软件包供读者选用,也可以是设立专门提供导读活动的工作站。

21 世纪的图书馆导读活动将是丰富多彩的。

十三、21 世纪的读者教育

21 世纪图书馆读者教育将从幼儿抓起。要像培养一个人的语言能力,思维能力、动手能力和美术音乐才能一样,读者教育要从小抓起一直伴随终生。未来读者教育,将采用由小到大逐步深入的方法,最后达到高深的阶段。这是读者运用交互技术获取信息和利用交互技术参与自己思维活动的能力,已达到运用自如的程度。

由于人工智能计算机和多媒体技术已发展到不是对一批人采取统一一本教材,一种教案的阶段,未来的读者教育将采取针对每个不同智力的读者,采用具有不同教育特色的教育方案和教育方法。这些方案可以设计成软件包卖给读者,也可以通过网络系统传输给读者达到因材施教的目的。

由于多媒体具有非线性连接各个不同结点的特点,未来读者教育所使用的软件包,将具有自由组配信息的特点。这一信息传递的方法,将使读者受教育的时间缩短。读者的各种潜能因全部被挖掘出来,从而提高了未来教育的质量。

　　未来的读者教育有寓教于乐,寓教于用的特点,读者教育自始至终贯穿在读者获取信息的整个过程当中。

参考文献

1. 周文骏. 图书馆工作概要, 天津: 天津人民出版社, 1980.

2. 曹日昌. 普通心理学, 2 版, 北京: 人民教育出版社. 1980.

3. 潘菽. 教育心理学, 北京: 人民教育出版社, 1980.

4. 北京大学图书馆学系等. 图书馆学基础, 北京: 商务印书馆, 1981.

5. 刘久昌等. 怎样利用图书馆, 北京: 书目文献出版社, 1982.

6. 上海市高等教育研究所. 新技术革命与高等教育, 北京: 教育科学出版社, 1984.

7. 四川省图书馆学会. 读者工作概说, 成都: 四川省中心图书馆委员会. 1984.

8. 全国高等学校图书馆工作委员会秘书处. 用户培训文集, 1984.

9. 全国高等学校图书馆工作委员会秘书处. 用户培训译文集, 1984.

10. 科技情报工作概论编写组. 科技情报工作概论, 北京: 科学技术文献出版社, 1984.

11. 刘风志等. 缩微复制技术, 北京: 书目文献出版社, 1985.

12. 黄宗忠. 图书馆学导论, 武昌: 《湖北高校图书馆》杂志社, 1985.

13. 沈继武. 读者工作概论, 武昌: 《湖北高校图书馆》杂志社, 1985.

14. 桑健. 图书馆学概论, 沈阳: 辽宁人民出版社, 1985.

15. 张厚涵. 图书馆的读者服务, 山东省高等学校图书馆工作委员会秘书处, 1985.

16. 刘荣等. 图书馆现代化技术, 武汉: 武汉大学出版社, 1986.

17. 南开大学图书馆学系等. 理论图书馆学教程, 天津: 南开大学出版社, 1986.

18. 王启福等. 学校图书馆工作, 长沙: 湖南教育出版社, 1986.

19. 张树华等. 图书馆读者工作教程,北京:北京大学出版社,1986.

20. 赵三等. 怎样读书,北京:中国环境科学出版社,1986.

21. 〔苏〕乌姆诺夫 Б. Г. 读者工作的研究对象和基本概念,见:藏书建设与读者工作教学参考文选,武汉:武汉大学出版社,1987.

22. 沈继武. 藏书建设与读者工作,武汉:武汉大学出版社,1987.

23. I·S·辛普森. 图书馆统计学基础,北京:书目文献出版社,1987.

24. 查尔期·H·布沙等. 图书馆学研究方法,北京:书目文献出版社,1987.

25. 吉林省图书馆学会等. 张树华论文选,成都东方图馆学研究所,1988.

26. 黄万新. 图书馆现代化技术,北京:书目文献出版社,1988.

27. 中国科学技术情报学会. 情报工作和情报科学发展战略:2000 年的中国研究,北京:科学技术文献出版社,1988.

28. 宓浩等. 图书馆学原理,上海:华东师范大学出版社,1988.

29. 严怡民等. 情报学基础,武汉:武汉大学出版社,1988.

30. 〔瑞典〕N·菲埃尔勃兰特等. 图书馆用户教育,北京:科学技术文献出版社,1988.

31. 倪波等. 情报工作概论,北京:书目文献出版社,1989.

32. 倪波等. 图书馆工作概论,北京:书目文献出版社,1989.

33. 陈源蒸. 宏观图书馆学,北京:北京大学出版社,1989.

34. 梁彦斌. 读者学,哈尔滨:黑龙江教育出版社,1990.

35. 张元璞等. 读者心理学,北京:学苑出版社,1990.

36. 上海图书馆. 图书馆工作手册,北京:中国国际广播出版社,1990.

37. 周文骏. 图书馆学情报学词典,北京:书目文献出版社,1990.

38. 严怡民. 情报学研究导论,北京:科学技术文献出版社,1992.

39. 江乃武. 读者教育,见:中国大百科全书总编辑委员会《本卷》编辑委员会等. 中国大百科全书:图书馆学 情报学 档案学,北京:中国大百科全书出版社,1993.

40. 周清荣. 当代图书情报管理的理论与实践,北京:兵器工业出版社,1993.

41. 谢希德. 当代科技新学科,重庆:重庆出版社,1993.

42. 武德运. 图书馆学情报学概要,北京:科学技术文献出版社,1993.

43. 李遐松、曾素婷. 情报 经济 社会,情报学刊,1982（1）.

44. 匡兴华. 情报用户及其情报需求的研究,情报学刊,1982（1）.

45. 艾瑟顿. 情报用户及其要求,情报学刊,1982 (1).

46. 张树华. 试论图书馆读者结构,大学图书馆通讯,1982 (2).

47. 吕文. 论高校图书馆读者统计的作用,大学图书馆通讯,1983 (4).

48. 刘兹恒、王植. 对研究生读者的调查与分析,大学图书馆通讯,1984(1).

49. 项弋平. 1982~1983 我国读者工作研究综述及展望,图书情报知识,1984 (3).

50. 黄万新. 高等学校图书馆用户教育的初步尝试与体会,大学图书馆通讯, 1984 (6).

51. 罗德运. 再谈读者工作规律,图书情报知识,1985 (1).

52. 程磊. 图书馆读者划分与研究,图书馆学研究,1985(2).

53. 江乃武. 论文献利用与用户培训,图书馆学通讯,1985 (2).

54. 梁林德. 读者阅读需求心理研究初步,图书馆学刊,1985 (3).

55. 赵继范. 读者　读者学　读者心理学,图书馆学研究,1985 (4).

56. 王燕生. 科研人员文献需求的调查与分析,农业图书馆,1986 (2).

57. 张欣毅. 浅谈读者工作学科的科学体系,图书馆理论与实践,1986 (3).

58. 郭丽霞. 闲暇社会与图书,江苏图书学报,1987(2).

59. 刘学和、郭天竺. 关于高校图书馆读者对文献的探讨,图书情报工作,1987 (2).

60. 陈东明. 研究生阅读需求初探,高校图书馆工作,1987(2).

61. 项弋平. 公共图书馆的读者类型及特点,云南图书馆,1987 (2~3).

62. 江乃武. 大学生用户需求及其培训,大学图书馆通讯,1987(3).

63. 王铭庆. 不同读者层的剖析,图书馆工作与研究,1987 (4).

64. 黎莉. 加强少年儿童阅读辅导之我见,图书馆学研究,1988 (1).

65. 钟晨发. 大学生读书的宏观指导问题刍议,湖北高校图书馆. 1988 (1).

66. 杨鸣放. 读者阅读需求分析,图书情报学刊,1988 (2).

67. 刘惠丽、陆志民. 公共图书馆用户类型,江苏图书馆学报,1988(2).

68. 黄晓新. 近年来读者工作研究述评,图书馆工作与研究,1988(2).

69. 张海惠. 试述我国图书馆教育职能的历史发展,北京高校图书馆,1988 (2).

70. 陈华. 论高校图书馆读者需求特点,四川图书馆学报,1988 (4).

71. 张海齐. 专业图书馆读者文献需求浅探,黑龙江图书馆,1988 (5).

72. 陈玉芳. 对我校师生阅读需求的调查分析, 黑龙江图书馆, 1989(1).

73. 张树华、项弋平. 四十年图书馆读者服务的实践与理论进展, 图书馆学通讯, 1989(2).

74. 肖东发. 读者类型及其需求分析, 图书馆员, 1989(2).

75. 刘植惠. 发展中的超文本技术——情报技术的新领域, 情报科学, 1989(2).

76. 梁晓军. 图书馆服务工作中的读者心理, 图书与情报, 1989(2~3).

77. 宋安英. 读者心理学浅探, 图书与情报, 1989(2~3).

78. 黄本华. 读者心理产生的因素及心理类型分布, 图书馆理论与实践, 1989(3).

79. 陈耀盛. 也谈图书馆读者工作的规律, 图书与情报, 1989(3).

80. 周继明. 从我国图书馆教育职能的发展来看图书馆职能发展与社会发展的关系, 四川图书馆学报, 1989(3).

81. 牛光驹. 读者工作人员修养浅谈, 图书馆员, 1990(1).

82. 胡昌平. 用户情报需求研究中的几个问题, 情报学刊, 1990(1).

83. 武一鸣. 高校馆导读教育的原则、内容和方法, 河南图书馆学刊, 1990(1).

84. 朱爱民. 谈谈科研所的情报编译刊物, 图书情报工作, 1990(2).

85. 曾家琳. 试论研究生的情报需求特点及其图书馆服务, 大学图书馆学报, 1990(2).

86. 林平. 潜在情报需求初探, 情报学刊, 1990(2).

87. 姜建军. 关于图书馆导读工作的几点思考, 图书馆理论与实践, 1990(2).

88. 王敬福. 存储媒体——磁盘、光盘、缩微系统优劣之比较, 图书馆理论与实践, 1990(3).

89. 潘志刚. 用数理统计分析图书流通初探, 图书情报工作, 1990(3).

90. 马慧琴. 试论用户对农业科技情报的需求, 农业图书情报学刊, 1990(3).

91. 郁立. 谈图书馆服务工作的优化, 图书馆员, 1990(3).

92. 张庆武. 论导读, 高校图书馆工作, 1990(3).

93. 高洁. 论情报观念更新与情报体制改革, G9 图书馆学、情报学、资料工作, 1990(9).

94. 刘丽. 辽宁市图书馆读者群构成分析, 图书馆学刊, 1991(1).

95. 董见新. 十年来关于读者工作规律研究综述, 图书馆工作, 1991(1).

96. 冯宗菽等.我馆是怎样开展图书情报利用系列教育的,上海高校图书情报学刊,1991（1）.

97. 全国高校图工委秘书处.我国高等学校情报用户教育现状及其展望,大学图书馆学报,1991（1~2）.

98. 谢天吉等.我国高校情报用户教育师资状况研究,大学图书馆学报,1991（1~2）.

99. 葛冠雄等.我国高等学校情报用户教育教材建设述评,大学图书馆学报,1991（1~2）.

100. 徐鑫武.我国高校情报用户教育研究成果评价,大学图书馆学报,1991（1~2）.

101. 王影.国内用户教育文献专题目录(一),大学图书馆学报,1991(1~2).

102. 杨碧琼等.试论高校图书馆用户教育发展趋势,上海高校图书情报学刊,1991（2）.

103. 赵军.浅析农业气象科技人员情报需求及行为规律,农业图书情报学刊,1991（3）.

104. 陈洪旺.再论读者工作的实质,黑龙江图书馆,1991（3）.

105. 王龙.略论社会阅读活动的控制与优化,黑龙江图书馆,1991（3）.

106. 秦东然.对科技读者服务工作的探讨,四川图书馆学报,1991（3）.

107. 石新生.图书馆的思想政治教育职能与导读工作,图书馆理论与实践,1991（3）.

108. 宗国荣等.发挥校园文化与图书馆教育职能的一种好形式,图书馆理论与实践,1991（3）.

109. 包平.农村用户需求的统计分析,农业图书情报学刊,1991（4）.

110. 吴神译.图书馆应加强读者行为教育工作,图书与情报,1991（4）.

111. 石呈祥.论图书馆的阅读指导原则,黑龙江图书馆,1991（5）.

112. 赵雅琴.分析读者阅读倾向提供针对性服务,图书馆学研究,1991(6).

113. 王安文.浅谈读者工作的新作用、新趋势、新途径,山西图书馆学报,1992（1）.

114. 赵迎春、崔亚贤.读者工作浅谈,山西图书馆学报,1992（1）.

115. 王焰.试论读者工作与精神文明建设,G9 图书馆学、情报学、资料工作,1992（1）.

116. 束春德、徐鹏旻. 试论农业情报类型、传播渠道及其对用户的影响, 农业图书情报学刊, 1992 (2).

117. 唐咸旗. 对文献检索课教材的几点思考, 河北图苑, 1992 (2).

118. 国家教委高教司〔1992〕44 号文件印发. 文献检索课教学基本要求, 河北图苑, 1992 (2).

119. TOM YAGER. 多媒体技术改善了表示方式, 国外微计算机, 1992 (3).

120. 何明纯. 谈少儿读者个性培养中应注意的几个问题, 图书馆学研究, 1992 (3).

121. 时中一. 机器翻译系统的现状与发展, 情报理论与实践, 1992 (4).

122. 周俊. 图书馆自动化系统管理者的职责和应具备的技能和人品, 图书馆论坛, 1992 (4).

123. 宋学忠. 新书展览, 中国图书馆学报, 1992 (4).

124. 谭秉文. 大学生社会阅读热点的调控与导向, 农业图书情报学刊, 1992 (4).

125. 李达麟. 读者类型划分中的误导因素, 图书馆理论与实践, 1992 (4).

126. 陈英杰. 论高校图书馆导读. 云南图书馆, 1992 (4).

127. 蔡可为. 略谈公共图书馆中学生读者群的导读服务, 图书情报知识, 1992 (4).

128. 高岩. 农村用户的培养, 农业图书情报学刊, 1992 (5).

129. 田特平等. 谈图书馆的阅读辅导工作, 图书馆, 1992 (5).

130. 易行广. 为中学生在书海导航, 图书馆论坛, 1992 (6).

131. 张炎烈. 对图书馆学现状的哲学分析, 图书情报工作, 1993 (1).

132. 杨宗英. 电子图书馆的崛起, 大学图书馆学报, 1993 (1).

133. 于鸣镝. 馆员论, 图书馆工作与研究, 1993 (1).

134. 李洪珍. 大型钢铁企业专业图书馆读者的需求特点及其对策, 图书馆学刊, 1993 (1).

135. 陈民. 农民读书协会的活动方式及其特征, 江苏图书馆学报, 1993 (1).

136. 邬锦雯. 我国开发信息产业的近期动向综述, 情报学刊, 1993 (2).

137. 陈富安. 论高校图书馆发展科技信息服务的问题, 四川图书馆学报, 1993 (2).

138. 杨松. 从 OCLC 系统的发展看我国图书馆自动化建设的策略, 四川图书馆学报,1993（2）.

139. 王德明.信息技术在情报工作中的应用（八）,情报理论与实践,1993
（2）.

140. 杨宗英.电子图书馆的运行环境——美国局域网络的迅猛发展及图书馆
的利用,大学图书馆学报,1993（2）.

141. 魏巧润.论读者工作新概念,纺图学刊,1993（2）.

142. 芳文.图书情报机构有偿服务研究综述,图书馆,1993（2）.

143. 江正国.试谈中学开展图书馆基本知识教育的可行性,图书馆论坛,1993
（2）.

144. 陈集生.高校图书馆的理论导读与实际导读,晋图学刊.1993（2）.

145. 郝文兰.图书馆出纳人员基本业务技能琐议,晋图学刊,1993（3）.

146. 亢成业等.近期大学生阅读倾向及对策,晋图学刊,1993（3）.

147. 程鸿飞.馆际互借和自动化,情报资料工作,1993（4）.

148. 杨玉辉.关于大脑与意识理论的新构思,未来与发展,1993（4）.

149. 杨宗英.电子图书馆的主要信息源——出版物,大学图书馆学报,1993
（4）.

150. 电子期刊,中国科技期刊研究,1993（4）.

151. 徐超汉.多媒体微机技术概述,电脑,1993（4）.

152. 邵国秀.情报意识与读者服务工作,G9 图书馆学、情报学、资料工作,
1993（4）.

153. 于鸿儒.市场经济下的图书馆读者阅读需求特征初探,图书情报通讯,
1993（4）.

154. 岩兴等.面向 21 世纪的高校情报教育,河北图苑,1993（4）.

155. 汤春莲.漫谈九十年代信息产的发展,情报学刊,1993（5）.

156. 刘元奎.我国图书情报自动化的回顾与展望,图书馆论坛,1993（5）.

157. 杨宗英.专家系统在图书馆的应用,大学图书馆学报.1993（5）.

158. Kountz John.图书馆中有什么？图书馆馆藏和被服务读者的比较,情报
科学文摘,1993（5）.

159. 王克明.信息技术发展与 21 世纪的图书馆,未来与发展,1993（6）.

160. 顾锦芳、赵军.21 世纪对文献信息部门工作人员的智能要求,江苏图书
馆学报,1993（6）.

161. 贾晓斌等. OCLC 迈入 21 世纪的新战略, 江苏图书馆学报, 1993 (6).

162. 倪青. 微电子时代的课程变革, 未来与发展, 1994 (1).

163. 李树国. 创建新一代的学校——交互技术将在美国教改中起重要作用, 未来与发展, 1994 (1).

164. 郑毅捷. 多媒体技术知多少, 电脑, 1994 (1).

165. 陈宝珍. 论高校图书馆导读工作的原则取向, 图书馆论坛, 1994 (1).

166. 张效赤. 高校情报普及教育课程体系改革刍议, 大学图书馆学报, 1994 (1).

167. 张敏谦. 信息技术的魅力——美国"信息高速公路"计划评析, 未来与发展, 1994 (2).

168. 汤李梁. 多媒体：改变我们生活的"天使", 光明日报, 1994. 1. 18.

169. 新华社. 美《未来学家》预测科技未来, 保定市报, 1994. 1. 30.

170. 陆亨俊. 美国的'信息高速公路', 光明日报, 1994. 3. 7.

171. 胡巧. 浅论高校图书馆的改革, 中国教育报, 1994. 3. 21.